财政学

CAI ZHENG XUE

李 红　陈 杰　龚恩华　编著

南京大学出版社

目　录

上篇　财政分析的理论基础

中篇　财政活动的实践内容

第九章　财政平衡与财政政策

下篇　政府间财政关系

第十章　中央与地方政府间财政关系

第十一章　地方政府间财政关系

上 篇
财政分析的理论基础

第一章　导　论

学习目的与要求

　　通过本章的学习,要全面地了解财政的起源、本质及职能;深刻地认识财政学及其研究的对象和任务,把握其研究的方法;知晓财政学的学科性质及与相关学科的关系。

第一节　财政的起源、本质及职能

一、财政的起源和本质

　　财政(public finance),是政府从事一切社会、经济活动的经济基础。国家这台大机器要正常运转,必须要有"润滑油",在市场经济条件下就是货币财富。那么,政府是如何获得财富,获得哪一部分社会财富,采取什么方式获得? 要回答这些问题,首先要了解财政的起源。

　　财政的产生是同国家的产生紧密联系的。具体地讲,财政的产生必须具备两个条件:一是剩余产品的出现;二是国家的产生。由此可见,决定财政产生的基础是社会经济条件,即生产力与生产关系发展的结果。其中,生产力的发展、剩余产品的出现是财政产生的必要条件;私有制的出现、国家的产生是财政产生的实现条件。正如恩格斯所指出的:"劳动产品超过维持劳动的费用而形成的剩余,以及社会生产基金和后备基金从这种剩余中形成和积累,过去和现在都是一切社会的、政治的和智力的继续发展的基础。"综上所述,出现剩余产品是财政产生的物质基础;国家的产生是财政产生的政治条件。

　　基于以上对财政产生条件的分析,可以看出在原始社会后期就有了财政的萌芽形式,但真正地确立国家财政地位的是奴隶制国家财政。从产生、发展至今天,财政经历了两个大的发展时期,采取了不同的形态,表现出不同的发展特征(见图1-1所示)。

	奴隶制财政	——特点→	国家财政收支与国王家族收支混为一体
古代财政			
	封建制财政	——特点→	国家财政收支与国王家庭收支逐步分开

	公共财政	——特点→	财政是公共财政
现代财政			
	国家财政	——特点→	财政是社会再生产过程的一个重要环节

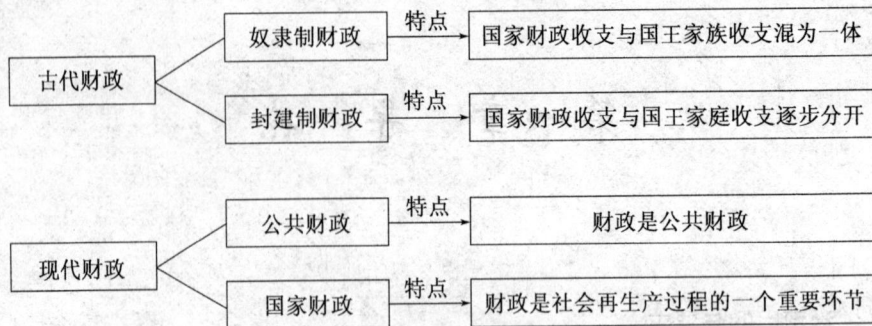

图 1 - 1　财政发展的不同形态及特点

　　纵观历史的发展,人类经历了古代财政和现代财政两个发展时期。古代财政包括奴隶制财政和封建制财政。现代财政包括以主要资本主义国家为代表的公共财政和以我国社会主义国家为代表的国家财政。

　　奴隶社会的财政是以奴隶社会的生产关系及奴隶主占有一切生产资料和奴隶为基础的。国家为了维护奴隶制生产方式所进行的财政活动,体现了奴隶主阶级对奴隶的剥削关系。奴隶主国家财政收入的主要财源有:① 奴隶的剩余劳动和剩余产品的全部;② 战争缴获的财物及贡赋;③ 向自由民征收的食物地租和徭役地租。财政支出主要是:① 军事支出;② 王室支出;③ 俸禄支出。其重要特点是,国家财政收支与国王家族收支混在一起,即财政关系与一般分配过程没有完全分开。

　　封建社会的财政是以封建社会的生产关系即封建主占有土地等主要生产资料和不完全占有劳动者农奴为基础的。封建制国家为了维护封建生产方式对社会产品的分配,体现了地主阶级对农奴和其他劳动者的剥削关系。封建制国家财政收入的主要来源是:① 官产收入;② 赋税收入;③ 专卖收入;④ 特权收入等。应当提到的是,到封建社会后期,国债筹资方式已开始出现。封建制国家财政支出主要是:① 军事支出;② 国家机构支出;③ 王室支出;④ 宗教文化支出以及部分用于兴修水利、发展农业等支出。封建社会由于生产力的进一步发展和剩余产品的不断增多,表现在财政上的重要特点是,财政关系与一般分配关系逐步分开。税收成为财政收入的主导,且从以实物形式为主向以货币形式为主转变。此外,国家预算产生。

　　资本主义社会的财政是以资本主义生产关系即资本家占有生产资料和劳动力成为商品为基础的。资产阶级国家为维护资本主义生产方式参与国民收入的再分配。其财政收入的主要来源有:① 税收;② 公债和发行纸币等。财政支出主要是:① 军事支出;② 政府管理费用支出;③ 社会福利支出;④ 债务支出;⑤ 调控经济的支出以及某些投资支出等。资本主义国家由于充分利用了现代科学技术,使社会生产力得到了空前的发展。由于劳动生产率的提高,剩余产品的总量大大增加。这为财政关系的扩大提供了坚实的物质基础。同时,由于社会化大生产的发展,资本主义国家承担的社会职能也在不断增强,相应的政府提供公共需要和公共产品的范围也在不断扩大。如果我们坚持财政历来都是国家财政的观点,那么政府的职能决定着财政的职能,同时政府的职能是由财政支撑的。政府执行公共职能,与此相应的财政就是公共财政。当代西方主要资本主义国家财政显著的特点是:公共财政。

社会主义财政以社会主义生产关系即生产资料公有制为主体,多种经济成分共同发展的所有制结构为基础,代表着人民的根本利益和长远利益。社会主义国家财政取之于民,用之于民。由于生产力的发展状况和中国的国情,我国财政在整个社会主义初级阶段采取国家财政形式。我国社会主义财政与公共财政的一个显著区别是,除了履行国家财政收支职能外,其本身是社会再生产过程中的一个重要环节。一方面,国家财政凭国家权力参与社会产品的再分配,同时还以资产所有者的身份参与社会产品的分配;另一方面,财政支出还直接用于经济建设且建设支出所占比重远远高于资本主义国家,从这个意义上讲,我国现阶段的财政还是国家建设财政。财政不仅参与国民收入的再分配,还参与国民收入的初次分配,并代表国家部分地直接介入生产和流通活动。但从发展趋势上看,我国财政从国家财政向公共财政转变是一种必然趋势。

通过以上对财政起源以及在不同社会形态下财政发展过程和特点的分析,也就是历史分析的方法,可以更深刻地认识到财政的本质。

财政是以国家为主体的分配范畴,是政府凭借国家权力对一部分剩余产品进行全社会范围内的分配,用以满足社会的公共需要,它所体现的是财政分配关系。

财政是政府的收支活动及其管理。通过财政收支活动国家这台机器能正常运转,国家能更好地行使其经济职能和社会职能。

财政具有公共性和阶级性的属性。前者是财政的共性、普遍性,后者是财政的个性、特殊性。公共性是指财政具有满足社会成员公共需要的属性。财政是为了满足一定时期、一定范围内社会公共需要而形成的国家集中性分配。财政的阶级性是由国家的阶级性决定的。财政作为以国家为主体的分配活动,反映了占统治地位阶级的要求和愿望,是统治阶级的利益在分配上的实现。

二、财政的职能

财政的本质是由其职能来表现的。所谓财政的职能是指在一定经济条件下,财政自身所固有的功能。财政职能是由国家职能赋予的,其功能的实际发挥是由客观经济条件决定的。关于财政的主要职能,美国财政学家马斯格雷夫夫妇在2003年完成的《财政理论与实践》中作了高度的概括。

（一）配置职能

社会为何需要配置资源,是因为资源具有稀缺性。财政配置资源职能的终极目标是实现资源配置的效率最优。由于人们的需要有公共需要和私人需要之分,所以社会经济也划分成公共经济和私人经济两部分。财政作为执行社会公共职能的部门,它所关注的是在整个社会中,哪些事情应该由公共部门去做,哪些事情则应由私人部门去做,即社会资源应如何在公共部门和私人部门之间进行合理配置,才能实现资源配置的最优。在市场经济条件下,经济的本质要求市场私人部门在资源配置中处于基础的、主导的地位,而政府公共部门的职能是弥补市场的缺陷。公共部门的配置职能主要源于两个方面:一是矫正竞争的不完善;二是矫正市场的不完善。竞争的不完善表现为垄断和自然垄断的存在,它破坏竞争和市场竞争秩序,需要政府职能加以纠偏。市场的不完善主要表现为私人提供的公共产品不能满足整个社会的需要;外部性的存在以及市场信息的不对称等。这些都需要政府职能加以矫正。作为政府经济行为的财政主要致力于提供公共产品和准公共产品,以满足社会的公共需要。

（二）分配职能

财政执行分配职能的出发点是实现收入在全社会范围内的公平分配。界定"公平分配",不仅是一个经济问题,也是一个社会哲学与价值判断问题。经济学家和哲学家们提出了各种各样的观点和判断标准,这其中包括:一个人有权享有因其生产要素禀赋所获得的成果;分配的安排应以最大限度增加幸福或满足需要为宜;平均主义在一定的有限情况下,也可以作为公平分配。尽管人们对公平分配的内涵和标准存在着分歧,但对于政府应该参与国民收入的分配与再分配,行使分配职能以促进社会公平分配这点上,已达成广泛的共识。普遍的认识是,财政的分配职能就是指公共部门按照社会认可的公平标准,通过公共支出、公共收入和公共规制,即财政支出、税收和政府管制等方式对收入和财富以及社会福利进行再分配,以实现社会对公平标准的要求。

（三）稳定职能

财政的稳定职能是指政府通过财政活动,即税收和公共支出等手段对生产、消费、储蓄和投资产生影响,以达到稳定和发展经济的目的。

在市场经济中,一方面,由于市场机制的自发作用,不可避免地造成经济的波动,社会总需求与总供给失衡、通货膨胀、失业以及经济危机是经常发生的;另一方面,经济波动的发生正是市场经济有效运行的结果。甚至可以说,市场越是有效配置社会资源,市场的发展状况越好,则出现生产相对过剩状况的可能性就越大,经济危机的规模就越大,带来的损失就越惨重。经济的运行表明,市场经济在微观上能够达到资源最优配置,但无法解决宏观经济剧烈波动的问题。政府作为拥有公共权力的部门,是调控宏观经济的唯一力量。政府通过财政政策和货币政策能够使宏观经济达到动态平衡。

此外,财政的监督职能是我国财政所特有的。政府通过财政收支活动,包括对地方财政收支活动的调控,对国民经济各方面的运行状态进行监督。

第二节 财政学研究的对象、任务及方法

一、财政学研究的对象和任务

财政历来都是国家财政,因而财政学即为"国家分配学"。财政学是研究财政分配关系和财政分配过程,分析财政政策和财政制度,探讨财政运行对经济运行所产生的影响及规律的学科。

财政学的任务是,透过财政现象揭示财政关系,财政运行内在的、本质的必然的联系,即规律性。这些规律主要包括:财政自身内在的规律,主要指财政与经济的关系;财政活动的规律,主要指财政收入与财政支出的关系;财政政策制定和执行规律,主要指财政政策的目标、手段、传导机制、运行效果以及同其他政策手段协调配合等规律。

二、财政学的研究方法

财政学的研究不仅涉及宏观问题,而且也涉及中观和微观问题,是一门综合性极强的学科。所以财政学的研究方法是一个十分重要的问题。这里首先是一个科学方法论的问题。我们认为,科学方法论的精髓是唯物辩证法。唯物辩证法要求一切从实际出发、实事求是,用联系的观点和发展的观点分析问题、解决问题、把握事物。因此,财政学研究主要采用如下方法。

(一)理论与实际相结合

这一方法的核心就是,从实际出发,具体问题具体分析。运用到财政学分析中就是,从财政现象的个性到共性的分析,再从矛盾的普遍性到特殊性的分析。即从财政现象到财政本质、从具体到抽象地研究财政问题,再由本质到现象、由抽象到具体地描述财政问题的方法论体系。

(二)实证分析与规范分析相结合

实证分析就是对事物的本来面目加以描述,主要涉及事实判断,说明研究对象

"是什么"。这一方法运用于财政分析就是按财政、财政过程的原貌勾勒（描述）出财政的基本过程即财政收入与财政支出过程，这一过程对整个国民经济已产生和可能产生的影响。实证分析包括理论分析和经验分析。常用的经验分析有访谈、实验和经济计量分析。

规范分析是要确认什么是有利的结果，或者可以采取什么行动来实现有利的结果。它从预先确定的标准出发，用于描述实现上述标准的最优政策。所以它要回答的问题是"应当是什么"。这一方法运用于财政学，就是要按照社会主义财政的基本性质，依据社会主义公平与效率两大社会准则等来判断目前的财政关系、财政制度以及正在执行的财政政策是否符合以上准则和基本价值判断。如果偏离，应当怎样调整。总体上看，当要解释政府财政活动如何影响经济运行的问题，即回答财政应采取什么样政策时，多依靠规范分析；而要说明政府财政活动对经济运行影响的程度，即回答财政应采取多大力度的政策时，多依靠实证分析。在财政问题的分析中，要将实证分析与规范分析有机地结合起来。

（三）定量分析与定性分析相结合

定量分析是依据统计数据，建立数学模型，并用数学模型计算出分析对象的各项指标及其数值的一种方法。定性分析则是主要凭分析者的直觉、经验，凭分析对象过去和现在的延续状况及最新的信息资料，对分析对象的性质、特点、发展变化规律作出判断的一种方法。

相比而言，前一种方法更加具体、更加直观，但需要较高深的数学知识，而后一种方法虽然较为粗糙，但在数据资料不够充分或分析者数学基础较为薄弱时比较适用，适合于一般的理论工作者与实际工作者。必须指出，两种分析方法虽然对数学知识和数学模型构建的要求有高有低，但并不能就此把定性分析与定量分析截然划分开来。事实上，定性分析与定量分析应该是统一的，相互补充的；定性分析是定量分析的基本前提，没有定性的定量是一种盲目的、毫无价值的定量；而定量分析使定性分析更加科学、准确，它可以促使定性分析得出广泛且深刻的结论。此外，现代定性分析方法同样要采用数学工具进行计算，而定量分析则必须建立在定性预测基础上，二者相辅相成。定性是定量的依据，定量是定性的具体化，二者结合起来灵活运用才能取得最佳效果。

任何事物都是质和量的统一。量变是质变的前提和必要准备，质变是量变的必然结果。同理，财政关系量变发展到一定程度就会引起质变。对财政进行定量分析，是从宏观上对政府财政收入和财政支出进行量的分析，从中观上对各省（"块块"）、各个部（"条条"）财政收入和财政支出进行定量分析。对财政进行定性分析是把财政作为社会再生产以及国民经济运行中的分配环节，分析财政的运行是否符合国民经济运行的总体目标，是否能促进社会经济健康、协调、快速发展。此外，还要研究在多少财政收支量的积累下会引起财政质的突变。

第三节　财政学的学科性质

从学科性质上分析,财政学属于经济学分支。它是一门衔接一般经济理论与财政专业理论的应用理论学科。

财政学作为一门较为古老的学科,在其学科体系的建立和完善过程中,所涉及到的研究领域包括政治、经济、法律、文化、军事,甚至国情、民俗等。它与多个学科有相关性。因此,全面认识和把握财政学的学科性质,有必要将财政学与相关学科进行比较分析。

一、财政学与宏观经济学的关系

宏观经济学(macroeconomics)产生于 20 世纪 30 年代。在此之前,宏观经济很多问题的研究都是由财政学来担当的。如,一国经济的总量,一国的就业状况,一国的经济结构以及国民经济各部门、各地区的相互关系,一国经济的平衡等。当宏观经济学产生以后,一方面,财政学中的一些宏观经济问题的分析,逐步从财政学中分离出来。如,经济的总量平衡、总供给与总需求、就业以及经济的周期性等;另一方面,财政学与宏观经济学的关联也越来越紧密。集中表现在,财政平衡和财政政策既是宏观经济的重要内容,又是宏观经济的主要手段。财政政策成为政府干预经济的主要手段。

二、财政学与公共管理学的关系

公共管理学(public administration),是一门运用管理学、政治学、经济学等多学科理论与方法专门研究公共组织尤其是政府组织的管理活动及其规律的学科体系。在西方,它源于 20 世纪初形成的传统公共行政学和 20 世纪六七十年代流行的新公共行政学,后于 70 年代末期开始因受到公共政策和工商管理两个学科取向的强烈影响而逐渐发展起来。如今它已经成为融合了公共政策、公共事务管理等多个学科方向的大学科门类。在我国,它最早被称为行政学或行政管理学,隶属于法学类一级学科政治学门下,是政治学与经济学之间的交叉学科。正是由于公共管理学的研究对象是公共管理,它涉及许多财政学问题,如,公共产品、投票人、政治家、官僚、寻租等,尤其是近年来兴起的新公共管理学,突出地运用经济分析理念和经济分析方法,从而使得财政学在公共管理研究中的地位显得十分重要。

三、财政学与政治学的关系

政治学(politics),是对政治、国家及其活动规律进行研究的学科。财政问题既是重要的经济问题,又是严肃的政治问题。20世纪50年代后逐步形成的公共选择理论,又把政治学的分析思路和分析方法引入到财政学。可见,财政学与政治学的关系十分密切,甚至有不少人认为,财政学是政治学和经济学的交叉学科。财政学研究的主要问题大多是渗透到政治领域的经济问题,这些问题需要用一定的政治方法加以解决。同时,现代政治学的发展也越来越强调经济学方法的运用。如,公共选择理论就是应用经济学的方法研究政治问题。

四、财政学与法学的关系

法学(law science)又称法律科学,是所有以法律现象为研究对象的学科的总称。法律意识、法律关系、法律行为(包括合法行为、违法行为)等法律现象,都是法学的研究对象。法学是一门具有鲜明阶级性、政治性的科学,总是体现一定阶级的世界观及其政治的、经济的实际利益的需要。任何一国的法学都会涉及大量的社会公共秩序的规范问题,这与财政学所关注、所研究的公共经济问题有着很多的相同之处。尤其是随着20世纪60年代以来,法律经济学的兴起,更进一步拉近了财政学与法学的距离。财政学中,对于税收、政府预算、国债的发行等,都离不开税法、预算法、国债法、税收征管法等法律的保驾护航。同时,财政学和法学之间在研究的对象、研究的内容上,交叉点也越来越多,法学的研究也广泛地采用了财政学分析问题的方法。

本章小结

财政的产生是同国家的产生紧密联系的。生产力的发展、剩余产品的出现是财政产生的必要条件;私有制的出现、国家的产生是财政产生的实现条件。财政是以国家为主体的分配范畴,是政府凭借国家权力对一部分剩余产品进行全社会范围内的分配,用以满足社会的公共需要,它所体现的是财政分配关系。

财政的本质是由其职能来表现的。所谓财政的职能是指在一定经济条件下,财政自身所固有的功能。财政职能是由国家职能赋予的,其职能具体表现在:配置职能或称效率职能,由于市场失效的存在,政府活动首先应当保证整个社会资源在私人经济和公共经济之间的有效配置,同时还应保证公共经济内部资源的有效配置;分配职能或称公平职能,由于市场自发运行可以导致收入、财富和社会福利分配的不公平状态,政府财政应通过自身的收支活动进行社会范围的再分配,以实现社会分配的相对公平;稳定职能,由于市场在自发运行中必然产生经济周期问题,政府必须实施宏观调控政策以保持宏观经济相对稳定。

财政学是研究财政分配关系和财政分配过程、分析财政政策和财政制度、探讨财政运行对经济运行所产生的影响及规律的学科。其任务是透过财政现象,揭示财政关系、财政运行内在的本质的必然的联系,即规律性。其研究的方法主要有:理论与实际相结合的方法;实证分析与规范分析相结合的方法;定量分析与定性分析相结合的方法。

财政学属于经济学分支。它是一门衔接一般经济理论与财政专业理论的应用理论学科。财政学与宏观经济学、公共管理学、政治学以及法学等学科有着密切的联系。

思考与练习

一、简答

1. 为什么说通过对财政起源的分析,能更深刻地认识财政的本质?

2. 为什么说财政职能是由国家职能赋予的? 简述财政的三大职能及其相互关系。

二、论述

1. 从财政学与宏观经济学、公共管理学、政治学以及法学等学科的关系上分析财政学的学科性质及特点。

2. 试评述财政历来都是国家财政,即"国家分配论"。

第二章 财政学的基本范畴

学习目的与要求

本章主要分析财政学的基本范畴。通过学习从宏观上了解和把握财政学的基本范畴和核心概念,包括基本理论范畴:公共产品、外部性、垄断、效率与公平、社会福利和社会福利函数;基本实践范畴:财政支出、财政收入、国家预算与预算管理体制、财政政策与货币政策等。目的是把握财政学的学科构架及整个学科分析的脉络。

生命体是由细胞组成的。任何一门学科都是由基本范畴、核心概念组成的。财政学的基本范畴大体可以分为两大类:一是基本理论概念;二是基本政策和制度概念。

第一节 财政理论的主要范畴

一、公共产品

公共产品及其理论是现代财政理论的基石。

(一) 公共产品及其特征

公共产品(public goods),是指具有共同消费性质的产品和服务。公共产品是这样的一类产品,任何人消费这种产品不会导致其他人对该产品消费的减少,也就是在消费上具有非竞争性的产品,该产品一旦提供给人们消费,新增消费的边际成本为零。

满足社会共同需要的公共产品的出现比国家的产生要早。生产力的发展、剩余产品的出现是其产生的基本条件。同时,随着社会的进步,公共产品的内容和种类越来越多。公共产品的特点是在与私人产品的比较中凸显出来的,其突出特点集中表现在以下两个方面。

1. 非排他性

以私有制为前提的私人产品具有独占性和排他性的特征,即拥有产品所有权的个人独享私人产品给他带来的效用,同时排斥他人对该产品的占有和享用。排他性是私人产品特有的。因为只有在受益上具有排他性的产品,消费者才愿意为之付费,生产者也才愿意通过市场来提供。例如张三喜欢某种款式的上衣,他想要拥有就可以通过付款的方式得到。如果他拒绝付款,卖者是不会将上衣交给他的,他也就被排斥在这种款式上衣的受益范围之外。而公共产品就不同,无论个人是否愿意购买它们,其带来的效用和好处不可分割的扩散到整个社会群体。对于公共产品,排他性无论在产品特性上,还是在技术特征上都是失效的。首先,公共产品不能由拒绝付款的个人或经济组织阻止提供,任何人都不能用拒绝付款的方式,将其不喜欢的公共产品排除在其享用范围之外,例如用于国防的核弹。其次,排斥其他消费者消费公共产品在技术上是很难实现的,即使这种排他在技术上是可行的,但排他的成本可能是十分昂贵的,导致排他在效率上是不可行的。

公共产品的非排他性使其很难通过市场交易方式来实现成本的补偿。市场商品的有效提供机制在这里失灵,公共产品的有效提供只能由政府来进行。

2. 非竞争性

对于私人产品来说,每新增一个消费,就会增加成本,因此消费私人产品具有竞争性。公共产品通常是在非竞争性的意义上加以界定的,也就是任何人或经济组织对公共产品的消费都不会影响和妨碍其他人对这一产品的消费和享用,也不会减少其他人或经济组织消费该产品的数量和质量。例如交通线上的红绿灯,可以为车辆和行人带来交通的指引和便利,但增加一个人的消费,并不影响和减少红绿灯给其他任何人带来的效用,即消费者的增加不引起生产成本的增加,或者说,新增消费的边际成本为零($MC=0$)。

综上所述,公共产品的核心特征是非排他性和非竞争性。此外,公共产品还有效用的不可分割性和提供目的的非盈利性。不可分割性是指,公共产品是向整个社会提供的,具有共同消费、共同受益的特点,其用途为全体社会成员所共同享有,不能将其分割为若干部分,更不能分别归某个人或某社会集团享用。非盈利性是指,提供公共产品不以盈利为主要目的,而是以追求社会效益和社会福利的最大化为宗旨。

（二）公共产品的种类

公共产品大体上可分为两大类:一是纯公共产品;二是非纯公共产品。

1. 纯公共产品

纯公共产品,是指具有完全的非排他性和非竞争性的产品。这种产品数量十分有限,如国防、路灯、交通红绿灯、灯塔等。如按地理区域划分,可分为区域纯公共产品(如地方防洪堤)和国家纯公共产品(如国防)。

2. 非纯公共产品

非纯公共产品是指介于私人产品和纯公共产品之间的,具有公共产品部分特征的产品。主要有两种:一种是混合公共产品,一种是公共资源。

混合公共产品,是指具有非竞争性,同时又具有排他性的产品,例如桥梁,在不拥挤的情况下,多增加一辆车的通行不会影响到其他车辆的通行,这表明桥梁具有非竞争性。然而,要让某一辆车无法通过大桥则是完全可能的,只要设立一个岗亭,就足以阻止该车辆通过。这表明桥梁又具有排他性。

公共资源,是指具有竞争性,同时又具有非排他性的产品。例如公共草地,对于公共草地附近的每一位牧民来讲,他们都可以在这片草地上放牧,这表明公共草地具有非排他性。然而,草地资源总是有限的,增加一个人对公共资源的消费就意味着减少了另一个人的消费。可见,对公共资源消费的边际成本并不总是为零。同时,公共资源是免费使用的,也就是说,使用者并不需要承担增加公共资源消费的边际成本。其结果是,公共资源经常被过度开发和使用。这一现象被称为"公共地的悲剧"。

综上所述,如果公共产品可以服务于任意数量的使用者,被称为纯公共产品;当有可能发生拥挤,即产品消费具有非竞争性、排他性以及具有竞争性、非排他性的公共资源,被称为非纯公共产品。

二、外部性

外部性的客观存在,为政府介入或实施财政政策提供了必要性和合理性的依据。

(一) 外部性及产生的原因

外部性(externalities),是指成本或收益对于决策者而言是外在的,即某一经济主体的活动所产生的成本或利润不是由决策者来承担或享用,而是被转移到其他主体上。也就是说,某一主体的经济行为是以市场价格以外的方式影响他人的福利,这种情形被称为外部性。外部性产生的原因,首先是存在较高的交易费用;其次是法律对资源使用与交换的限制。

(二) 外部性的分类

外部性有多种分类,主要的有以下几种:

(1) 按一经济行为所产生的社会边际成本与私人边际成本的关系分类,外部性可分为:正的外部性和负的外部性。正外部性也被称为外部经济,指某一行为主体不能拥有或不完全拥有其经济行为所产生的收益,而是由其他主体额外地分享了收益。对于这一行为主体而言,他的私人收益小于社会收益,也就是,社会边际成本小于私人边际成本。负外部性也被称为外部不经济,是指某一行为主体只享有其行为所带来的收益,而将部分成本转移给其他主体承担。对于这一行为主体而言,他的私人边际成本小于社会边际成本。

(2)按某一经济行为主体与另一行为主体的关系分类,外部性可分为:生产者对生产者的外部性、生产者对消费者的外部性、消费者对消费者的外部性。生产者对生产者的外部性是指,某生产厂商的行为对另一厂商的成本或收益所产生的有益或不利的外部影响。例如,某公司的技术创新所带来的对整个行业劳动生产率的大幅度提高,就是正的外部性;某造纸厂向河流排放其造纸污水,对某养鱼场生产成本的负面影响,就是负的外部性。生产者对消费者的外部性是指厂商的行为对个体消费者效用所产生的外部经济或外部不经济的影响。如,某火力发电厂释放的污染物给附近居民的生活带来的负面影响,是负的外部性;某房地产开发商修建的公共设施给周围居民生活带来了便利,这是正的外部性。消费者对消费者的外部性是指,某消费者对某种产品的消费会对其他消费者所产生的有利或不利的影响。如,某人房屋装修安装了防火材料和烟雾报警器,这给邻居带来了便利,是正的外部性;某人在公共场所吸烟,使其周围人"被动吸烟",这给他人带来的不利影响,是负的外部性。

(3)按外部性的传递是否通过市场价格体系进行分类,外部性可分为:技术性外部性和金钱性外部性。金钱性外部性是指,这种外部性的传递以市场价格体系为纽带。如,某钢铁企业大规模扩大产量,引起钢铁企业投入要素的价格上涨,给其他企业生产带来不利影响,这是金钱性外部性。技术性外部性主要是由技术因素引起的。财政学研究的主要是技术性外部性。

以上分析表明,自发的生产价格机制,无法解决外部性问题,是由外部性的特点所决定的。

(三)外部性的特点

(1)外部性不仅存在于经济主体决策的外部,而且也存在于市场价格机制之外。

(2)外部性具有相关性。具体表现为,正的外部性一定发生在有关联的经济主体之间,如上下游,相关部门、相关产业以及相互有联系的主体间。负的外部性有时则表现为主体的相互性,即相关联的两个主体相互提供负的外部性,如吸烟者吸烟对被动吸烟者造成了不良影响;被动吸烟者张贴的"禁止吸烟"的警示给吸烟者带来了不利影响。

(3)外部性的存在往往会导致市场失灵。一方面外部经济所产生的额外收益会产生搭便车的问题;另一方面,外部不经济会导致效益损失。对于解决这两方面问题,市场价格机制都显得无能为力。这给政府干预提供了足够的理由。

三、垄断

垄断是市场竞争的对立面。垄断阻碍竞争,对竞争秩序产生直接的破坏作用。

(一) 垄断及种类

所谓垄断(monopoly)是指某一个或几个厂商通过控制原料产地、销售渠道,进而通过减少或增加产品供应量来控制市场及市场价格,使购买原材料、半成品的价格低于生产的边际成本。销售产品的价格高于生产的边际成本,目的是获得高额垄断利润。

垄断的种类很多,主要有如下三种。

1. 自然垄断

自然垄断行业的显著特点是,行业具有规模报酬递增的特点。表现为这些行业中规模较大的厂商由于拥有平均成本递减的优势,能够以此迫使中小规模的厂商退出经营。在规模经济条件下,充分竞争的市场最终必然走向自然垄断。自然垄断企业由于实行垄断定价,其产品的价格不等于边际成本,不能实现社会资源的有效配置。可见自然垄断将严重阻碍市场公平竞争行为,损害市场效益。

2. 寡头垄断

寡头垄断产生于竞争性市场环境中,是竞争性行业中众多市场主体自由竞争的结果。在竞争中,少数资金雄厚、技术领先、拥有人才优势以及创新能力强的厂商占据市场主导地位,拥有一定的定价权,而众多实力较弱的厂商处于不利地位,只得被动接受定价,甚至被迫退出市场。于是寡头垄断形成。

3. 行政垄断

行政垄断通常被视为有中国特色的垄断。它是指政府行政部门以法规或行政审批的方式,人为地阻止其他市场主体进入某些行业从事经营活动,如电力、电讯、邮政、铁路等。这些行政性垄断行业的产生,有的是基于某些特殊的国家利益、国家安全;有的则是历史上旧的体制所形成的。在建立和完善社会主义市场经济的条件下,这些行政性垄断对竞争性市场的建立和完善,对消费者、潜在的生产者的利益都会造成很大的影响。

(二) 垄断后果

垄断是对竞争的否定,无论是哪种形式的垄断,对公平竞争的市场都会带来不利的影响。

1. 阻碍市场竞争,破坏市场竞争秩序

在竞争条件下产生的垄断是市场竞争发展的必然,但垄断一旦产生,将阻碍竞争、破坏竞争秩序。垄断集团凭借垄断地位通过垄断价格就能够获得垄断利润,因而曾经有过的创新意识、研究开发、技术革新等竞争动力将减弱。垄断集团要维护垄断的既得利益,自然要反对竞争、破坏有效地市场竞争秩序。

2. 垄断定价,导致社会效率损失

垄断定价带有人为的因素,无论是垄断高价还是垄断低价都违背了市场效益标准。由此可见,垄断不仅不能实现社会资源的有效配置,而且必然导致社会效率的损失。

3. 掠夺消费者,损害潜在竞争对手的利益

垄断条件下,消费者除了被动地接受垄断价格外,还因为垄断集团为了维护垄断价格,必须使商品的供应量略小于自由竞争条件下的供应量,造成供不应求的状态。从而使消费者既要支付垄断高价,还不能充分地满足对商品的需求,直接掠夺了消费者。同时,垄断集团还凭借资金、技术及规模经济优势,排斥、挤压其他厂商的进入,损害潜在生产竞争对手的利益。

四、效率与公平

效率依靠市场,公平依靠政府。因此这里所讲的效率是指市场效率;公平是指社会公平。

(一) 效率

所谓效率(efficiency),是指资源的有效配置所实现的帕累托最优状态。帕累托最优是指资源分配的一种理想状态,即社会资源的配置达到这样一种状态,不可能通过资源的重新配置,达到使某个人的境况变好,而不使其他任何人境况变差的结果。换句话说,社会已经达到人尽其才、物尽其用,不存在任何浪费资源的现象。可见,效率是为了实现企业利润最大化和个人收入最大化针对资源配置和分配而言的。从衡量的角度讲,效率是产出(财富创造)与投入(资源消耗)的比率。正如公平,即劳动报酬与劳动付出的比率是收入分配的标准或评价一样,效率是资源配置的准则或评价,反映的是资源配置的有效性或资源利用的有效程度。在一定的结构或状态的资源配置情况下,效率即产出与投入的比是确定的。企业或个人为了占领市场获得利益,追求的是劳动生产率,即单位时间内完成的产出或劳动量。可见,效率与劳动生产率是两个不相同的概念。劳动生产率靠多投入、高消耗有可能提高,而效率靠多投入、高消耗是不可能有所提高的。因为在资源配置确定的情况下,高投入应对着多产出,效率作为这两者的比率很可能不变,甚至减少。

当今社会之所以特别强调效率,是因为社会资源具有稀缺性,经济增长与资源不足的矛盾日益突出,如果没有一种被认为是有效率的资源配置制度,就必然会导致社会资源的浪费,使本来就十分稀缺的资源雪上加霜,从而影响到人类自身的生存和发展。从这个意义上讲,效率意味着保护和有效地利用人类有限的资源。

(二) 公平

所谓公平(equity),是指收入分配所依据的客观的、合理的原则和规则。从实质意义上讲,公平是一种关系范畴,它包括政治关系、道德伦理关系、经济关系等,最核心的是收入分配关系。公平的作用在于调节和规范一定社会范围内人与人之间的收入分配关系。从形式上讲,公平是指付出相同劳动量的人们收入均等化,用公式表示:

(个人的)劳动报酬/劳动付出＝(社会的)劳动收入/劳动付出

由此可见,按劳分配、等价交换是公平的应有之义。公平具有相对性或公平的程度问题。同时,一定范围社会群体内公平的实现是市场调节的结果,无市场或市场机制不健全、不完善,公平是难以实现的。但有些不公平恰恰正是市场机制作用的结果。

人们之所以将效率与公平放在一个对立统一体中进行比较分析,是因为它们都是分配或配置过程中的原则性问题。当然在具体的分配中,是坚持效率原则还是坚持公平原则,应视被分配或配置的对象而定。凡被分配的对象是资源或生产资料的分配应坚持效率原则;凡被分配的对象是收入或生活资料的分配应坚持公平原则。

总之,效率与公平既相互联系又相互区别,处理二者的关系:首先,两者必须兼顾。强调某一个方面而忽视另一个方面都会导致整个经济运行失衡;其次,解决两者关系的前提条件是有效率。只有解决了效率问题,社会才有可能真正解决公平问题,也只有当一个经济体大致上处于经济效率状态时,它才具备了解决公平问题的起码条件;最后,解决两者关系市场和政府缺一不可。协调两者关系的路径是,通过市场和政府财政两种机制的有效结合和互补运用来最终实现。

五、社会福利和社会福利函数

对这一问题的探讨通常是基于对财政政策合理性的论证。

(一) 社会福利

社会福利(social welfare)是现代社会广泛使用的一个概念。人们往往根据他们各自的立场和目的给予这个概念以不同的解释。通常,福利可以用效用来衡量。个人福利是指个体在社会政治和经济活动中获得的效用或偏好。而社会福利是个人福利的总和。至于如何总和,总和的方式取决于不同的社会福利观。

(二) 社会福利函数

源于对社会福利与个人效用之间关系的不同理解,社会福利函数有多种表示形式,其中最常见的形式有两种:一种是边沁社会福利函数;另一种是罗尔斯社会福利函数。

1. 边沁社会福利函数

边沁社会福利函数是与 19 世纪的功利主义哲学相联系的。边沁式的功利主义认为,一个人的效用是其快乐或幸福的测度,而社会福利是所有社会成员个人福利或效用的简单相加。任何社会成员的福利都被平等对待,即 $W=U_1+U_2+\cdots+U_i$。其中,代表社会成员福利水平的"U_i"是可以用具体数字 $1,2,3$ 等来度量的基数效用。以 X_i 代表 i 个人对社会产品的消费集,以 $U_i(X_i)$ 代表第 i 个人的效用,则社会福利函数为:

$$W=\sum_{i=1}^{n} U_i(X_i)$$

功利主义支持政府进行国民收入再分配,是建立在个人收入的边际效用递减规律基础上的。也就是说,随着个人收入的增加,每增加一元收入所带来的额外效用是减少的。但是,由于每增加一元收入给穷人带来的额外效用往往要大于给富人带来的额外效用,所以,进行收入再分配可增加社会福利。政府财政政策的目标是实现社会福利 W 的最大化。

边沁社会福利函数存在着一些不科学、不可行的地方。如,把福利定义为"快乐、幸福"或"痛苦"这样的心理状态,这是很难测度的。还有就是如何将所有人的效用总和为社会福利等问题。

2. 罗尔斯社会福利函数

哲学家约翰·罗尔斯创立了罗尔斯社会福利函数。他同样也以效用代表福利水平,其函数形式为:

$$W=\min(U_i)$$

式中 U_i 表示第 i 个人的效用水平。该福利函数说明整个社会的福利水平仅取决于效用最低者的效用。因此,罗尔斯社会福利函数又被称为最小最大化原则,即社会应该最大化最小福利者的福利。

由于最小最大化原则强调的是提高社会上最不幸的人的福利,也就阐释了旨在实现收入分配平等的财政政策的合理、合情性。通过将富人的一部分收入转移给穷人,社会不仅增加了最不幸的人的福利,也增进了社会总福利。

罗尔斯社会福利函数同样存在不合理的地方。如,社会上小部分人的效用水平稍微提高而大多数人的效用水平大幅下降的变化符合最小最大化原则,但这可能不会受到社会欢迎。

第二节　财政活动和财政政策的主要范畴

一、财政支出

财政支出(fiscal expenditure)也称为政府支出或公共支出,是指政府把筹集到的财政资金用于社会生活及生产等各方面的分配活动。它体现了政府对社会资源的使用,反映了政府为履行其社会经济职能和满足社会公共需要所支付的费用成本,也就是政府活动的成本。

财政支出的分类很多,其中按财政支出经济性质的分类具有很强的经济分析意义。这种分类的标准是,以财政支出是否与商品和劳务相交换,将财政支出分为购买性支出和转移性支出。

(一) 购买性支出

购买性支出直接表现为政府购买商品和劳务的支出。在这种购买活动中,政府和其他经济主体一样,都是平等的市场主体,都遵循着等价交换的原则。如,各级政府机关购买自身所需要的各种办公用品等。政府购买性支出越多,反映一个国家动用社会资源的能力越强;体现政府的职能范围以及政府介入经济社会生活的广度和深度,所占的比重越大,表明政府资源配置的能力越强。

(二) 转移性支出

转移性支出是政府在公民之间、法人之间以及公民与法人之间进行再分配的形式,即政府将一部分纳税人的钱无偿地转移给另一部分公民或法人。这种支出表现为资金无偿地、单方面地转移,体现了政府非市场性再分配活动。例如,政府为刺激农村消费实行的家电下乡补贴等。转移性支出所占比重较大,表明政府收入分配职能较强。

财政支出是政府经济活动的主要内容,一方面是因为政府对社会经济的影响主要表现在财政支出;另一方面,政府干预、调控经济的职能也主要通过财政支出来实现。

二、财政收入

财政收入(fiscal revenue),是国家凭借政治、经济权力,通过一定形式和渠道占有的以货币表现的一定量的国内总收入。财政收入是政府实现其社会政治、经济职能,进行社会主义物质和文化建设,改善和提高人民生活水平的财力保证,是财政支出的前提,同时也是正确处理各方面物质利益关系的主要物质条件。

在现代社会中,政府取得财政收入的主要形式有:税、费以及公债。

(一) 税收

税收(taxation),是政府为执行其职能,满足社会公共需要,凭借其国家权力,通过法定形式,按照法定标准和程序,强制地、无偿地参与国民收入的分配,所取得的相对稳定的财政收入的一种形式。

税收的本质与职能集中体现在:其一,税收是"国之血脉",它是与国家的存在、国家机器的运转紧密相连的;其二,税收是以国家为主体的分配关系,是国家参与调节国民收入分配的一种方式;其三,税收是国家实施宏观调控的重要手段,它反映了政府宏观政策的导向。税收是目前各国政府取得财政收入最稳定、最主要的形式,大约占到财政收入的 90% 左右。

(二) 行政收入

行政收入是政府依据相关法规、条例,对所提供的公共服务、公共设施的享用者收取的费用收入。主要有:使用费、规费、特别课征、特许金以及罚没收入等。

(三) 公债

公债(public debt),包括中央政府的债和地方政府的债。中央政府的债称为国债。由于我国的"国家预算法"仅赋予中央政府发债的权力,而地方政府没有发债权,因此,我国的公债就是国债。

国债是政府根据借贷资本市场的供求关系,以国家信用为基础,从社会上吸收资金,以满足政府支出需要的一种筹资方式。国债的发行既是政府增加收入的一种特殊方式,也是政府宏观经济管理的一种重要手段。应明确的是,国债是一种特殊的财政收入范畴,这种筹资方式不是经常性的财政收入,而更多的是用于弥补财政赤字的手段。

三、国家预算与预算管理体制

(一) 国家预算

国家预算(national budget),是一定时期内,政府为实现特定经济、社会发展目标所制订的财政收支计划。它是具有法律效力的政府分配和管理资金的基本形式。是国家为履行职能而筹措集中性财政资金对国民收入进行有计划分配和再分配的重要途径。国家预算具体地规定计划年度内政府财政收支指标及其平衡状况;清楚地反映计划年度内财政资金的规模、来源、财政资金的流向及其主要用途;充分地体现一定时期政府的施政方针和要达到的经济、政治及社会发展目标。国家预算既是政府行政管理的产物,又是政治民主化的产物。

(二) 财政管理体制与预算管理体制

1. 财政管理体制

财政管理体制简称财政体制,是国家划分中央政府与地方政府以及各地方政府之间,政府与国有企业、行政以及事业单位之间在财政管理方面的责、权、利分配上的根本制度。财政管理体制包括,预算管理体制、税收管理体制、投资管理体制、国有经济财务管理体制以及行政、文教财务管理体制等。财政管理体制的实质是中央和地方财政权力的集中和分散问题,即集权还是分权的问题。妥善处理好这一关系是财政管理体制的核心问题。

在财政管理体制中,预算管理体制关系到全局和根本,所以在财政体制中居主导地位。

2. 预算管理体制

预算管理体制是规定一国政府预算的组成体系。是处理中央财政和地方财政以及各地方财政之间财政关系的基本制度。主要内容包括:确定预算管理主体以及主体与对象的关系;明确预算支出的划分原则和方法;预算管理权限的划分以及预算调节制度和方法。其核心是,各级预算主体的自主程度以及集中与分权的关系问题。现阶段我国预算管理体制实施的基本原则是"统一领导,分级管理"。

四、财政政策与货币政策

(一) 财政政策

财政政策(fiscal policy),是一国政府根据客观经济规律的要求,为实现一定经济、社会目标而制订的财政工作基本方针和行为准则,并通过一定时期(通常为一年)的财政收支安排来实现。财政政策是一个由财政目标、政策工具和手段、政策的传导机制以及政策的效应等构成的体系。财政政策活动的主体是政府;政策目标是经济增长、充分就业、物价稳定以及国际收支平衡;政策杠杆是调整财政收支规模和收支平衡;财政手段是公共支出、税收、公债以及国家预算等。总之财政政策是一国政府调控宏观经济的重要内容。

(二) 货币政策

货币政策(monetary policy),是指一国政府为了实现既定的经济、社会目标所制定的关于调控货币供应量的基本方针及其相应的政策措施。货币政策的主要内容包括:政策目标、政策工具、政策的中介指标、政策的传导机制以及政策的效应等。货币政策活动的主体是政府中央银行;政策目标是经济增长、充分就业、物价稳定以及国际收支平衡;政策工具是公开市场业务、调整法定存款准备金率以及调整再贴现率;政策杠杆主要是信贷杠杆、利率杠杆以及汇率杠杆;货币政策的核心是通过改变货币供应量,调节利率,进而影响投资和消费,最终起到调节社会总供给与总需求的作用。

　　财政政策和货币政策两种政策各有特点、互有优势,他们都能对流通中的货币量进行调节,进而调节社会总供需关系,但二者在投资需求和消费需求形成中所发挥的作用是不同的,且各自的作用是相互难以替代的。只有两种政策协调配合才有助于实现一定的社会经济政策目标。在实际生活中,各国政府普遍重视两种政策之间的合理协调搭配,但由于市场经济发展的水平和进程不同,通常发达国家短期内侧重于货币政策的运用,发展中国家更重视财政政策的运用。

本章小结

　　同其他学科一样,财政学的体系结构也是由最基本的元素——范畴——组成的。财政学的基本范畴可分为两大类:财政基本理论范畴和财政基本实践范畴。

　　基本理论范畴对学科的贡献在于:公共产品及理论是财政学的基石;外部性的客观存在,为政府介入并实施财政政策提供了必要性和合规性的依据;垄断阻碍竞争,对竞争秩序产生直接的破坏作用。对此,市场无能为力,市场失灵有赖于政府的干预;效率依靠市场,公平依靠政府。协调效率与公平的关系必须通过市场和政府财政两种机制的有效结合和互补运用来最终实现;而对于社会福利和社会福利函数问题的探讨通常是基于对财政政策合理性的论证

　　基本实践范畴对学科的贡献在于:财政支出和财政收入构成政府财政运行的基本内容。财政支出是政府把筹集到的财政资金用于社会生活及生产等各方面的分配活动,也就是政府活动的成本。财政收入是财政支出的前提,同时也是正确处理各方面利益关系的物质条件;国家预算与预算管理体制是政府为实现特定经济、社会发展目标所制定的财政收支计划及管理体制;财政政策和货币政策是一国政府干预经济的两种具体政策,两种政策的合理协调搭配,才能有效地发挥政府干预经济的作用。

思考与练习

一、基本概念

公共产品　　外部性　　垄断　　　　　效率与公平　　财政支出

财政收入　　国家预算　预算管理体制　财政政策　　　货币政策

二、论述

通过本章的基本概念勾勒出财政学的基本框架。

第三章　市场失灵与政府财政

学习目的与要求

　　市场失灵既是政府干预的起点,也是现代财政的切入口。本章学习的要求是,全面地理解和掌握:市场效率与市场失灵是一对矛盾统一体;市场失灵及市场失灵产生的原因和主要表现;市场失灵是政府财政的切入口以及政府干预如何矫正市场失灵。学习的目的是,科学地认识政府干预的必要性和现实性。

第一节　市场效率与市场失灵

一、市场效率与市场失灵:矛盾统一体的两个方面

(一) 市场、市场效率

　　市场,不仅仅是商品交易的场所,更是市场上参与其中的所有主体相互关系的总和。在市场中,市场主体都依从利益最大化的原则行事,即生产者追求利润最大化,消费者追求效用最大化。可见,市场的本质就是按照效率杠杆来配置资源,把人、财、物也就是主体资源和客体资源在一国乃至全球范围内进行有效配置。市场配置资源是有效率的。因为在市场机制、供求规律这只"看不见的手"的作用下(如图3-1所示),通过价格和产量不断波动,供求达到均衡。

```
供大于求 ──→ 价格下降 ──→ 库存增加 ──→ 生产减少
                                          │
                                          ↓
生产增加 ←── 库存减少 ←── 价格上涨 ←── 供不应求
```

图 3-1　价格机制使供求达到均衡

　　迄今为止,市场经济是人类最具效率的经济运行方式和资源配置手段。它具

有任何其他经济运行机制所无法比拟的优势,集中表现在以下几方面:

（1）市场经济的利益机制有利于人力资源配置的优化。在市场经济条件下,市场主体在利益驱动和自由竞争的压力下,其主动性、创造性及潜能得到最大限度地发挥,促进了生产技术、生产组织结构以及研究与开发等不断地创新,提高了人力资源配置的效率。

（2）市场经济的价格机制有利于信息资源配置的优化。高效率的资源配置要求充分利用各种市场信息,而以价格体系为主要内容的信息结构能够使每一位市场经济活动的参与者能及时地获得各种信息,并有效地利用这些信息,这就提高了信息资源配置的效率。

（3）市场经济的分散决策机制有利于物质资源配置的优化。在市场经济条件下,当市场供求发生变化时,分散决策的微观经济主体(厂商、消费者)能在最短的时间内作出是否生产和是否消费的决策调整,较快地实现市场供求平衡,减少了资源的浪费,提高了物质资源配置的效率。

现代经济学所论述的效率通常是指帕累托效率。帕累托效率标准已成为分析经济效率和政府财政效率的一个重要参照标准。从以上分析可以看出,一方面,市场按照效率杠杆配置资源,使资源达到最优配置,实现帕累托最优;但另一方面,市场在带来效益的同时,必然产生包括外部性、垄断行为等一系列的市场失灵,这正是矛盾统一体的两个方面。

（二）市场失灵

市场失灵(market failure),它是指市场机制在调节经济运行过程中所出现的空白、盲点或失效的问题,即市场经济运行中客观存在的一些自身无法克服的缺陷。也就是说依靠市场机制运转无法达到社会福利的最佳状态。这里有两层含义:其一是,在某些场合,市场机制不能最为有效地配置社会资源;其二是,市场对于追求社会目标,实现宏观的、整体社会效益的经济行为的调控失效。通常认为,在一定条件下,市场机制在微观上能够达到资源最优配置,但在宏观上却无能为力。

二、市场失灵的原因及表现

（一）市场失灵的原因

市场失灵的原因无疑是多方面的,主要有:市场非竞争势力的存在;市场配置的缺位;市场功能的缺失以及市场不充分、不统一等因素。

1. 市场非竞争势力的存在

市场竞争是商品经济的必然产物,同时也是商品经济得以维持旺盛生命力的前提。然而,当市场竞争发展到一定阶段时,自然而然地走向垄断,即自由竞争——生产集中——走向垄断。不仅如此,某些行业因自然、技术、市场等方面的原因而天然具有垄断的特性,也就是自然垄断。无论是市场竞争、生产集中导致的垄断,还是因行业规模报酬递增、平均成本递减带来的自然垄断,生产厂商都可以在一定程度上影响产品的价格,使产品的价格高于边际成本,帕累托效率遭到破坏,整个经济不再是帕累托最优,甚至会使正常的市场运行出现畸形,造成市场效率的严重损失。

2. 市场配置的缺位

市场配置的缺位源于市场配置内在机制的丧失。如前所述,市场配置资源的杠杆是效益杠杆,市场永远是将资源配置到效用最高、效益最好的地方,它只做锦上添花,不做雪中送炭的事。如果违背了资源配置的效益原则,那么市场配置就会退出,也就是说,市场配置在公共产品等实现社会经济效益方面必然会缺位。这是产生市场失灵的重要原因之一。

3. 市场功能的缺失

市场功能的缺失与前面两个原因不同,它的产生并不是因为市场无法有效地发挥功能造成的,恰恰相反,它是市场正常有效运行的结果。如,市场公平竞争,导致弱势群体在社会分配格局中处于越来越不利的地位,收入的分配更加不公平,贫富悬殊进一步拉大。又如,市场经济运行的周期性,使经济波动成为常态,导致宏观经济的稳定难以自动实现,这是市场失灵的又一原因。

4. 市场不充分、不统一

市场的不充分既包括市场提供不足,也包括市场提供过度,如,存在外部性的产品,由于其成本或收益的外溢性,由市场提供是不充分或是过渡的。而市场不统一既有普遍性,也有特殊性。在中国,市场不统一主要是由于地方政府的市场分割政策和多元化结构造成的。事实上,只要各个地方政府有自己相对独立的利益,并且有一定的自主权,就具有保护当地工商企业以此来攫取税、费等多种利益的要求,从而必然造成地方保护和市场分割。

总之,市场失灵及市场失灵的原因是客观存在的,弥补市场机制存在的种种缺陷、减少市场失灵带来的效率损失,是政府干预经济活动的根本原因。

(二)市场失灵的主要表现

1. 市场不能解决外部性问题

外部效应的存在影响到资源的有效配置,这是市场无法解决的。

当存在外部负效应时,个人或企业从事某一活动时完全没有考虑对他人带来的成本,即边际外部成本(marginal external cost,MEC)也就是新增每一单位的该商品生产所导致的由第三方承担的额外成本。在根据私人边际成本等于私人边际收益这一法则进行决策时,商品的价格并不反映生产该商品的社会边际成本,这必然导致过度投入带来过多的产出,致使资源配置不能达到最佳水平(如图 3 - 2 所示)。

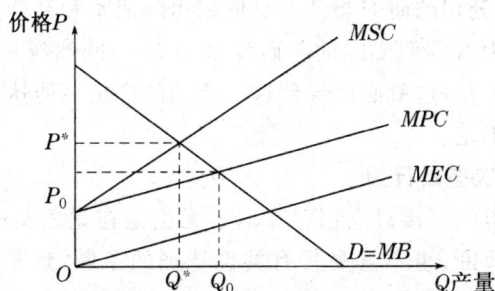

图 3 - 2 负外部性带来的过度提供

假设某企业生产化肥,存在外部负效应,给社会带来的边际外部成本用 MEC 表示,企业生产的私人边际成本用 MPC 表示,而社会边际成本(MSC)则是私人边际成本加上边际外部成本,即:

$$MSC = MPC + MEC$$

企业的决策是依据私人边际成本和私人边际收益(MB)决定的,该企业利润最大化的产量为 Q_0,但从社会角度来看,最有效率的产量应是社会边际成本等于社会边际收益(MSB)时的产量 Q^*。可见,现实的产量大于社会效益产量,负外部效应导致生产供给过剩,资源配置不能达到最优。

当存在外部正效应时,生产商品的价格并不等于该商品的社会边际收益。产生外部正效应的一方并没有得到相应的经济补偿(如图 3 - 3 所示)。

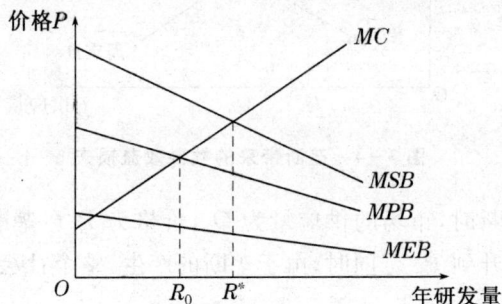

图 3 - 3 正外部性带来的供给不足

假设一家电器公司从事研发工作(R&D),它所取得的科研成果在使自己受益的同时,同行极有可能分享其科研成果,且这种享用是不用付费的,表明公司的研发工作产生了外部正效应。给社会带来的边际外部收益(marginal external benefit,*MEB*),公司的私人边际收益和私人边际成本用 *MPS* 和 *MPC* 表示,而公司的社会边际收益 *MSB* 则是私人边际收益加上边际外部收益之和,即:

$$MSB＝MPB＋MEB$$

市场效率要求,公司的研究与开发量依据边际成本和社会边际收益来决定,该企业的年研发量应为 R^*,但实际的年研发量为 R_0。既然经济活动的主体不能得到某一活动的全部收益,这就必然导致这一活动的产出不能达到最优水平,外部正效应导致生产供给不足。

2. 市场不能解决垄断行为

垄断是作为竞争的直接对立物存在的。无论是在竞争基础上形成的垄断,还是自然垄断行业的垄断;也不管是具有共性特征的垄断,还是具有中国特色的垄断,都会对市场秩序造成破坏。以自然垄断为例,假定某城市有 200 万人口,每人用电量相同(不考虑工业用电),初始有 3 家不同规模的供电公司 D1、D2、D3,分别供应 30 万人、50 万人、120 万人用电。为了顺利供电,3 家公司都必须架设几乎相同长度的电缆线。显然在供电过程中,D3 公司的成本最低。如果 D3 公司试图垄断该城市的供电市场,可采用降价方式并一直进行下去,直到 D1 和 D2 两公司先后因亏损而退出供电市场,最终 D3 公司实现了垄断经营。这种垄断可以看成自然形成的垄断。在垄断经营条件下,D3 公司可通过减少供应、提高价格来维持垄断利润,这给社会和城市消费者带来了麻烦和效益的损害(如图 3-4 所示)。

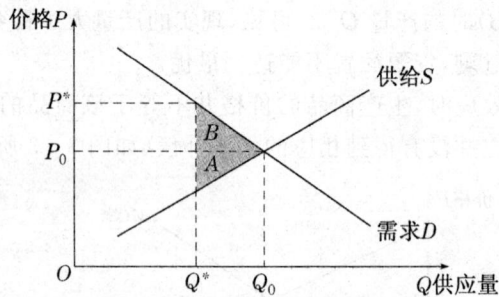

图 3-4 垄断带来的社会效益损失

在没有形成垄断时,市场的供应量为 Q_0,价格为 P_0。垄断形成后,市场供给减少至 Q^*,价格上升到 P^*。同时,由于垄断的产生,整个社会的净效益损失为 A 和 B 之和。

假若此时有新的供电公司进入,D3 公司可以在短期内采取降价策略,使新建公司重蹈 D1、D2 两公司的覆辙。可见,D3 公司垄断形成的基础是,成本递减、规模报酬递增。垄断经营一旦产生,不仅对社会效益,而且对消费者和潜在的生产竞争者都带来损害。对此,市场无能为力。

3. 市场不能解决公共产品的有效提供

如在上一章所分析的，公共产品是指具有共同消费性质的产品和服务，其显著特点是消费上的非竞争性和非排他性。正因为公共产品的非竞争性和非排他性以及共同消费性的特点，导致现实中出现"搭便车"(free riding)的现象。人们不想支付报酬，但又要享受公共产品的好处，如免费接受教育、免费享受公共卫生、享受公共交通等公共产品以及服务。市场无法防止分文不付的人享用公共产品，不能解决"搭便车"问题。结果导致公共产品不能由私人企业按效率原则充分有效地提供。也就是说，市场失灵了。

4. 市场不能解决收入分配不公的问题

在市场经济条件下，个人收入分配的尺度同样是等价交换。因此，个人收入的多少取决于两个因素：① 个人所拥有的生产要素资本、土地以及劳动力等的数量和质量；② 个人所提供的生产要素的市场价格。前一个条件是决定个人收入分配差距的本源因素。个人在生产要素拥有上的差距是客观存在的，资本和土地的拥有主要取决于继承的财产和可能的储蓄；劳动力的素质则源自劳动者先天禀赋和后天教育、环境以及机遇等因素，这些直接导致了个人收入分配的差异。后一个条件是外在的因素。市场价格机制使资本收入的分配比劳动收入的分配更加不平等，资本收入产生高收入的个人和家庭；工资收入造成低收入个人和家庭。有资本者资产叠加增多，并借助市场经济所固有的要素投入回报机制迅速致富。这势必加大个人收入分配上的差距，鸿沟日益加深，最终出现两极分化。

应当指出的是，正是市场有效配置资源功能的发挥，产生并强化了个人收入分配的差距。这一矛盾的解决或缓解，只能靠政府干预来实现。

5. 市场不能解决经济稳定问题

市场经济条件下，宏观经济总量的平衡是有条件的、相对的、暂时的，而不平衡则是无条件的、绝对的、常态的。如同一年四季的自然更迭一样，市场经济也是周期波动的，繁荣—萧条—危机—复苏，周而复始地运行。

宏观经济稳定的参数有多种，但最主要的有：充分就业、物价稳定以及国际收支平衡等。充分就业是指有劳动意愿和劳动能力的人，都能按照市场的均衡工资水平得到工作。物价稳定是指一国在一定时期内一般物价水平保持稳定。国内外经济学家普遍认为，年通货膨胀率在 3％～4％之间可视为物价稳定。国际收支平衡是指一国在贸易、国际投资等经济活动中，其经常项目和资本项目维持大体收支平衡，不出现巨额逆差或顺差。事实证明，靠市场本身来实现经济稳定、平衡几乎是不可能的。以充分就业与市场物价稳定为例，它们两者很难在市场上共存，市场如同一个跷跷板，当实现了充分就业时，通常情况下，市场物价会持续上涨，引发通货膨胀；而当通货膨胀减少或通货紧缩时，又会引发大量的失业。由此可见，解决宏观经济的不稳定、不平衡，市场显得无能为力；熨平经济的周期波动，客观上需要政府的干预。

从以上的分析可以得出,对于市场失灵问题,市场上任何个人或经济组织都不可能有效地解决,它需要政府干预,用非市场方式解决。因此,在市场经济条件下,财政的作用及作用的范围,是以"市场失灵"为标准,以有效地纠正和解决市场失灵这一问题来界定的。

第二节　市场失灵:财政的切入口

一、财政的必要性和现实性

财政的必要性和现实性是共性和个性、矛盾的普遍性和特殊性的关系。

(一)财政的必要性:国家的职能赋予财政的职能

财政是以国家或政府为主体的经济行为,是国家执行其社会经济职能的重要载体,也就是说,财政的必要性、合规性源于国家的存在及其职能的发挥。这是古今中外任何国家财政的共性。国家的职能赋予财政的职能集中表现在:

(1)国家的性质决定财政的性质。国家从来都是统治阶级的国家,任何政府总是代表着统治阶级的利益,并成为执行统治阶级意志、要求和愿望的权力机构,因此国家的阶级性决定了财政的阶级性和利益集团性。

(2)国家干预经济的力度决定了财政的规模。当今世界各国政府由于经济体制和市场规模不同,尤其是经济发展的水平不同,对经济干预的广度和深度以及干预的路径是不同的,这决定了各国政府财政收支的规模有很大的不同。

(3)国家的组织结构决定了财政的组织结构。一国的政体,是共和制还是立宪制,是集权还是分权,直接决定着财政的组织结构是中央政府高度统一管理,还是地方政府分权管理等。

(二)财政的现实性:一国的发展战略赋予财政的现实职能

任何一国的财政职能都是具体的、现实的和可操作的。这种现实的财政职能是由一定时期一国特定的社会经济环境和明确的社会经济发展战略决定的。如目前大多数发达国家的财政是一种公共财政,财政支出侧重于转移性支付。而更多的发展中国家由于同发达国家的市场背景不同,财政支出更多地侧重于建设性支出。这是因为在不成熟、不健全的市场中,价格机制、市场信息、效率杠杆以及资源配置功能等都严重背离了成熟市场的客观要求,也就是说,市场无论是在结构上,还是在功能上都是不完善的。在这样的经济环境里,发展中国家的政府,一方面要采取有效的财政政策措施,直接培育市场、完善市场机制,鼓励、诱导私人经济、民营企业投资发展;另一方面政府还要扮演企业家的角色,用财政资金直接去投资,用自己的经济行为引导整个社会经济的发展,以弥补市场经济的缺陷。

人们还看到,面对 2008 年金融危机,各国政府均根据自身的情况,采取了不同的财政政策以应对全球金融危机。可见,财政的现实性是由一国在一定时期具体的发展战略赋予的。

二、市场失灵:财政的切入口

市场失灵及其失灵的具体表现,给政府干预提供了现实基础。

(一) 外部性与政府干预

外部性问题的出现,是因为私人边际成本和社会边际成本、私人边际收益和社会边际收益不一致带来的。如果私人边际成本低于社会边际成本,那么生产量会远高于社会最优水平,反之,私人边际收益低于社会边际收益则生产量会低于社会最优水平。

外部性的解决途径有两种:一是私人解决;二是政府干预解决。

1. 私人解决方法

在一定条件下,私人市场可以解决部分外部性问题。

(1) 企业合并——外部性内部化

将涉及外部性的各市场主体方联合成一个共同体,即企业合并。可以使外部性内部化。例如,化工厂和养鱼场会相互产生负外部性,但只要将二者合并,无论是化工厂兼并养鱼场,还是养鱼场兼并化工厂,或者由第三方同时兼并两个企业,都可以实现外部性的内部化。因为合并后的企业在作生产决策时,所依据的私人边际成本应相当于合并前化工厂生产产品的社会边际成本。所以根据利润最大化原则,合并后的企业会选择最优的化工产品产量和捕鱼产量,从而实现外部性的内部化,并实现资源配置最优。

(2) 产权交易——科斯定理

外部性问题也可以通过产权的适当安排部分地得到解决。这一解决方案主要源于科斯的思想。科斯认为,只要交易成本足够小甚至为零,且产权明确,则无论将产权赋予谁,都可以实现资源配置的帕累托最优。这一结论被称为科斯定理。还是以化工厂和养鱼场为例,假如在初始状态下,将污染权赋予化工厂,这时的化工厂可以有两种选择:其一自己使用污染权;其二将污染权卖给养鱼场。

如果化工厂将污染权卖给养鱼场,假设交易成本为零,那么,化工厂出售污染权取得的收益等于它给养鱼场造成的边际损害(MD),化工企业根据 $MB = MPC + MD$ 的原则安排生产,产量为化工产品产量和捕鱼产量的最优,资源配置达到了帕累托最优。如果化工厂自己使用污染权,则其生产成本包括两部分:一是生产产品本身的成本即 MPC,二是使用污染权所承受的机会成本。因此,化工厂根据 $MB = MPC + MD$ 的原则安排生产,产量为化工产品产量和捕鱼产量的最优,资源配置达到帕累托最优。

如果污染权是赋予养鱼场的,同样的分析可以得出同样的结论。

按科斯定理,只要产权明确,市场通过产权交易则可以解决外部性问题。问题是,科斯定理以交易成本最小或为零为前提,这在现实生活中几乎是不可能的,所以,科斯定理的实用性有很大的局限。

(3) 非正式制度——道德引导

制度经济学派将制度分为正式制度和非正式制度。非正式制度是指人们在长期社会经济活动中,逐步形成带有群体意识的、具有持久生命力并构成代代相传的文化的一部分。其所以被称为非正式制度,是因为它主要是通过道德引导、公民自我意识的形成。它通过非正式的、无形的制度安排,对人们的行为进行约束。例如不乱扔垃圾;有毒有害物品不能随便丢弃等。

2. 政府干预解决

理论上达成共识的是,私人无法有效地解决外部性问题,而政府的干预能有效地解决这一问题。政府干预的手段主要有财政手段和行政手段。

(1) 财政手段

最早提出利用政府干预的方法来解决外部性问题的是英国福利经济学家庇古,他从社会福利最大化的角度来分析问题。他认为,当外部性存在的时候,市场本身无法进行有效地自我调节,为了实现社会福利最大化,政府必须进行干预,其主要手段是财政手段。

① 庇古税

庇古税(Pigovian taxes),是指对负外部性的制造者征收的一种税。庇古税的数量等于制造者给其他经济主体因外部性造成的损失(如图 3-5 所示)。

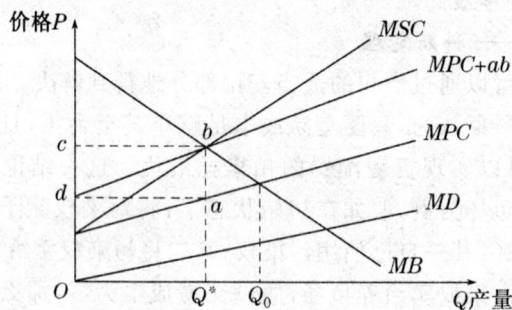

图 3-5 庇古税

图 3-5 中，MB 为某厂商的边际收益曲线，MPC 为该厂商的私人边际成本曲线，由于该厂商产生了负外部性，给其他经济主体带来了损害，或者说他在进行生产决策时，没有考虑外部成本。假设这部分成本以 MD（边际损害）表示，则社会边际成本（MSC）应由该厂商的私人边际成本与边际损害相加而来。如果没有庇古税，则厂商根据 $MPC=MB$ 的原则定价，其产量为 Q_0，而社会的有效产出应为 $MSC=MB$ 决定的产量 Q^*。为了使厂商将其产量定为社会所要求的有效产出 Q^*，现在对该厂商每单位产品征收 ab 量的税收，此时，厂商的私人边际成本曲线变为 $MPC+ab$，按 $MPC+ab=MB$ 的原则决定的产量为 Q^*，等于社会所要求的有效产出。而政府收取的庇古税为 $S_{长方形abcd}$。

② 庇古补贴

庇古补贴（Pigovian subsidies），是指对于具有正外部性的产品，政府可以在最优产量水平上发放相当于边际外部收益的补贴；或者给予负外部性的制造者补贴，使其减少产量，以达到社会所要求的有效产出水平（以图 3-6 来说明）。

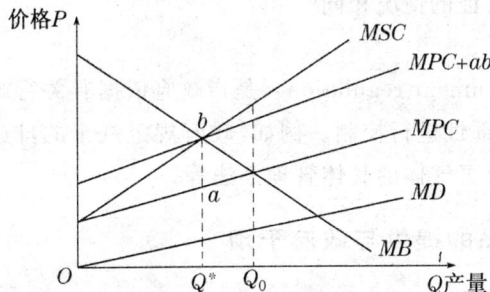

图 3-6 庇古补贴

图 3-6 是对图 3-5 的复制，在没有补贴时，该厂商的产量为 Q_0，高于社会有效产出 Q^*。现在政府为该厂商不生产每一单位的产出给予 ab 的补贴，则该厂商的私人边际成本为 MPC 再加上政府补贴的 ab，根据 $MB=MPC+ab$ 的原则，厂商确定其产量为 Q^*，正好等于社会所要求的有效产出。

（2）行政手段

① 出售或分配许可证

政府可以通过向厂商拍卖污染许可证，以将负外部性控制在意愿的范围内。在排污权市场上，政府可根据市场供求关系出售许可证，这种做法被称为排污权交易制度。在该制度下，限定所有企业总共可向特定环境排放 W^* 污染物（与产出 Q^* 相对应的污染量，见图 3-7）。许可证的供给总量一定，厂商存在对许可证的需求，从而形成了许可证市场，其供求曲线如图 3-7 所示。

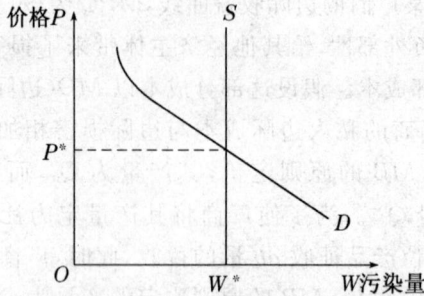

图 3-7 出售许可证

图 3-7 中,总的排污许可证数量为 W^*,许可证的价格为 P^*,许可证市场出清。

当然,政府也可以根据一定情况,将许可证在各厂商之间进行分配。厂商们既可以自己使用许可证,也可以将许可证出售给其他厂商,许可证的均衡数量和均衡价格与政府出售许可证的情况相同。

② 政府管制

政府管制(government regulation),是指政府依据有关行政法规和规定,通过行政管制,直接对外部性进行控制。例如,政府规定汽车的排放标准,颁布一些关于有毒化学物质和有害气体的具体管理办法等。

(二) 公共产品的提供与政府干预

正如前面所分析的,由于公共产品的非竞争性和非排他性的属性,其市场提供必然面临着困境。对公共产品的消费如按市场价格分配,管理成本太大,有时甚至是不太可能。同时,免费搭车现象也难以避免,表明私人部门无法充分有效地提供公共产品。此外,公共事业、公共设施、国内秩序、国防、外交等费用也不可能由市场自行加以解决。所有这些市场失灵,成为政府干预,即财政的切入口。

政府干预的手段主要有两个方面:财政手段和行政手段。

1. 政府干预的财政手段

政府干预的财政手段是指,利用政府预算拨款来提供公共产品。具体有两种方式:一是公共部门仅提供公共产品,而其生产则可以通过招标、承包等方式由私人厂商来具体完成;二是出于某些社会政治或经济控制等方面的原因,政府可以自己设立公共企业来直接生产公共产品,具体采用哪种方式要根据不同时期的不同情况来确定。

2. 政府干预的行政手段

正是由于公共产品消费的非排他性,决定了每一个人都有意愿低估或隐瞒其边际支付愿望。因为个人支付的公共产品价格是由其对公共产品的偏好程度决定的,所以越是喜欢该种公共产品,需要支付的税收价格就越高。这就存在着利益的动因,促使人们隐瞒自己对公共产品的偏好。因此,有必要通过投票这一政治程序来解决公共产品的提供问题。在民主制度下,通过投票解决公共决策,以确定公共产品生产的规模和数量,公共选择理论对此进行了研究。

(三)垄断与政府干预

在市场经济条件下,尽管各国垄断产生的条件、形式有所不同,但无论哪种形式垄断,都使市场效率难以有效发挥。因此,为了维护市场竞争秩序、避免因垄断造成的社会经济效率的损失,客观上产生了对政府干预的要求。政府干预主要包括财政手段和行政手段。

1. 政府干预的财政手段

政府干预的财政手段主要是指,利用政府的财政资金,采用直接投资的方式建立国有公司。国有公司直接从事自然垄断行业产品的生产,并经过公开听证会确定公共产品价格。

2. 政府干预的行政手段

政府通过制定反垄断法,消除垄断行为。

通过制定和执行相应的行政法规、条例,对自然垄断厂商的定价作出限制性规定,即限定厂商的最高定价只能达到平均价格水平。

此外,对于寡头垄断行业,政府部门可以通过招标、投标的形式,选择报价最低的厂商提供公共产品和公共服务。

本章小结

市场效率与市场失灵是矛盾统一体的两个方面。一方面,市场经济是迄今为止人类最具效率的经济运行方式和资源配置手段。表现为,市场经济的利益机制有利于人力资源配置的优化;市场经济的价格机制有利于信息资源配置的优化;市场经济的分散决策机制有利于物质资源配置的优化。另一方面,市场会出现失灵。主要表现为,市场不能解决外部性问题;市场不能解决垄断行为;市场不能解决公共产品的有效提供;市场不能解决收入分配不公的问题;市场不能解决经济稳定问题。

财政的必要性和现实性是矛盾的普遍性和特殊性的关系。财政的必要性:国家的职能赋予财政的职能;财政的现实性:一国的发展战略赋予财政的现实职能。

在市场经济条件下,市场失灵是政府财政的切入口。财政的作用及作用的范围,是以"市场失灵"为标准,以有效地纠正和解决市场失灵这一问题来界定的。

市场失灵及其失灵的表现，给政府干预提供了现实基础。外部性的客观存在要求政府干预；市场不能提供足够的公共产品要求政府干预；垄断的产生及对市场的破坏要求政府干预。

思考与练习

一、简答

1. 为什么说市场经济是人类最具效率的经济运行方式和资源配置手段？

2. 什么是市场失灵？市场失灵产生的原因是什么？

3. 市场失灵的主要表现有哪些？

二、论述

1. 如何理解市场失灵是政府财政的切入口？

2. 政府如何通过财政手段有效地提供公共产品以满足社会的需要？

中 篇
财政活动的实践内容

中 篇

视频语言的表现内容

第四章　财政支出的规模与结构

学习目的与要求

　　本章主要阐述财政支出的规模、结构与效益。通过对本章的学习,要掌握财政支出的衡量方法,学会运用财政支出的各项结构分类方法进行结构分析;理解关于财政支出增长的不同理论观点以及影响财政支出规模的主要因素;领会财政支出效益评价的基本原则,掌握财政支出效益评价的基本方法。

　　财政支出是政府为履行其职能而消耗的一切费用的总和,是政府活动的成本;财政支出的规模与结构既能反映政府介入社会经济活动的深度与广度,同时也能反映出政府介入社会经济生活的政策取向。

第一节　财政支出的规模

一、财政支出规模的衡量

　　衡量财政支出的规模往往采取绝对指标和相对指标配合使用的方法(如表4-1所示)。财政支出的绝对指标即财政支出总额,是指一国(或地区)在一定时期内(通常为一个财政年度)所有财政支出的货币价值总额。如《中国财政年鉴2008》显示,2007年我国财政支出总额为 49 781.35 亿元。使用绝对指标就是对财政支出的绝对数额进行考察,它的优点在于能够较为直观地反映财政支出的现状与变化情况,可以直观地反映某一财政年度内政府支配的社会资源的总量。但绝对指标不能反映政府支配的社会资源在社会资源总量中所占的比重,不能充分反映影响财政支出的各种复杂的因素;而且绝对指标也不便于国际比较。因此分析财政支出状况时往往更要注重相对指标的使用。

表 4 - 1   衡量财政支出的指标

	总量(静态)	增长速度(动态)
绝对指标	财政支出总额	财政支出增长率
相对指标	财政支出占 GDP 的比重	财政支出增长弹性系数

(一) 财政支出总额及其增长率

1. 财政支出总额

在运用财政支出总额这一指标进行分析时,需要注意两个方面的问题。① 由于核算方面的原因,中国官方每年公布的财政支出数据没有直接反映政府支出的总规模。在进行国际比较时,应该根据《政府财政统计手册》(国际货币基金组织,2001)关于财政支出的口径和范围进行调整。② 我国财政支出的范围与口径经常被调整,在进行年度间的比较时,这就需要注意其一致性。

根据《政府财政统计手册》,我国政府总支出应包括国家财政支出(官方统计公布)、债务付息支出、企业亏损支出、预算外支出以及社会保险基金支出。其中,从2000 年起,财政支出包括国内外债务付息支出;在我国财政收支统计中,企业亏损支出以补贴冲减财政收入形式反映;社会保险基金支出则由基本养老保险、失业保险、基本医疗保险、工伤保险与生育保险等五项支出组成。

政府总支出＝财政支出(官方口径)＋债务利息支出(2000 年之前)＋

企业亏损支出＋预算外支出＋社会保险基金支出

本书主要仍然以官方口径的财政支出进行分析。

2. 财政支出增长率

财政支出增长率表示当年财政支出比上年同期财政支出增长的百分比。以 g 表示,则有

$$g=\frac{G_t-G_{t-1}}{G_{t-1}} \tag{4.1}$$

其中,G_t、G_{t-1}分别表示 t 期、$t-1$ 期的财政支出总额。

现实分析 4 - 1   财政支出总额及其增长率

图 4 - 1 显示,自 1978 年以来,我国财政支出总额呈持续增加趋势,从 1978 年的 1 122 亿元增加到 2008 年的 62 473 亿元,增长了近 55 倍,年均增长率为 14%;尤其是近年来,我国财政支出增长率保持在 20% 左右。

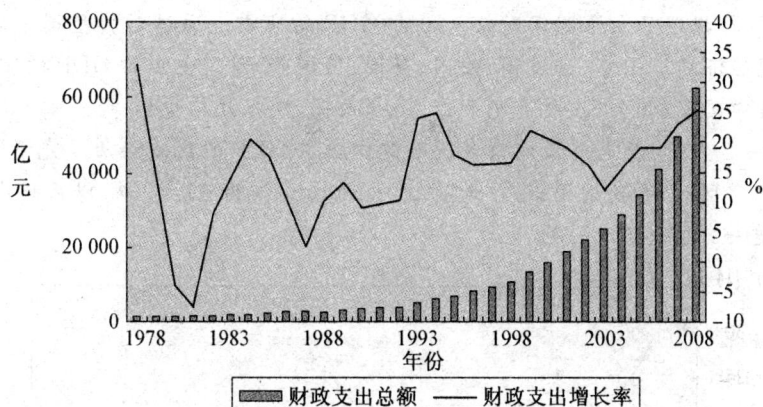

资料来源:《中国财政年鉴—2008》(中华人民共和国财政部,中国财政杂志社,2008);2008 年数据为财政部公布的初步统计数。

图 4-1　改革开放以来我国财政支出状况

(二) 财政支出占 GDP 的比重

财政支出占 GDP 的比重是衡量财政支出规模的一个重要指标,其反映了一定时期内全社会创造的财富中由政府直接支配和使用的比重,能够全面衡量政府经济活动在整个国民经济活动中的地位。在进行国际比较时,财政支出占 GDP 的比重这一指标能够消除国家规模差异性的影响,而且由于其剔除了通货膨胀因素的影响,在进行年度比较时更具可比性。

现实分析 4-2　财政支出占 GDP 的比重

表 4-2　主要国家财政支出占 GDP 的比重

国　别	财政支出占 GDP 的比重	国　别	财政支出占 GDP 的比重
美国	21.17%(2005)	澳大利亚	25.52%(2005)
法国	45.96%(2005)	新西兰	32.67%(2005)
德国	31.22%(2005)	韩国	21.28%(2005)
意大利	38.74%(2004)	俄罗斯	21.55%(2004)
荷兰	40.46%(2004)	泰国	16.31%(2005)
英国	40.24%(2005)	印度尼西亚	16.85%(2004)
西班牙	25.88%(2004)	马来西亚	20.28%(2003)
加拿大	17.8%(2005)	阿根廷	18.29%(2004)
中国	18.52%(2005)	中国	19.95%(2007)

资料来源:根据《国际统计年鉴—2008》(国家统计局,中国统计出版社,2008)数据整理。括号中的数字为年份。

表 4-2 描述了主要国家财政支出占 GDP 的比重。通过对典型国家的比较，可以发现经济发达国家(如美国、法国、英国、德国等)财政支出占 GDP 的比重普遍高于发展中国家(如泰国、印度尼西亚、马来西亚、阿根廷与中国等)。

图 4-2 显示，改革开放以来我国财政支出占 GDP 的比重经历了先下降、后上升的过程。1996 年我国财政支出占 GDP 的比重仅为 11.15%，以后逐年上升，2007 年这一比重达到 19.95%。

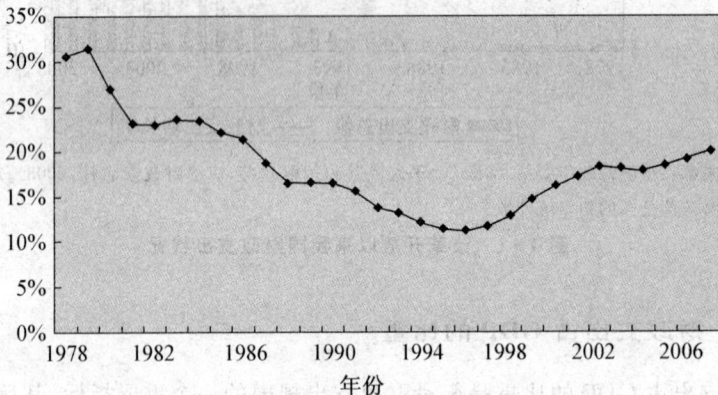

资料来源:根据《中国统计年鉴—2008》(国家统计局,中国统计出版社,2008)、《新中国五十年统计资料汇编(1949~2004)》(国家统计局,中国统计出版社,2005)数据整理。

图 4-2　我国历年财政支出占 GDP 的比重

(三) 财政支出增长弹性

财政支出增长弹性是指财政支出增长率与 GDP 增长率之比，反映 GDP 增长所引起的财政支出增长的幅度。以 E_g 来表示，则有

$$E_g = \frac{g}{y} \tag{4.2}$$

其中 g 为财政支出增长率; $y = \dfrac{GDP_t - GDP_{t-1}}{GDP_{t-1}}$ 为 GDP 增长率。

当 $E_g > 1$ 时，表明财政支出的增长幅度高于 GDP 的增长幅度;当 $E_g < 1$ 时，则表明财政支出增长率低于 GDP 增长率;当 $E_g = 1$ 时，则表明财政支出与 GDP 处于同步增长状态。

现实分析 4-3　财政支出增长弹性

图 4-3 显示，1997 年之前，我国财政支出增长弹性除个别年份(1979 年、1983 年、1989 年)外，均小于 1;1978~1996 年财政支出增长弹性平均仅为 0.6,1980

年、1981 年的财政支出增长弹性则更是为负值。而自 1997 年以来,除个别年份 (2003 年、2004 年)外,我国财政支出增长弹性则均大于 1,1997～2007 年财政支出 增长弹性平均达到 1.92。这反映出 1997 年以来我国财政支出增长幅度远远大于 GDP 的增长幅度。

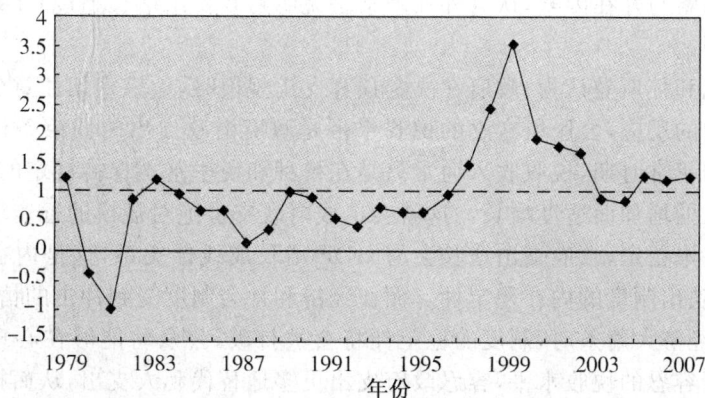

资料来源:根据《中国统计年鉴—2008》(国家统计局,中国统计出版社,2008)数据整理。

图 4 - 3　改革开放以来我国财政支出增长弹性

二、财政支出增长趋势的理论阐述

(一) 西方财政支出增长理论的主要观点

1. 瓦格纳法则

19 世纪 80 年代德国著名经济学家瓦格纳(Wagner,A.)在对欧洲国家和美 国、日本等国财政支出进行实证分析基础上指出,工业化经济的发展必然伴随着政 府活动规模的不断扩张。这一观点经马斯格雷夫(Musgrave,R. A.)进一步阐发 并被称为瓦格纳法则(Wagner's law),即随着人均收入的提高,财政支出占 GDP 的比重也相应随之提高。

瓦格纳把导致政府支出增长的因素分为政治因素和经济因素。所谓政治因素 是指随着经济的工业化,正在扩张的市场与这些市场中的当事人之间的关系会更 加复杂,市场关系的复杂化引起了对商业法律和契约的需要,并要求建立司法组织 执行这些法律,这样就需要把更多的资源用于提供治安和法律设施;所谓经济因素 是指工业的发展推动了都市化的进程,人口的居住将密集化,由此将产生拥挤等外 部性问题,这样也就需要政府进行管理与调节工作。此外,瓦格纳把对于教育、娱 乐、文化、保健与福利服务的财政支出的增长归因于需求的收入弹性,即随着实际 收入的上升,这些项目财政支出的增长将会快于 GDP 的增长。

2. 梯度渐进增长理论

与那些认为财政支出增长是不可避免的观点相反,英国经济学家皮科克和怀斯曼(Peacock and Wiseman,1967)则将偶然事件作为财政支出增长的触发器。他们根据对1890~1955年英国的公共部门成长情况的研究,提出了导致财政支出增长的内在因素与外在因素,认为外在因素是说明财政支出增长超过GDP增长速度的主要原因。

皮科克和怀斯曼认为,政府在决定预算支出规模时,应该密切注意公民关于赋税承受能力的反应,公民所容忍的税收水平是政府财政支出的约束条件。在社会经济发展的正常时期,税收收入通常只是在税种和税率基本保持稳定的情况下,随着国民收入的增加而适度增长。这就会造成财政支出绝对规模的逐步增长及其相对规模的基本稳定,政府支出增长会与GDP增长成线性关系,这是内在因素作用的结果,反映出制度的内在稳定性。而在经济和社会制度受到冲击的情况下,如战争、饥荒或经济大萧条时,制度的稳定性将会被打破,公众将能够在心理上接受一个更高的可容忍的税收水平,容忍政府支出更多地替代私人支出,从而推动财政支出比重的上升。在危机时期过去以后,由于公民税收容忍程度的提高,财政支出并不会退回到先前的水平,较高的支出水平将会因惯性而持续存在。这是外部因素冲击的结果。

3. 鲍莫尔法则

美国经济学家鲍莫尔(Baumol,1967)认为,公共部门的活动是劳动密集型的,相对于资本密集型的私人部门来说,其劳动生产率的提高速度相对较缓。私人部门劳动生产率的提高,将引起部门工资水平的上升。而公共部门为了得到应有的劳动投入量以向社会提供足够的服务,其工资水平的提高必须与私人部门保持同步。这将使得公共部门提供服务的单位成本相对上升,从而导致既定数量的公共产品相对于既定数量的私人产品之间的价格的上升。如果对于公共部门活动的需求是无弹性的,就必然会形成公共支出增长的趋势。由于鲍莫尔是从公共部门和私人部门劳动生产率的差异所导致的产品单位成本的不同来分析财政支出增长的,因此其理论假说一般被称为非均衡增长理论或鲍莫尔法则。

4. 马斯格雷夫和罗斯托的财政支出增长发展模型

马斯格雷夫和罗斯托则用经济发展阶段论来解释财政支出增长的原因。他们认为,在经济发展的早期阶段,政府投资在社会总投资中占有较高的比重,公共部门为经济发展提供社会基础设施,如道路、运输系统、环境卫生系统、法律与秩序、健康与教育以及其他用于人力资本的投资等。这些投资,对处于经济与社会发展早期阶段的国家进入起飞以至进入发展的中期阶段是必不可少的。在发展的中期,政府投资还应继续进行,但这时政府投资只是对私人投资的补充。无论是在发展的早期还是在中期,都存在着市场缺陷,阻碍经济的发展。为了弥补市场缺陷,需要加强政府的干预。马斯格雷夫认为,在整个经济发展进程中,GDP中总投资的比重是上升的,但政府投资占GDP的比重,会趋于下降。罗斯托认为,一旦经济达到成熟阶段,财政支出将从基础设施支出转向不断增加的教育、保健与福利服务的支出,且这方面的支出增长将大大超过其他方面支出的增长,也会快于GDP的增长速度。

5. 公共选择学派的观点

公共选择学派通过对政治决策过程的分析,指出官僚行为、多数票规则下利益集团的影响、财政幻觉的存在会导致财政支出规模的不断扩张。

(1)官僚行为的作用主要是通过"官僚的内部效应"促使政府预算规模扩张。美国经济学家尼斯克南提出,负责提供公共服务的官僚机构,由于内部效应,以机构规模最大化为目标,导致财政支出规模不断扩大,这也被称为尼斯克南的"官僚行为增长论"。官僚机构通常从产出和投入两方面扩大预算规模:第一,千方百计让政府相信他们确定的产出水平是必要的;第二,利用低效率的生产技术使得生产既定的产出量所必需的投入量不断增长。

(2)利益集团的影响主要是通过投票交易促使政府预算规模扩张。美国经济学家奥尔森强调了利益集团的影响因素。按照公共选择理论,在多数规则下,利益集团通过"讨价还价"和"互投赞成票"使得有利于本集团的议案获得通过,而政府或执政党为了获得多数支持,就必须给利益集团以优惠,但执政党又不可能过分偏袒某一利益集团。这样必然有一定的利益"溢出",这在无形中就扩大了政府的某些支出。因此,利益集团的存在和发展,加速了政府规模膨胀的进程。

(3)唐斯提出的财政幻觉观点指出,选民往往并不熟悉财政支出给他们造成的成本与带来的收益之间的联系,他们往往会低估公共支出计划的成本,从而支持财政支出的增加。选民对公共支出成本的低估,一方面是由于支出计划的成本是由大量选民承担的,对任何一个选民而言,成本似乎都非常小;另一方面,公共支出的资金来源并非全部都是通过税收进行筹措的(比如发行国债),这也可能导致选民对公共支出计划的成本低估。

(二)影响财政支出规模的主要因素

财政支出规模由多种因素决定,社会经济发展水平、经济体制、政府职能的变化、财政支出涉及领域或范围的调整及财政支出效率的高低等都会对支出规模产生重要影响。

1. 经济因素

(1)经济发展水平的提高为财政支出增长提供了可能性

从总体上来说,随着经济的发展,社会财富不断增加,人们维持最低生活需要的部分在社会财富中所占比重下降,可以由政府集中更多的社会财富用于满足社会公共需要的可能性不断提高。从具体情况来说,一是国内生产总值随经济发展不断增加,从而使税基不断扩大,财政收入增加,为财政支出规模的不断扩大提供了可能;二是由于作为政府取得财政收入主要手段的税收中的一些税种尤其是所得税具有累进性,因此在其他条件保持不变的情况下,政府通过税收取得的财政收入增长具有累进性,即政府财政收入的增长速度要快于经济发展增长速度,也使财政支出规模不断扩大成为可能;三是随着经济发展和社会财富的增加,私人财富增多,使政府通过发行公债方式筹资扩大支出成为可能。

(2) 经济发展水平的提高为财政支出增长提出了必要性

随着社会的发展和人民生活水平的提高,社会对公共产品提供量的需求越来越多,对公共产品的品质的需求也越来越高,从而使得政府提供的公共产品的数量增加、范围扩大,从而不断推动财政支出规模的持续增长。

(3) 经济体制与社会制度会影响到财政支出的规模

不仅不同的经济发展阶段、不同的经济发展水平会导致财政支出规模与财政支出内容的不同,而且经济体制与制度的差异性也会使财政支出规模与财政支出内容存在较大的差异性。经济体制对财政支出的影响集中表现在"计划经济"和"市场经济"国家的财政支出规模的不同上。计划经济国家向经济建设领域延伸过多,政府职能范围也比市场经济国家政府的职能范围宽,因而财政支出占 GDP 的比重也比较高。即使经济体制相同,福利制度的差异也会对财政支出规模产生影响。例如,同是市场经济体制的美国和瑞典,由于瑞典实行高福利政策,所以其财政支出占 GDP 的比重远远高于美国。

2. 政治因素

政治因素对财政支出规模的影响主要体现在两个方面:一是政局是否稳定。当一国政局不稳,出现内乱或外部冲突等突发性事件时,财政支出的规模必然会超常规的扩大;二是政体结构的行政效率。若一国的行政机构臃肿、人浮于事、效率低下,则行政、人员经费开支必然增多,财政支出规模也就庞大。

3. 社会因素

社会因素,如人口状态、文化背景等也在一定程度上影响政府财政支出规模。在发展中国家,人口基数大,增长快,相应的教育、保健以及社会救济支出的压力较大;而在一些发达国家,人口老龄化问题较为严重,公众要求改善社会生活质量、提高社会福利等,也会对政府财政支出提出新的要求。世界银行的研究报告表明,随着经济的发展,政府以转移支付和补贴形式安排的支出呈现较快增长的势头,而且越是市场经济发达的国家,其用于转移支付和补贴的支出占政府总支出的比重就相对越大。在 OECD 国家中,政府总支出中的一半以上转移支付给了个人。

第二节　财政支出的结构

　　财政支出结构是指各类财政支出占总支出的比重。根据不同的分类标准,可以将财政支出区分为不同的种类,形成不同的支出组合形式,从而形成不同的财政支出结构。财政支出结构表明了财政支出的基本内容以及各类财政支出的相对重要程度,是政府职能在量上的体现。政府职能决定着财政支出结构,同时财政支出结构影响着政府活动的效力,反映一个时期政府政策的倾向和变化趋势。

一、按支出用途分类

　　长期以来,我国财政统计表中的"财政主要支出项目"是以支出用途进行分类的,其分类的主要理论依据是马克思的社会总产品学说。依据马克思主义经济理论,社会总产品在价值构成上由三部分组成:生产过程中已经消耗掉的生产资料的价值(C)、物质生产部门的劳动者所创造的必要产品的价值(V)、物质生产部门的劳动者所创造的剩余产品的价值(M)。在经过初次分配之后,社会总产品相应地转化为补偿基金、消费基金、积累基金。

　　财政支出的公共产品同样可以按照其用途分为补偿性支出、消费性支出和积累性支出。根据财政统计的分类,我国财政主要支出项目包括:基本建设支出,增拨企业流动资金,挖潜改造资金,科技三项费,地质勘探费,工、交、商业部门事业费,支援农村生产支出和各项农业事业费,文教、科学、卫生事业费,抚恤和社会福利救济费,国防支出,行政管理费,政策性补贴支出等。其中,企业挖潜改造资金属于补偿性支出;基本建设支出,增拨企业流动资金,科技三项费,地质勘探费,工、交、商业等部门的事业费,支援农村生产支出和各项农业事业费,文教、科学、卫生事业费等支出中增加固定资产的部分,属于积累性支出;抚恤和社会福利救济费,行政管理费,国防支出,政策性补贴支出,科技三项费用,地质勘探费,工、交、商业部门事业费,各项农业事业费,文教、科学、卫生事业费等支出中非增加固定资产的部分,属于消费性支出。

现实分析 4-4　财政主要支出项目

表 4-3 显示,我国财政主要支出项目中,基本建设支出、增拨企业流动资金以及国防支出比重总体上呈逐期下降趋势;而行政管理费则逐期上升;文教、科学、卫生事业费所占比重有所上升;改革开放以来增加的政策性补贴支出则逐期下降。

表 4-3　我国各时期财政主要支出项目比重　　　%

	基本建设支出	增拨企业流动资金	文教、科学、卫生事业费	国防支出	行政管理费	政策性补贴支出
经济恢复时期	23.80	5.12	8.02	38.24	4.01	—
"一五"期间	38.35	7.76	8.35	23.84	7.60	—
"二五"期间	47.00	10.03	8.65	12.19	5.57	—
1963~1965 年	30.57	7.38	10.70	19.06	6.24	—
"三五"期间	38.82	5.55	8.99	21.89	4.85	—
"四五"期间	40.22	5.58	8.73	19.15	4.51	—
"五五"期间	35.10	5.04	10.92	16.43	4.87	3.94
"六五"期间	25.13	1.12	15.66	11.94	6.82	13.49
"七五"期间	20.53	0.42	18.96	9.10	8.81	12.62
"八五"期间	12.86	0.39	21.34	9.52	11.92	6.86
"九五"期间	13.19	0.46	19.12	8.33	11.95	6.06
"十五"期间	12.94	0.07	18.04	7.60	13.68	2.97
2006 年	10.86	0.04	18.37	7.37	13.95	3.43

注:表中未列出的各项目比重均较小,且相对较为稳定。

资料来源:根据《中国财政统计年鉴—2007》(中华人民共和国财政部·中国财政杂志社,2007)数据整理。

二、按政府职能分类

政府职能可以划分为经济管理职能和社会管理职能两大类,与此相对应,财政支出则可分为经济管理支出和社会管理支出。前者主要是经济建设费,后者有社会文教费、国防费、行政管理费和其他支出。

根据我国财政支出的项目,经济建设费包括:基本建设拨款支出,国有企业挖潜改造资金,科学技术三项费用(新产品试制费、中间试验费、重要科学研究补助费),简易建筑费支出,地质勘探费,增拨国有企业流动资金,支援农村生产支出,工业、交通、商业等部门的事业费支出,城市维护费支出,国家物资储备支出,城镇青年就业经费支出及抚恤,社会福利救济费支出等。社会文教费包括用于文化、教育、科学、卫生、出版、通信、广播、文物、体育、地震、海洋及计划生育等方面的经费、研究费和补助费等。国防费包括各种武器和军事设备支出,军事人员给养支出,有关军事的科研支出,对外军事援助支出,民兵建设事业费支出,用于实行兵役制的公安、边防、武装警察部队和消防队伍的各种经费及防空经费等。行政管理费包括用于国家行政机关、事业单位、公安机关、司法机关、检察机关、驻外机构的各种经费、业务费、干部培训费等。

根据政府职能对财政支出进行分类,能够清楚地揭示政府活动的侧重点及其演变趋势。

现实分析 4−5 按政府职能分类的财政支出

表 4−4 显示,按政府职能分类,财政支出中经济建设费所占比重逐期趋于下降,社会文教费的比重则逐期上升,这反映出政府的职能逐步从经济管理转向社会管理;行政管理费所占比重则呈逐期上升趋势,这一方面体现为行政管理人员的大幅增加,另一方面也反映出政府公共事务的细致化。

表 4−4 我国财政支出结构的变化   %

	经济建设费	社会文教费	国防费	行政管理费	其他支出
经济恢复时期	34.71	11.62	38.24	12.72	2.71
"一五"期间	50.80	14.49	23.84	8.50	2.38
"二五"期间	66.64	13.50	12.19	5.95	1.72
1963~1965 年	53.82	15.20	19.06	6.44	5.47
"三五"期间	56.07	11.06	21.89	5.35	5.63
"四五"期间	57.71	10.88	19.15	5.02	7.24
"五五"期间	59.90	14.40	16.43	5.30	3.97
"六五"期间	56.08	19.74	11.94	7.85	4.38
"七五"期间	48.42	23.15	9.10	11.82	7.51
"八五"期间	41.52	25.65	9.52	13.76	9.55
"九五"期间	38.34	27.18	8.33	15.66	10.49
"十五"期间	29.14	26.60	7.60	19.01	17.65
2006 年	26.56	26.83	7.37	18.73	20.51

资料来源:根据《中国财政统计年鉴—2007》(中华人民共和国财政部,中国财政杂志社,2007)数据整理。

三、按经济性质分类

在财政支出结构的理论分析中,常用的分类方法就是按经济性质分类,将财政支出分为购买性支出与转移性支出两大类。两者以能否直接获得相应的直接的商品与劳务补偿为分类标准。购买性支出,也称消耗性支出,是指政府用于购买商品和劳务的支出;而转移性支出则是指政府按照一定方式将一部分财政资金无偿转移给居民、企业和其他受益者时所形成的支出。

由于购买性支出和转移性支出在社会经济运行中所起的作用有所差别,所以,这一分类方法具有重要的经济分析意义。两种支出的差异表现为:

(1) 是否与微观经济主体提供的商品和服务相交换。购买性支出直接表现为政府购买商品和服务的活动,是能够形成最终消费的财政支出,主要包括行政管理支出、国防支出、科教文卫支出、投资性支出等。尽管这些购买性支出的目的和用途不尽相同,但是政府在进行支出的同时,都表现为从市场上购买到相应的商品和劳务。政府在这类支出中,与微观经济主体一样,从事等价交换活动。这类支出反映了公共部门占有社会资源的状况,是政府的市场化行为,更多体现了政府的资源配置的职能;而转移性支出直接表现为财政资金无偿的、单方面的让渡,即支出本身不直接形成政府对商品和劳务的需求,而仅仅是对微观经济主体单方面的货币或实物授予,包括社会保障支出和社会福利支出、各类财政补贴支出、国际组织捐赠支出、公债利息支出等。由于不直接形成最终消费,转移性支出可以看作公共资源在各个部门之间的再分配,是一种政府的非市场性再分配行为,更多地体现了公共部门的公平分配职能。

(2) 是否遵循等价交换原则。购买性支出往往必须遵循等价交换原则,因此无论是对作为购买方的政府,还是对作为提供者的微观经济主体而言,都存在较强的效益约束。而转移性支出不经过市场交换,并不以等价交换为原则,其更大程度上取决于政府与转移对象之间的讨价还价能力。因此通过转移性支出体现出的财政活动对政府效益是软约束,对微观经济主体的预算同样是软约束。

由此可知,在财政支出总额中,购买性支出所占的比重越大,政府所配置的资源规模就越大,财政活动对生产和就业的直接影响就越大;反之,转移性支出所占的比重越大,财政活动对收入分配的直接影响就越大。联系财政的职能来看,购买性支出占较大比重的支出结构的财政活动,执行配置资源的职能较强,转移性支出占较大比重的支出结构的财政活动,执行收入分配的职能较强。因而,分析财政支出的经济效应时,将财政支出区分为购买性支出与转移性支出则更具针对性。

现实分析 4-6　按经济性质分类的财政支出

　　表 4-5 显示,发达国家的转移性支出占财政支出的比重往往较高,而发展中国家则相对较低。如果进一步加以分析,在发达国家转移性支出中,社会保障支出占了较大比重;而在发展中国家的转移性支出中,社会保障支出所占比重相对较小,债务付息支出则占有较大比重。这在一定程度说明,发达国家,由于政府较少直接参与生产活动,其财政职能侧重于收入分配和经济稳定,体现为转移性支出占总支出的比重较高;而发展中国家,由于政府较多地直接参与生产活动,购买性支出占总支出的比重则相对较大。

表 4-5　主要国家转移性支出占财政支出的比重　　　　　　　　%

国　　家	转移性支出比重	国　　家	转移性支出比重
美国	52.86(2005)	韩国	20.05(2005)
德国	78.51(2005)	印度	25.52(2004)
法国	56.12(2005)	泰国	23.32(2005)
西班牙	53.91(2004)	马来西亚	37.98(2003)
荷兰	51.46(2004)	中国	17.71(2006)

　　注:除中国外的其他国家数据根据《国际统计年鉴—2008》(国家统计局,中国统计出版社,2008)整理。由于年鉴中只有各国中央政府财政支出状况,所以这里的统计是中央政府转移性支出占财政支出的比重。转移性支出是由支出项中利息、补贴和社会福利支出三项构成。中国 2006 年转移性支出则根据国际统计标准,由债务付息支出、企业亏损补贴、政策性补贴、抚恤和福利救助费以及社会保障"五项"基金支出构成,财政支出则是由预算内财政支出、预算外财政支出以及社会保障支出等加总获得。括号中的数字为年份。

四、参照国际货币基金组织的财政支出分类

　　遵循有利于公共财政体系的建立,有利于预算的公正、公开、细化、透明,有利于加强财政经济分析与决策,有利于国际比较与交流的原则,我国于 2007 年实施了政府收支分类改革。其中涉及到财政支出的包括支出功能分类和支出经济分类,在很大程度上参考借鉴了国际货币基金组织的财政统计方法以及 OECD 国家政府收支分类框架。

　　新的支出功能分类体系不再按基本建设费、行政费、事业费等经费性质设置科目,而是根据政府管理和部门预算的要求,统一按支出功能设置类、款、项三级科目,分别为 17 类(见表 4-6)、170 多款、800 多项。新的支出功能科目更能够清楚地反映出政府支出的内容和方向,适应了我国社会主义市场经济体制下政府公共管理和公共服务的职能日益加强的趋势,并将预算外收支和社会保险基金收支等纳入到财政支出统计范围之中,使财政支出能够更好地全面反映政府支出的规模

及其影响。

新的支出经济分类体系主要反映政府支出的经济性质和具体用途,分类科目设类、款两级,分别为12类(见表4-6)和90多款。在支出功能分类明确反映政府职能活动的基础上,支出经济分类明细反映政府的钱究竟是怎么花出去的,是付了人员工资、会议费还是买了办公设备等。支出经济分类与支出功能分类从不同侧面、以不同方式反映政府支出活动。依照国际通行做法,支出功能分类以及支出经济分类共同构成一个全面、明晰反映政府支出活动的分类体系。它们既是两个相对独立的体系,二者又相互联系,可结合使用。

表4-6 我国2007年实施的财政支出分类

功能分类	经济分类
(1) 一般公共服务	(1) 工资福利支出
(2) 外交	(2) 商品和服务支出
(3) 国防	(3) 对个人和家庭的补助
(4) 公共安全	(4) 对企事业单位的补贴
(5) 教育	(5) 转移性支出
(6) 科学技术	(6) 赠与
(7) 文化体育与传媒	(7) 债务利息支出
(8) 社会保障和就业	(8) 债务还本支出
(9) 社会保险基金支出	(9) 基本建设支出
(10) 医疗卫生	(10) 其他资本性支出
(11) 环境保护	(11) 贷款转贷及产权参股
(12) 城乡社区事务	(12) 其他支出
(13) 农林水事务	
(14) 工业商业金融等事务	
(15) 交通运输	
(16) 其他支出	
(17) 转移性支出	

第三节　财政支出的效益

一、财政支出效益评价的基本原则

公平与效率是整个财政活动的基本价值判断标准。财政支出的过程实际上就是政府配置资源的过程,政府配置资源的活动和其他一切经济活动一样,应当从公平和效率两个方面进行评价。在财政支出过程中,实现公共资源配置过程中公平与效率的统一,是政府的重要目标之一。公平分配是提高效率的前提,效率是公平分配的归宿。

(一) 财政支出的公平原则

公平原则是指通过财政支出提供的公共产品所产生的利益在各个阶层的居民中的分配应达到公平状态,能恰当地符合各个阶层居民的需要。公平原则包括两个内容:一是横向公平,同等对待同一层次的居民;二是纵向公平,差别对待不同层次的居民。

1. 功利主义的公平原则

功利主义认为,社会福利是社会各成员个人效用的简单加总,其一般表达式为

$$W = U_1 + U_2 + \cdots + U_n = \sum_{i=1}^{n} U_i \qquad (4.3)$$

功利主义的理论观点侧重于收入再分配活动的分析,其支持政府进行收入再分配的理由基于个人收入的边际效用递减假定。也就是说,随着一个人收入的增加,每增加一元收入所带来的额外效用是减少的。同时,由于每增加一块钱收入给穷人带来的额外效用往往要大于给富人带来的额外效用,所以,尽管拿走富人一块钱给穷人,将减少富人的效用而增加穷人的效用,但二者相抵,其结果仍然会使总效用或总福利增加。因此,为了促进社会福利水平的提高,政府有必要采取收入再分配行动。

将功利主义的观点运用于财政支出公平原则的分析。财政支出的公平原则体现为居民的受益能力。以财政补助支出为例,一个人的收入水平越低,则财政补助对他产生的效用就越大,即其受益能力越大,社会总福利或总效用也越大。因此财政支出应对收入不超过规定水平的社会成员给予补助,收入越少,给予补助越多。

2. 罗尔斯的正义原则

罗尔斯的正义论指出,社会福利的高低取决于社会上境况最差的那个人的效用。因此罗尔斯的社会福利函数可以表达为

$$W = \min(U_1, U_2, \cdots, U_n) \qquad (4.4)$$

罗尔斯认为,社会和经济的不平等可以存在,但必须基于这样一个前提,即最大限度地使先天有利条件最少的那部分人(如非熟练工人)受益。罗尔斯不仅强调结果上的公平而且强调机会上的均等。他认为,具有同样能力的人应该拥有同样的生活机遇。罗尔斯为社会设计了一个非常理想的状态,希望社会制度在理性支配下,使利益的分配能够尽量向社会的弱势群体倾斜,以期让所有的社会成员达到平等的初始状态,从而保证社会正义的实现。

根据这一观点,财政支出的公平性同样应使其公共产品的提供增进社会上境况最差的人的效用,从而增进社会总福利,实现社会正义。

3. 自由至上主义

自由至上主义认为,社会公平就是按照自由交换的规则进行分配,人的权利是分配的基本依据。其代表人物是哈耶克和诺齐克。诺齐克的立论基础是最基本的个人自由权利。他认为,衡量公平的标准不是个人效用,而应当是权利的行使和对权利的尊重。在不考虑个人效用的水平和差别的情况下,这些权利包括生存权、获得个人劳动产品的权利以及自由选择权;这些权利是基本的、绝对的和不可剥夺的,除了有义务尊重他人的基本权利之外,不受任何其他因素的约束,并且与社会组织的形式无关。

自由至上主义的基本政策含义是,过程公平比结果公平更重要。政府应当致力于保障个人的自由和权利的行使,以确保每个社会成员都同样有发挥自己才能并获得成功的机会。而一旦确立了这些游戏规则,政府就没有任何理由去改变社会的收入分配格局。

4. 阿玛蒂亚·森的可行能力观点

阿玛蒂亚·森认为,自由是发展的目的,也是发展的手段。他提出的自由,即实质自由被定义为"个人拥有的按其价值标准去生活的机会或能力";而可行能力则是一种实现各种可能的功能性活动组合的实质自由。他将贫困视为"能力的剥夺",认为造成贫困人口的原因是他们获取收入的能力受到剥夺以及机会的丧失。因此,基于可行能力的观点,阿玛蒂亚·森强调了社会福利的"基本能力平等"。

根据阿玛蒂亚·森的可行能力观点,财政支出应提供公共产品提高人的基本能力,实现以自由为基础的发展。

(二)财政支出的效率原则

1. 财政支出的配置效率

财政支出的配置效率涉及到两个方面的问题:一是社会总资源如何在政府与市场之间合理配置,也就是财政支出规模的配置效率问题;二是政府资源如何在不同的财政支出类别或不同的财政区域之间合理配置,也就是财政支出结构的配置效率问题。

财政支出的配置效率与财政的职能密切相关。财政职能往往决定了衡量财政支出的效率标准。

2. 财政支出的生产效率

财政支出的生产效率是指在资源配置既定的前提下,政府组织和公共部门作为提供公共物品的"生产部门",其内部的组织管理状况决定着提供公共物品的数量与质量,从而决定着财政支出的效率,在一定程度可以投入与产出的比较方式来进行衡量。

（三）实现财政支出公平与效率原则的制度安排

1. 规范财政支出程序,提高财政支出透明度

要实现财政支出过程中公共资源配置的公平与效率,必须以公众的真实意愿为出发点。现实中,公众是一个集体的概念,公众的意愿并不总是一致的,每一个人的选择在实际生活中往往存在着差异。如何把差异化的个人选择加总起来形成公共选择,则成为财政支出过程公共资源配置的关键。这就需要通过民主化和法制化的制度安排,规范财政支出程序,提高财政支出的透明度。首先,财政支出的来源必须受严格立法的约束;其次,财政支出的规模与结构都应有制度的严格规定;第三,财政资金的安排应高度透明,公众应对财政支出状况有知情权,预算的制定、执行都应受公众的监督。

2. 政府采购制度

政府采购是指各级政府及其所属机构为实现其政府职能和公共利益,以公开招投标为主要方式,在财政的监督下,以法定的形式、方法和程序,从国内外市场上购买货物、工程或服务的行为。政府采购不仅是指具体的采购过程,而且是采购政策、采购程序、采购过程及采购管理的总称,是一种对公共采购管理的制度。政府采购的合理运用可以有效节省财政支出,提高财政支出的生产效率。

与个人采购、家庭采购、企业采购或团体采购相比,政府采购具有以下特点。

（1）资金来源的公共性。政府采购资金来源于政府财政拨款,即公共资金。而私人采购资金来源于采购主体的私有资金。资金来源的不同,决定了政府采购与私人采购诸多方面的区别。

（2）采购行为的非营利性。政府采购具有非商业性的特点,政府采购的目的不是为了营利,而是为了提高财政资金使用效益;而私人采购的目的和动机是为了营利。

（3）采购规模巨大,采购对象广泛。政府始终是各国国内市场最大的消费者,政府采购规模在国民生产总值和财政支出中都占有相当大的比重。欧盟成员国政府采购的金额占 GDP 的 15％,美国政府采购支出约占联邦预算支出的 30％。政府采购对象也非常丰富,从办公用品到武器等无所不包。

（4）公共管理性。由于采购部门使用公共资金进行采购,政府采购部门履行的是信托人的职能,因此政府采购具有明显的公共管理性,政府采购过程是一个受监管但却透明的过程,在严格的法律和管理限制下进行。

（5）政策导向性。政府作为国内最大的购买者和消费者,政府采购的数量、品种、频率对整个国民经济有着直接的影响。政府采购作为财政支出政策的主要内容,在经济过热时,可以减少政府采购规模,即通过紧的财政政策实现经济的正常运行;当经济不景气时,可以增加政府采购规模,增加有效需求,即通过积极的财政政策实现总供求平衡,拉动经济增长。同时,它还可以保护民族工业,促进产业结构调整和优化。

(6)公开性。政府采购一般通过招标、竞标方式进行交易,而公开、公平是招标方式的基本特征,从而使政府采购活动在透明度较高的环境中运作,采购的有关法律、采购过程、采购信息全是公开的,公共官员、管理者受到财政、审计、供应商和社会公众等全方位的监督。

目前,国际上通行的政府采购模式有以下几种。

(1)集中采购模式。由采购主体负责本级政府的所有采购,如韩国财政经济院的政府采购厅负责对中央政府以及中央政府驻地方机构的所有货物、工程和服务的采购、分配和管理。集中采购有以下优点:集中采购有利于专业化,因为允许采用专家并使专家的技术在不断的采购中得到提高;集中采购有利于明确责任,不易出现规避责任的情况;集中采购有利于降低成本,因为可以合并采购需求,降低采购价格,减少作业和管理费用,便于管理。

(2)分散采购模式。在遵守国家法令的前提下,由各需求单位自行采购。目前,完全实行分散化采购的国家不多。

(3)半集中半分散的采购模式。这是部分物品由一个部门统一采购,部分物品由各需求单位自行采购的模式,大多数国家都采用这种模式。政府究竟在多大程度上实现集中采购和分散采购并没有标准模式,采购实体的目标、资源和管理需求对采购的集中化和分散化起重要作用。

二、财政支出效益评价的基本方法

在对公共部门支出政策进行评估时,往往需要进行一些定量分析,以判断某一特定支出项目或支出计划是否可以实施,其收益是否超过成本。对财政支出效益进行评价最主要的方法是成本-收益分析方法(cost-benefit analysis)。

(一)财政支出成本-收益分析的特点

成本-收益分析是一种经济决策分析方法,它是通过比较各种备选项目的全部预期收益和全部预期成本的现值来评价这些项目,以作为决策参考或依据的一种方法。对于政府部门和私人经济部门来说,进行成本-收益分析的程序一般主要包括以下四个步骤:① 确定一系列可供选择的方案;② 确定每种方案所需要的投入量和将会实现的产出量;③ 对每一种投入和产出进行估价,确定其价值;④ 加总每个项目的所有成本和收益,以估计项目总的获利能力,决定最终采用的方案。

公共部门财政支出的成本-收益分析与私人经济部门有着显著的不同,主要体现在以下两个方面。

(1)公共部门财政支出决策往往是以社会福利最大化为目标,而私人经济部门追求的是利润最大化目标。社会福利的最大化必须兼顾公平与效率,财政支出的公共项目决策必须考虑经济效益、社会效益的统一。比如政府考虑修建某一大型水坝时,它不仅要考虑这一工程的经济效益,还要考虑其社会效益,尤其是考虑这一工程对生态环境将会产生的影响。

(2)许多财政支出项目的投入和产出不能直接用市场价格来估计,这主要是由两个因素决定的。一是与许多财政支出项目分析相联系的市场价格根本不存在,因为大部分公共产品不是在市场上进行交易的,比如市场上不存在清新空气的价格、生命的价格、时间的价格、自然资源得以保护和生态平衡的价格等;二是考虑到市场失灵(尤其是外部性)的存在,在许多场合市场价格不能反映相关产品的真实社会边际成本或社会边际收益。

由于公共部门财政支出的成本-收益分析具有以上的特殊性,所以采用的具体方法也与私人部门的成本-收益分析不同。

(二)成本与收益的类型

对财政支出项目进行评估时要考虑的成本与收益是多方面的,归纳起来,包括以下类型。

(1)真实的与货币的。这是财政支出项目成本-收益分析要考虑的最重要的区别。真实收益是指财政支出项目的最终消费者获得的收益,真实收益反映着社会福利的增加;真实成本则是财政支出项目利用资源的实际成本。货币收益与成本则是受到市场上相对价格的变化影响的收益或成本,价格的变化可能使一部分人的收益或损失增加,又为其他人的损失或收益所抵消,所以,从整体上看,它无法反映社会的净收益或净损失。例如,政府雇佣工人修筑公路,工人工资率将升高,但同时为筹集筑路资金可能需要提高税率,致使其他部门的生产与就业下降,工资率降低,这两类部门的工资率升降就是此项目的货币收益和成本。但其他部门工人的低工资损失抵消了筑路工人的高工资收益,从整个社会来看,并没有真实的工资率的上升或下降。因此,只有项目的真实成本与收益,例如公路本身带来的效用和所消耗的实际经济资源才是应评估的内容。

(2)直接的与间接的。直接的成本和收益是与项目主要目标密切相关的成本和收益;而间接的成本和效益则是属于项目的副产品,与项目的非主要目标有关。例如,由于某地区风景区的开发,旅游业的发展为当地的直接利益;而游客增多引致该地区的开放和经济的发展,则为其间接的收益。又如,发展文化教育的直接收益是提高学生未来的工作能力,间接收益则是降低犯罪率。尽管在实践中衡量间接收益或间接成本也许比较困难,但在决策中应该尽可能考虑到财政支出项目的间接收益与间接成本。

(3)有形的和无形的。有形的成本和收益是能够以市场货币价值计量的成本和收益;无形的成本和收益是不能用市价直接估价的成本和收益。例如,新建的公路使车祸发生的次数减少,使得人们节约了路程上所耗的时间及增加了舒适性,在交通建设的收益中,这些项目虽然是无形的,但却是社会的实质收益。由于灌溉工程引起的某一区域的美化属于无形收益,而农业产出的增长属于有形收益。

(4) 内部的与外部的。这里内部的成本和收益主要指项目所在辖区范围内发生的成本和收益;而外部的成本和收益是指项目范围外发生的成本和收益。例如一个新建的水坝不仅使所在省份得益,而且水坝拦截河流所经其他省份也会有所获益。

(三) 对成本和收益的衡量

1. 社会收益价值的评估

(1) 消费者剩余。理论上,社会收益价值的评估往往应用消费者剩余来衡量。消费者剩余反映的是该产品最终消费者的净收益。但在实践中,消费者剩余往往难以直接观察到,这就需要采用一些变通的方法,比如根据可以观察到的数据来推导出人们从财政支出项目中获得的收益,这种方法主要应用在对时间和生命价格的估计中。

(2) 时间价值的估计。便利的交通设施由于节省了时间而给人们带来收益,这种收益可以通过估计使用相关交通设施的人们的工资率推算出来。在理想的条件下,工资可以作为衡量人们时间价值的尺度。在简单的经济模型中,人们在工作和闲暇之间进行选择,一个人放弃一小时闲暇时间进行工作,那么他将获得一小时工资收入。在均衡状态下,人们对一小时闲暇与一小时工作的效用评价是一样的,这样工资率就可以用来进行时间价值的货币衡量。假定某一交通设施使个人的通勤时间减少了 10 分钟,他的工资率为 18 元/小时,则这个人节省的时间价值就是 3 元。如果将所有人因这一交通设施而节省的时间价值加总,就可以获得其时间节约的总收益。

(3) 生命价值的估计。如果单单从伦理的角度看,生命是无价的,因此政府财政用于改善人们的健康、保障公共安全等支出应该是无限的。然而资源总是有限的,估计生命的价值是必须正视的一个问题。一般来说,估计生命价值的方法有两种:一是根据一个人一生中的预期收入来估计其生命价值,如果一个项目的后果是挽救了一个人的生命,则该项目的社会收益就是该人可以获得的收入的现值的期望值;二是根据人们所要求的风险补偿来估计生命价值,假如公共项目有助于减少伤亡事故发生的概率,由此减少的经济损失就是该项目的收益。

2. 影子价格

对那些可在市场上交易,但市场价格并不反映真实社会价值的产品和投入品,衡量的办法是设计出一种新的能反映产品实际价值的价格,即影子价格(shadow price)。和其他度量方法相比,市场价格以低成本的方式向我们提供了大量信息,但由于多方面的原因,不少公共项目的产出品或投入品虽在市场上交易,并形成相应的价格,却发生有价不实或无价可循的情况。这些原因包括:一是项目的产品或服务在垄断市场上交易;二是存在因管制、税收或补贴而导致的价格扭曲;三是产品或服务具有外溢性。为此,需要对价格进行调整,以反映真实的社会边际成本或社会边际收益。

从理论上来说,影子价格是帕累托有效配置时资源、产品或服务的边际价值,即帕累托有效配置时资源和产品的价格,帕累托有效配置时商品或服务的边际增量引起的社会效用和社会福利的增量。在不能够实现帕累托有效配置的环境条件下,影子价格是对资源或产品社会价值的一种估计。它是反映社会成本和社会利润的价格。

假设某种资源的市场价格为 P_0,如果我们将一个单位的这种资源投入到某项生产活动中可以产生 P_1 单位的效益,则 P_1 就反映了这种资源在该项生产活动中的“价值”。在经济学上,我们就把 P_1 称为这种资源在该项生产活动中的影子价格。显然,影子价格不同于市场价格,且对于同一种资源来说,在不同的企业、不同的时期,其影子价格也是不同的。

从影子价格的经济学意义可以看出,影子价格实际上是资源投入某项生产活动的潜在边际效益,它反映了产品的供求状况和资源的稀缺程度。而且资源的数量、产品的价格都影响着影子价格的大小。一般说来,资源越丰富,其影子价格就越低。

3. 贴现:考虑时间因素

在实际生活中,许多投资项目的建设周期或使用周期都不会限于一个年份,或者准确地说,不会限于这项支出的预算年度,而要持续若干年甚至几十年。这样一来,任何一个项目的收益和成本,都不可能是一个数值,而要形成一系列的数值,即形成所谓由若干年的收益和若干年的成本所构成的“收益流”和“成本流”。不同时间发生的收益和成本不能直接相加,不同时间发生的收益和成本也不能直接相减进行比较。这里的关键在于,必须将“货币的时间价值”这一因素考虑在内。所谓“货币的时间价值”,是指货币在不同时点上的不同价值。

要比较经济收益和经济成本,两者必须有相同的可比的基础。了解“货币的时间价值”这一概念后,就可以在同一时间的基础上,将不同时期、不同种类的收益和成本进行分析比较,作出是否投资的决策。也就是说,将不同时间(年度)所发生的成本与收益,按照一定的贴现率,换算成同一时间点上的成本与收益,然后进行比较。

因此,在项目的分析与评价中,必须把预计的分期收益与成本折算为现值。所谓现值(present value,PV),是指未来某一金额的现在价值。折算现值的公式是:

$$PV = \frac{R_n}{(1+i)^n} \tag{4.5}$$

其中 R_n 为 n 年后的价值，i 为年利率（习惯上称为贴现率，discount rate）。考虑时间因素的价值，将未来价值换算为现值的过程，就是贴现。

考虑一个项目的收益状况。假如该项目在未来 n 年运营期内每年能带来的收益分别为 $R_0, R_1, R_2, \cdots, R_n$，那么，将未来各期的收益转化为现值，然后相加则可以获得该项目的总收益。即

$$PV = R_0 + \frac{R_1}{(1+i)} + \frac{R_2}{(1+i)^2} + \cdots + \frac{R_n}{(1+i)^n} = \sum_{k=0}^{n} \frac{R_k}{(1+i)^k} \tag{4.6}$$

（四）成本-收益分析的指标

1. 净现值（net present value，NPV）

$NPV = $ 收益现值总额 - 成本现值总额，即

$$NPV_i = \sum_{t=0}^{n} \frac{B_t^i - C_t^i}{(1+r)^t} - K_i \tag{4.7}$$

其中，NPV_i 为项目 i 的净现值，B_t^i 为项目 i 在 t 年所产生的收益；C_t^i 为项目 i 在 t 年所花费的成本；r 为贴现率；K_i 为项目 i 的初始投资成本。

一般来说，净现值方法的决策原则是：当净现值为正时，该项目才可以被采纳；如果存在多个备选的互斥项目，应选择净现值为正值中的最大者。

值得注意的是，在净现值分析中，贴现率 r 的选择起着关键性的作用。在衡量项目决策时，不同的 r 值可能会导致不同的结论。

2. 收益成本比率（benefit-cost ratio，BCR）

$$BCR = \text{收益现值总额／成本现值总额} \tag{4.8}$$

这一指标与 NPV 实质是一致的，仅仅是表达形式的不同。$BCR \geqslant 0$，则投资项目是可取的；BCR 越高，投资越有利。

3. 内部报酬率（internal rate of return，IRR）

IRR 是使收益现值与成本现值相等（$NPV = 0$，$BCR = 1$）时的贴现率。求 IRR 可以采取试差法和内推法。

首先用一个贴现率 R_1 来计算净现值，如果 $NPV = 0$，则 R_1 就是内部报酬率 IRR；如果 $NPV > 0$，则 $IRR > R_1$（如果 $NPV < 0$，则 $IRR < R_1$）；再用一个略高于（或低于）R_1 的贴现率 R_2 进行同样的计算。如果用 R_1 计算的 NPV 为正，而用 R_2 计算的 NPV 为负，则可用内推法来计算内部报酬率。公式为：

内部报酬率 = 低贴现率 + （高贴现率 - 低贴现率）×

（正的净现值／两个净现值之差）

求得的内部报酬率刚好在高低两个贴现率之间。当贴现率低于内部报酬率

时，$NPV>0$，说明该项投资还有比这个贴现率更高的获利能力；反之，当贴现率高于内部报酬率时，$NPV<0$，说明该项投资的内在获利能力还达不到这个贴现率的水平。只有使净现值等于零时的那个贴现率，才是该项投资的内部报酬率。实际上，在评价项目是否值得投资时，能有一个近似的内部报酬率就足够了。内部报酬率越高，表示投资经济效益越高。

（五）成本效果分析

对于成本-收益分析，往往存在两个方面的难点，一是非经济的因素（包括文化、教育等方面）往往很难以货币形式估算出成本与效益；二是未来的成本与收益往往有着较大的不确定性而难以估计。这也是成本效果分析（cost-effectiveness analysis）常被提出并应用的原因。

成本效果分析的方法是考虑为达到同一个目标的各种备选项目，哪一个成本最低。例如：为了减少污染，从而减少死亡人数，有好几个方案可供选择：① 开发一种全新能源，每花费 9 万元少死一人；② 改善发动机装置，每花费 6 万元少死一人；③ 改善医疗条件，每花费 4.5 万元少死一人；④ 大力执行现行防污法规，每花 1.8 万元少死一人；⑤ 为全体公民每人生产一只防毒面具，每花 150 万元少死一人。

在这几个方案中成本最低的是第四个。这种分析方法的特点是：所有方案必须有共同的目标，只考虑确定目标不同方案所需付出的代价，而不考虑这些方案的经济效益。在美国，这种方法在公共设施、国防等方面应用较多。

本章小结

财政支出是政府为履行其职能而消耗的一切费用的总和；财政支出的规模与结构既能反映政府介入社会经济活动的深度与广度，同时也能反映政府介入社会经济生活的政策取向。

财政支出的规模受经济、政治、社会等诸多因素的影响，社会经济发展水平、经济体制、政府职能的变化、财政支出涉及领域或范围的调整及财政支出效率的高低等都会对支出规模产生重要影响。

财政支出结构是指各类财政支出占总支出的比重。财政支出结构表明了财政支出的基本内容以及各类财政支出的相对重要程度，是政府职能在量上的体现。财政支出按用途可分为补偿性支出、积累性支出和消耗性支出；按政府职能可分为经济建设费、社会文教费、国防费、行政管理费和其他支出；按经济性质则可分为购买性支出和转移性支出。

公平与效率是财政支出效益评价的基本原则；成本-收益分析是财政支出效益

评价的基本方法。

思考与练习

一、基本概念

财政支出增长弹性　　　　瓦格纳法则　　　　鲍莫尔法则

购买性支出　　　　　　　转移性支出　　　　政府采购

成本-收益分析　　　　　　影子价格　　　　　现值

内部报酬率

二、简答

1. 如何解释财政支出长期增长的一般趋势?

2. 简述财政支出按经济性质分类及其对经济分析的意义。

3. 简述政府采购的特点。

4. 简述财政支出成本-收益分析的主要特点。

三、计算

有两个备选的投资项目 A、B,其成本与收益如表 4-7 所示。

表 4-7　A、B 两个投资项目的成本-收益分析(贴现率:10%)　　　　　　　　　元

		A	B
成本现值		20 000	12 000
收益终值	第一年	11 800	4 600
	第二年	13 200	4 600
	第三年	—	4 600

(1) 试计算 A、B 项目的收益现值、净现值、收益成本比率及其内部报酬率。

(2) 判断哪一个项目应被采纳。

第五章 财政支出的基本形式

学习目的与要求

本章按经济性质分类将财政支出区分为购买性支出与转移性支出两大类,阐述了财政支出的主要形式。通过对本章的学习,要了解各类支出项目的性质;并结合我国实践分析各类支出项目的发展趋势;要掌握社会保障的内涵、特点、功能以及社会保障体系的主要内容,并结合实践了解我国社会保障制度改革的方向;要掌握财政补贴的分类及其宏观效应。

在财政支出结构的理论分析中,常用的分类方法就是按经济性质分类,将财政支出分为购买性支出与转移性支出两大类。两者以能否直接获得相应的直接的商品与劳务补偿为分类标准。购买性支出,也称消耗性支出,是指政府用于购买商品和劳务的支出;而转移性支出则是指政府按照一定的方式将一部分财政资金无偿转移给居民、企业和其他受益者时所形成的支出。

从经济性质上看,购买性支出反映着政府部门和其他经济主体之间的互利、有偿的市场交易关系,而转移性支出则是财政资金的无偿、单方面的转移,政府没有直接从中获得收益。由于购买性支出和转移性支出在社会经济运行中所起的作用有所差别,因此,这一分类方法具有重要的经济分析意义。

第一节 购买性支出

购买性支出(purchasing expenditure)又可分为财政消费支出和财政投资支出两大部分。前者指维护政府机构正常运转和政府提供公共服务所需经费的总称,后者指政府用于道路、桥梁、港口、码头、农业等基础设施或行业的支出。财政消费支出与财政投资支出的主要区别在于后者的使用通常会形成资产,进而带来经济收益。二者的共同之处在于:财政一方面付出了资金,另一方面也相应获得了商品和服务。也就是说,在这些支出安排中,政府和其他主体一样,从事着互利、有偿的市场交易活动。

一、消费性支出

（一）国防支出

国防支出（defense expenditure）是国家一项基本的财政支出，是一国政府用于国防建设以满足社会成员安全需要的支出。根据《2007 年政府收支分类科目》，我国国防支出包括现役部队及国防后备力量、国防动员以及其他国防支出等三款。

根据公共产品理论，国防属于典型的纯公共产品，具有非竞争性和非排他性；应由政府提供，其经费来源于税收。如何确定合理的国防支出规模呢？图 5-1 中假定社会由 A、B、C 三个人（或阶层）组成，每个人（或阶层）消费国防产品的边际收益曲线分别为 MB_A、MB_B、MB_C，根据纯公共产品的特性，全社会对于国防产品的需求曲线（即边际收益曲线）MB 则由 MB_A、MB_B、MB_C 垂直相加得到；假定国防产品能以固定成本增加供给，即边际成本曲线为水平线 MC，因此在达到均衡时 $MB = MC$，则 MB 与 MC 的交点就决定了国防产品的有效供给量 Q。

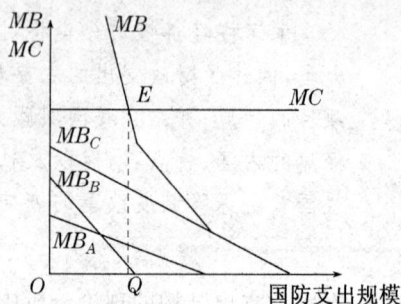

图 5-1 国防支出的有效水平

现实分析 5-1 国防支出

图 5-2 显示，我国国防支出占 GDP 的比重总体上呈下降趋势。

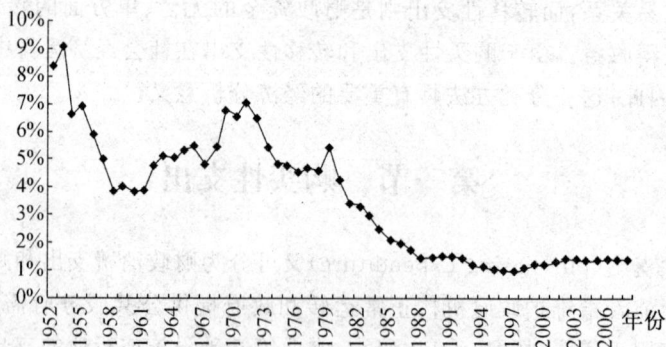

资料来源：《中国财政年鉴—2008》（中华人民共和国财政部，中国财政杂志社，2008）；2008 年数据为财政部公布的初步统计数。

图 5-2 我国历年国防支出占 GDP 的比重

图 5-3 显示,在主要的几个大国中,我国国防费占 GDP 的比重处于较低的水平。

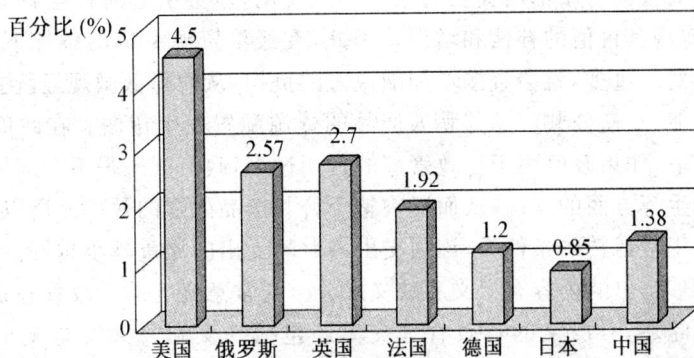

百分比(%)

图 5-3

资料来源:《2008 年中国的国防》白皮书。

图 5-3 部分国家 2007 年国防费占 GDP 的比重

以上分析为确定国防支出的合理规模提供了一条重要的思路,但在现实中的应用很难,因为国防产品的需求曲线很难精确地描述出来。国防产品的消费具有非排他性,社会成员会产生"免费搭车"的动机,而不愿表达自己的真实意愿。就国防产品的非竞争性而言,即使人们消费该产品的数量一样,也不能保证所有人对这种产品的评价都相同。

为了探求国防支出的合理限度,提高国防预算的效率,20 世纪 60 年代初,美国国防部部长罗伯特·麦克纳马拉(Robert McNamara)提出了一种新的国防预算编制方法——"计划—规划—预算"(planning-programming-budgeting system, PPBS)。其按照以下程序编制预算:首先,确定一国所需的军事力量规模,并为此制定军事通盘计划;其次,为各个计划制定一系列可以相互替代的实施方案;第三,对各个方案进行成本-收益分析,选定成本最小而收益最大的方案;最后,根据被选定的方案编制国防支出预算。由于在实践上获得了一定的成功,PPBS 逐步在其他财政支出领域(如教育支出)得到了广泛应用。

(二) 行政管理支出

行政管理支出(administrative expenditure),是国家财政用于国家各级权力机关、行政管理机关、司法检察机关和外事机构等行使其职能所需的费用支出。它是维持国家各级政权存在、保证各级国家管理机构正常运转所必需的费用,是纳税人必须支付的成本,也是政府向社会公众提供公共服务的经济基础。

从性质上看,政府的行政管理活动属于典型的公共产品,因此只能由政府提供。从直接生产与消费社会财富的角度看,行政管理支出属于非生产性的社会消费性支出。对公共行政部门提供的经费一经使用,就会引起对社会物质产品的消耗,而不能实现其价值的补偿和增值。因此,在经济资源一定的条件下,政府用于行政管理的费用过多,就会直接增加纳税人的负担,从而降低微观经济主体的投资能力或消费能力,使公共产品与私人产品的资源配置发生扭曲。在政府财政收入一定的条件下,如果政府用于行政管理的费用过多,政府就不得不压缩用于公共投资、教育、卫生等方面的支出,从而影响整个公共产品配置的效率。所以,在保证国家管理机构正常运转的条件下,该项支出占财政支出的比重越小越好。

行政管理支出的内容有广义和狭义之分。通常意义上的行政管理费属于狭义的范畴。除此之外,广义的行政管理支出还包括外交和公共安全支出等。根据2007年新的政府收支分类科目,行政管理支出具体包括以下内容:

(1) 一般公共服务。分设32款:人大事务、政协事务、政府办公厅(室)及相关机构事务、发展与改革事务、统计信息事务、财政事务、税收事务、审计事务、海关事务、人事事务、纪检监察事务、人口与计划生育事务、商贸事务、知识产权事务、工商行政管理事务、食品和药品监督管理事务、质量技术监督与检验检疫事务、国土资源事务、海洋管理事务、测绘事务、地震事务、气象事务、民族事务、宗教事务、港澳台侨事务、档案事务、共产党事务、民主党派及工商联事务、群众团体事务、彩票事务、国债事务、其他一般公共服务支出。

(2) 外交。分设8款:外交管理事务、驻外机构、对外援助、国际组织、对外合作与交流、对外宣传、边界勘界联检、其他外交支出。

(3) 公共安全。分设10款:武装警察、公安、国家安全、检察、法院、司法、监狱、劳教、国家保密、其他公共安全支出。

现实分析 5-2　行政管理支出

图5-4显示,我国行政管理支出占财政支出的比重总体上呈上升趋势,2008年则达到20.48%。

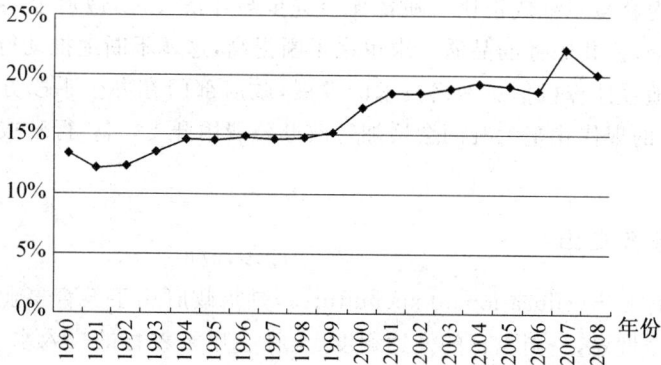

资料来源:《中国统计年鉴—2007》(国家统计局,中国统计出版社,2007);《中国财政年鉴—2008》(中华人民共和国财政部,中国财政杂志社,2008)、2008 年数据为财政部公布的初步统计数。由于 2007 年前后统计口径发生了变化,所以,2007 年、2008 年行政管理支出由一般公共服务、外交、公共安全三项支出减去国内外债务付息获得。

图 5－4　我国历年行政管理支出占财政支出的比重

　　行政管理支出的规模是由多种因素决定的。从宏观的角度来看,① 随着经济发展水平的提高,行政管理支出会不断扩张。瓦格纳曾经提出过行政经费膨胀法则,这个"法则"的基本内容是:政府的行政开支随着城市化进程加快而走高;当城市化进程进行到一定程度,或者是完成城市化之后,政府的行政费用开支就会下降。因为在城市化的初期,城市管理的成本要远远高过农村的管理成本,这就会造成政府行政办公费用支出的绝对值和比例都开始迅速增大。② 国家的财政收支水平决定着行政管理支出水平。行政管理支出是通过对财政收入的再分配形成的,因此,国家财政收入状况是制约行政管理支出规模的首要因素。在通常情况下,国家财政收入状况愈好,行政管理支出的规模就有可能愈大。另一方面,从财政支出的状况看,财政支出范围的扩张,意味着政府承担着越来越多的公共事务,那么行政管理支出规模就会相应增长,从这个角度来看,行政管理支出的增长是财政支出增长的动因,反过来,又会受到财政支出范围的影响。③ 物价水平也会影响到行政管理支出规模。在经济发展的大多数年份里,特别是经济增长时期,一般都伴随着一定程度的通货膨胀。如果物价指数上扬,人员经费中的物价补贴支出就会增大,同时由于生活负担的加重,政府不得不提高工资水平,进一步导致人员经费的不断增加。另一方面,由于市场上商品和劳务价格水平攀升,导致公共经费方面的开支随之增加。

　　从微观的角度来看,有以下因素会影响到行政管理支出的规模:① 国家各级行政机关的设置。国家各级行政管理机关的日常开支直接构成了行政管理支出的一部分主要内容。通常情况下是行政管理机关设置得越多,所需的行政管理开支也就越多。② 公共服务的内容与标准。一般而言,行政管理支出与一定时期各种公共服务的内容与标准成正比。随着社会进步与经济发展,政府公共服务的内容在不断扩张,对公共服务的品质要求也在不断提高,这就不断地推动行政管理支出的增长。如随着计算机信息网络技术的发展,政府部门在办公手段方面有了很大的改进,办公的现代化毫无疑问会增加行政办公费用开支。③ 行政成本观念与行政管理效率。

(三) 教育支出

所谓教育支出(educational expenditure),是指政府用于教育事业方面的各项支出。在当今世界,一国教育的发达程度、全社会用于教育的投入水平,常常是衡量一个国家国民素质和文明程度的主要标准。因此,教育支出已经成为公共财政支出的最重要的部分之一。根据《2007 年政府收支分类科目》,教育支出包括教育管理事务、普通教育、职业教育、成人教育、广播电视教育、留学教育、特殊教育、教师进修及干部继续教育、教育附加及基金支出以及其他教育支出等 10 款。

1. 教育服务的性质

从经济性质来看,教育服务首先是一种私人产品:每一个接受教育的人在接受教育后增加了知识,掌握了技术,从而提高了适应社会的能力和工作技能。相应来说,随着个人受教育程度的提高和能力的增强,用人单位获得了质量相对较高的劳动力,愿意支付较高的劳动报酬,受教育者就能够得到较高的内部收益。

同时,教育服务也具有公共产品的部分特征,其主要表现为:人人都有享受教育的权利,保障每个社会成员受到良好教育,是社会公平的重要组成部分,也是社会文明的发展目标之一,更是保障和促进社会政治、经济、文化持续发展的重要前提条件;个人通过接受教育,可以使个人和社会同时受益,社会获得的收益往往远大于个人获得的收益。无论是发达国家还是发展中国家,无论是个人从教育中的获益是多是少,政府往往都把教育,尤其是基础教育作为公益性事业,发挥投资的主体作用。尤其对基础教育大都实施义务教育或免费教育,通过国民收入的转移支付,调节贫富差距,实现教育的机会均等。

为进一步说明教育服务的性质,一般要对义务教育和非义务教育加以区分。义务教育(compulsory education)具有很强的公共产品特征,它通过立法对受教育者家庭以及政府的行为进行规范。在义务教育普及地区,一个人接受义务教育并不妨碍其他人也接受义务教育,即义务教育具有消费上的非竞争性;此外,义务教育一般来说是完全免费的,因此在提供了义务教育服务的地区,不会因某人没有或不愿付费而将其排除在义务教育范围之外,即义务教育具有非排他性。尽管这种非排他性并不是由于技术上难以实现而造成的,但这样的一个制度安排使得义务教育成为一个纯公共产品。

至于非义务教育,往往具有消费的竞争性,同时也存在明显的排他性,尤其是高等教育。受教育规模的限制,高等学校的招生人数往往是有限的。一些人一旦被高等学校录取而占用了高等教育的资源,就意味着另外有一部分人将被排除在高等教育服务范围之外。但高等教育同样具有较强的正外部性,因而往往被视为准公共产品。

目前我国教育部门所提供的产品或服务,其性质既有政府提供的纯公共产品性质的义务教育、公共教育,也有准公共产品性质的民办公助校的付费教育、中小学收费的择校教育,也有纯私人产品性质的民办教育。

现实分析 5-3　教育支出

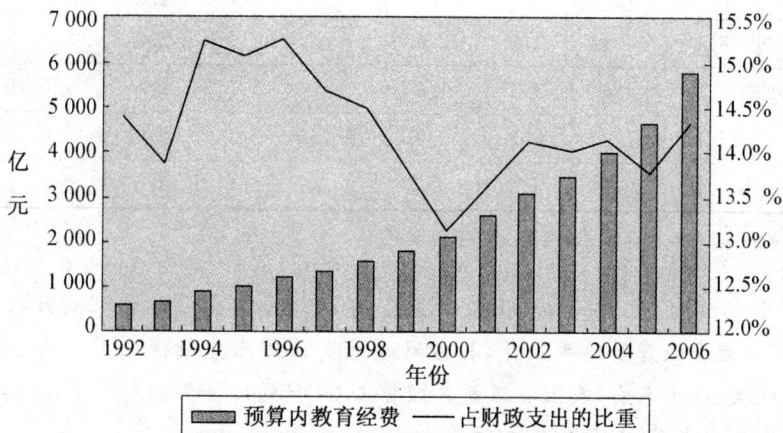

资料来源:《中国教育统计年鉴—2006》(中华人民共和国教育部发展规划局,人民教育出版社,2007),《中国统计年鉴—2008》(国家统计局,中国统计出版社,2008)。

图 5-5　我国历年预算内教育经费及其占财政支出的比重

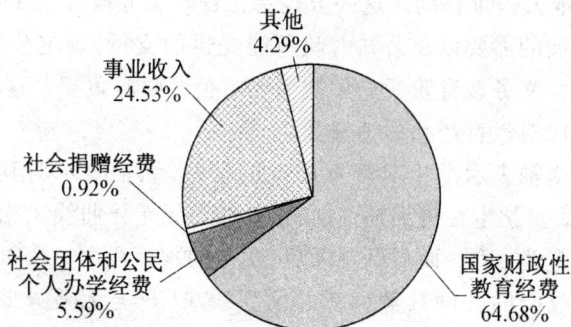

资料来源:《中国统计年鉴—2008》(国家统计局,中国统计出版社,2008)。

图 5-6　我国教育经费来源(2006 年)

表 5 - 1　2002 年主要国家教育经费占 GDP 的比重　　　　　　%

国　别	各级教育			高等教育			非高等教育		
	总计	公共	私人	总计	公共	私人	总计	公共	私人
美国	7.0	4.8	2.2	2.7	0.9	1.8	3.9	3.5	0.4
日本	4.6	3.5	1.2	1.1	0.5	0.6	2.9	2.7	0.2
韩国	7.1	4.3	2.8	2.6	0.6	1.9	4.0	3.3	0.7
英国	5.3	4.5	0.7	1	0.7	0.3	3.8	3.4	0.4
法国	6.1	5.7	0.4	1.1	1	0.1	4.2	4.0	0.2
德国	5.3	4.3	1.0	1.1	1	0.1	3.6	2.9	0.7
加拿大	6.4	5.2	1.2	2.6	1.6	1	3.6	3.3	0.3
澳大利亚	6.0	4.6	1.4	1.6	0.8	0.7	4.4	3.7	0.7
泰国	5.1	4.9	0.2	0.9	0.7	0.2	2.9	2.8	0.1
中国	3.7	2.0	1.6	0.8	0.5	0.4	2.6	1.4	1.1

资料来源:2002 年经济合作发展组织《各国教育概览》。

图 5 - 5、图 5 - 6 显示,我国教育经费的 65% 左右来源于国家财政性教育经费,预算内教育经费呈逐年上升,其占财政总支出的比重维持在 13% ~ 15.5% 之间。但从表 5 - 1 来看,我国各级教育经费占 GDP 的比重仍相对较小,尤其是公共教育经费支出占 GDP 的比重相对较小。

2. 教育支出的经济效应

一般来讲,政府部门安排教育支出,主要有三种方式可供选择,即对学生本人提供补助、对低收入家庭提供补助和对私立学校提供补助。

(1) 对学生本人提供补助。这一方式旨在普及义务教育。义务教育是国家根据社会和经济发展的需要以及公共财政所能提供的支持,规定公民有义务接受的一定程度的教育。义务教育阶段的经费主要由公共财政负担。这种支出方式能够明显增加每个公民对教育产品的消费量。

图 5 - 7 中,横轴表示学生对教育服务的消费,纵轴表示对其他产品的消费。AB 为预算约束线。学生在得到补助前,预算线与无差异曲线 I 相切于 E 点,个人最佳教育消费数量为 OD。而得到补助后,学生的预算线由 AB 向右移至 ACF,其中 AC 部分表示政府的补助数额。新的预算线 ACF 与无差异曲线 I' 相切于 E' 点。个人教育服务消费数量由 OD 增加到 OD'。显然,由政府提供的免费义务教育增加了居民对教育服务的消费。

(2) 对低收入家庭提供收入补助。在这一方式中,政府试图通过收入补助,提

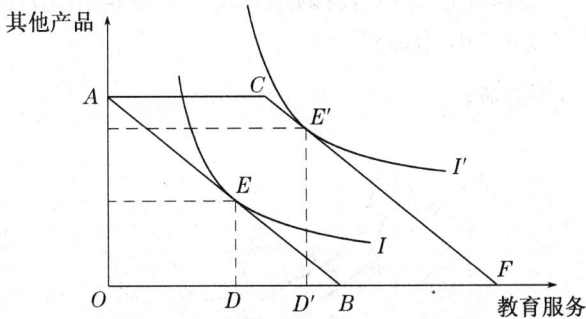

图5-7 对学生本人提供补助后个人教育服务消费的变化

高低收入家庭对教育服务消费的支付能力。教育作为一种人力资本投资,必然要受到家庭预算的限制。一般来讲,低收入家庭由于收入的限制,其子女通常会因为不能接受较高水平的教育而在人力资本市场上处于劣势。因此政府应对低收入家庭给予收入补助改善其家庭预算状况,从而在一定程度上增加低收入家庭子女对教育产品的消费。如图 5-8 所示,家庭在获得收入补助前,预算线 AB 与无差异曲线 I 相切于 E 点,对应的教育服务消费的数量为 OD。在得到收入补助后,家庭的预算线由 AB 向外移动到 CF,与无差异曲线 I′相切于点 E′。此时,家庭用于教育和其他产品的消费同时增加,其中教育消费由 OD 增加到 OD′。当然,由于获得收入补助的家庭可以将补助用于购买其他产品,所以这种方式无法保证低收入家庭必然会增加对教育的消费。

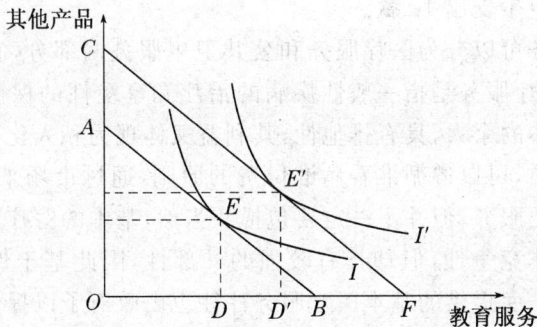

图 5-8 对低收入家庭提供收入补助后个人教育服务消费的变化

(3)对私立学校提供补助。这一方式的补助对象不是学生本人,而是私立学校。政府试图通过对私立学校提供补助,降低私立学校向学生收取的学费标准,其目的在于大力扶植私立学校。如图 5-9 所示,在政府提供补助之前,预算线 AB 与无差异曲线 I 相切于 E 点,对应的教育服务消费的数量为 OD。在政府对私立学校提供补助后,学费标准降低,花费同样多的钱,可以消费更多的教育产品,个人

的预算线以点 A 为轴向外移至 AC,新的预算线与无差异曲线 I' 相切于 E' 点,个人对教育服务的消费则由 OD 增加到 OD'。

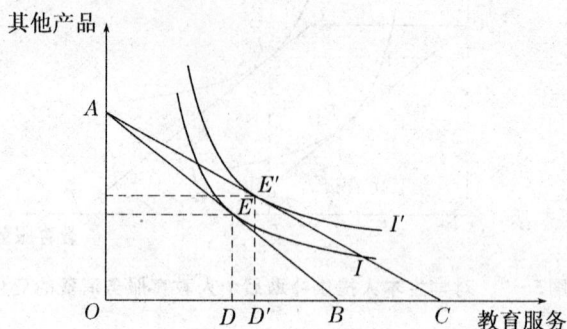

图 5 - 9　对私立学校提供补助后个人教育服务消费的变化

（四）医疗卫生支出

医疗卫生支出(expenditure for medical treatment and health),是指财政用于医疗、卫生、保健服务方面的支出。在中国,此类支出主要包括政府预算卫生支出、公费医疗经费、社会卫生支出等。其中,政府预算卫生支出包括卫生部和卫生地方部门的事业费等;公费医疗经费包括中央级公费医疗经费和地方公费医疗经费。根据《2007 年政府收支分类科目》,医疗卫生支出包括医疗卫生管理事务、医疗服务、社区卫生服务、医疗保障、疾病预防控制、卫生监督、妇幼保健、农村卫生、中医药以及其他医疗卫生支出 10 款。

医疗卫生服务可以分为医疗服务和公共卫生服务两部分,它们的经济性质有所区别。其中,医疗服务是指一般性疾病的治疗和享受性的保健服务。由于接受服务的对象是具体的个人,具有排他性,其利益又体现为私人化,所以,医疗服务具有私人产品的性质,可以遵循谁看病谁付费的原则,通过市场来提供,政府可以提供资金并参与这类服务,但并不一定要包揽。当然,基本的医疗服务尽管不具有显著的非排他性和非竞争性,但却具有较强的外部性,因此基于保障人民最基本人权——健康权——而提供的基本医疗服务往往也由政府予以提供。在通常的情况下,各国政府出于对人民健康问题的关注,以及实现社会分配公平、保持社会稳定的需要,往往通过多种形式特别是以医疗保险为主的社会保障制度,参与医疗服务的部分提供。

公共卫生服务与医疗服务不同。公共卫生服务主要是为社会提供公共服务,如社会性的卫生防疫、流行性疾病的预防、职业病的研究等。公共卫生服务涉及面广,资金需要量大,不以营利为目的,其利益由社会公众无差别地享有,因而是具有很大外部效应的公共产品,私人一般不可能也不愿提供这类服务。因此,公共卫生服务所需要的经费则主要应由政府财政提供。

现实分析 5-4　医疗卫生支出

表 5-2　我国卫生费用总支出

年份(年)	卫生总费用(亿元)	占 GDP 的比重(%)	卫生总费用来源构成(%)			政府预算卫生支出占财政支出的比重(%)
			政府预算	社会支出	个人支出	
2000	4 586.6	4.62	15.5	25.5	59.0	4.47
2001	5 025.9	4.58	15.9	24.1	60.0	4.24
2002	5 790.0	4.81	15.7	26.6	57.7	4.12
2003	6 584.1	4.85	17.0	27.2	55.8	4.53
2004	7 590.3	4.75	17.0	29.3	53.6	4.54
2005	8 659.9	4.73	17.9	29.9	52.2	4.58
2006	9 843.3	4.64	18.1	32.6	49.3	4.40

资料来源:《中国统计年鉴—2008》(国家统计局,中国统计出版社,2008)。表中卫生总费用为测算数,社会支出是指政府预算外资金投入,主要表现为社会医疗保险。

表 5-3　主要国家卫生支出的比较

国家	卫生总支出占 GDP 的比重(%)		政府支出占卫生总支出的比重(%)		政府卫生支出占财政支出总额的比重(%)	
	2000 年	2005 年	2000 年	2005 年	2000 年	2005 年
美国	13.2	15.2	43.7	45.1	19.5	21.8
英国	7.2	8.2	80.9	87.1	14.8	16.2
法国	9.6	11.2	78.3	79.9	14.6	16.6
德国	10.3	10.7	79.7	76.9	18.2	17.6
加拿大	8.8	9.7	70.4	70.3	15.1	17.5
日本	7.6	8.2	81.3	82.2	15.7	17.8
澳大利亚	8.3	8.8	67	67	16	17
韩国	4.5	5.9	50	53	9.4	10.9
印度	4.3	5	22.2	19	3.4	3.5
中国	4.6	4.7	15.5	17.9	4.5	4.6

表 5-2 显示,我国卫生总费用逐年稳步上升,但占 GDP 的比重基本维持在

4.7% 左右;在卫生总费用来源构成中,个人支出占了约50%,政府预算支出比重尽管有所提高,但幅度较小,政府预算卫生支出占财政支出的比重也基本维持在4.5% 左右。与其他主要国家相比,无论是卫生总支出占 GDP 的比重、政府支出占卫生总支出的比重,还是政府卫生支出占财政支出总额的比重,我国均处在较低的水平上(如表5-3所示)。

(五) 科学技术支出

科学技术支出(science and technology expenditure),是指财政在科学技术研究方面的专项支出。按照中国财政支出的划分标准,科学研究支出包括科技三项费用、科学事业费、科研基建费以及其他科研事业费;科技三项费用即新产品试制费、中间试验费和重大科研项目补助费。科学事业费包括自然科学事业费、科协事业费、高技术研究专项经费和社会科学事业费;科研基建费是指科研事业单位基本建设工程及设备更新费。根据《2007年政府收支分类科目》,科学技术支出包括科学技术管理事务、基础研究、应用研究、技术研究与开发、科技条件与服务、社会科学、科学技术普及、科技交流与合作、其他科学技术支出等9款。

从研究性质上说,科学研究一般可分为两种类型,即基础性研究和应用性研究。基础性研究主要针对某一领域或某一生产环节,研究成果在使得这一领域或这一生产环节的生产发生重大变化的同时,也可能改变人们甚至整个社会发展的进程,比如蒸汽机的发明、电子计算机的发明等。此类研究的投入较多、风险较大,科研成果的效用"外溢"程度高,而且往往不能直接为社会生产直接利用,其成本与收益不易通过市场交换对等起来,这就使得私人机构无力提供或不愿意提供。但是,这些研究项目,尤其是一些关系到国家发展和安全战略的重大基础科学研究,能够对整个社会的经济发展起到重要的基础作用或推动作用,具有纯公共产品特征,因此,此类科学研究所需经费就必须由政府财政负责提供。

应用性研究与基础性研究不同。应用性研究往往能够直接转化为现实的生产力,其研究成果具有较强的排他性(如申请专利保护)和竞争性,因而更接近于私人产品,所以这部分科学研究所需要的经费,基本上应由私人部门来承担。但有些应用性研究也具有较强的外部性,在实际中往往很难用商业化的方式进行提供。如农业科研中的种子改良,其研究成果一经推广,就会产生巨大的经济效益、社会效益,这种效益远远超过了研究者个人实际得到的报酬。因此,对于这一类外部效应较强的应用性研究也应由政府提供必要的支持和干预。

现实分析 5-5 科学技术支出

表 5-4 我国历年科技财政支出 亿元

年份 (年)	国家财政科技拨款	科技三项费	科学事业费	科研基建费	其 他	科技拨款占财政总支出的比重(%)
1980	64.59	27.33	20.95	11.32	4.99	5.3
1985	102.59	44.35	32.00	18.83	7.41	5.1
1990	139.12	63.48	44.44	17.47	13.73	4.5
1995	302.36	136.02	96.86	38.00	31.48	4.4
2000	575.60	277.20	189.00	61.50	47.90	3.6
2001	703.30	359.60	223.10	63.40	57.20	3.7
2002	816.22	398.60	269.85	69.99	77.78	3.7
2003	944.60	416.60	300.80	80.20	147.00	3.8
2004	1 095.30	483.98	335.93	95.90	179.49	3.8
2005	1 334.91	609.69	389.14	112.50	223.58	3.9
2006	1 688.50	779.94	483.36	134.40	290.80	4.2

资料来源:《中国统计年鉴—2008》(国家统计局,中国统计出版社,2008)。从 2003 年起的科研基建费是根据全社会科研基建费支出和全社会科技活动经费筹集总额中的政府资金所占份额测算的。

表 5-5 我国研究与试验发展(R&D)经费支出 亿元

年份(年)	2003	2004	2005	2006	2007
研究与试验发展经费支出	1 539.6	1 966.3	2 450.0	3 003.1	3 710.2
基础研究	87.7	117.2	131.2	155.8	174.5
应用研究	311.4	400.5	433.5	489.0	492.9
试验发展	1 140.5	1 448.7	1 885.3	2 358.4	3 042.8
政府资金	460.6	523.6	645.4	742.1	913.5
企业资金	925.4	1 291.3	1 642.5	2 073.7	2 611.0
研究与试验发展经费支出相当于国内生产总值比例 (%)	1.13	1.23	1.34	1.42	1.49

资料来源:《中国统计年鉴—2008》(国家统计局,中国统计出版社,2008)。

表 5-6　主要国家 R&D 经费支出占 GDP 的比例　　　　　%

	1995 年	2000 年	2004 年	2005 年	2006 年
中国	0.57	0.90	1.23	1.34	1.42
美国	2.51	2.74	2.59	2.62	2.62
日本	2.92	3.04	3.17	3.32	3.39
英国	1.94	1.85	1.71	1.76	1.78
法国	2.29	2.15	2.15	2.13	2.11
德国	2.19	2.45	2.49	2.48	2.53
韩国	2.37	2.39	2.85	2.98	3.23
俄罗斯	0.85	1.05	1.15	1.07	1.08
巴西	0.87	0.99	0.93	0.83	——
印度	0.73	0.86	0.78	——	——

资料来源:《中国科技统计年鉴—2008》(国家统计局,中国统计出版社,2008)。

表 5-4 显示,我国财政科技拨款尽管数量上逐年上升,但其占财政总支出的比重仍处于较低的水平。在财政科技拨款中,科技三项费占了较大比重;而从我国研究与试验发展(R&D)经费支出来看,试验发展经费支出占了绝大部分,企业则是 R&D 经费支出的主体;与其他主要国家相比较,我国 R&D 经费支出占 GDP 的比例仍相对较小(如表 5-5、表 5-6 所示)。

(六) 文化体育与传媒支出

根据《2007 年政府收支分类科目》,文化体育与传媒支出(expenditure for culture,sports & media services)是指反映政府在文化、文物、体育、广播影视、新闻出版等方面的支出。我国财政的文化体育与传媒支出包括文化事业费、文物事业费、体育事业费、广播影视事业费、新闻出版事业费以及其他文化体育与传媒支出等6 款。

就经济性质而言,文化体育与传媒产品根据其效用可分为私人产品、公共产品和准公共产品。具有私人品性质的文化体育与传媒产品在提供和享受方面具有竞争性和排他性,如广播、电影、电视节目的制作、播放;文艺团体的演出、图书音像的出版等。此类文化体育与传媒产品所提供的利益并不能被全体社会公众无差别地享受,产品所产生的利益是内在化和私人化的,因此私人产品范畴的文化体育与传媒产品应当由市场解决,而不应由政府提供。

属于公共产品和准公共产品范畴的文化体育与传媒产品往往涉及全体社会公

众利益,如公共图书馆、博物馆、文化馆、文物保护及知识产权保护等。此类文化体育与传媒产品的消费具有一定的非排他性和非竞争性,且具有极强的"外溢性",能够深刻地影响人们的思想和行为,对社会的稳定和发展具有强大的原动力和冲击力,因此国家应将其纳入公共提供的范围,由财政资金支持。

现实分析 5 - 6　文化体育与传媒支出

图 5 - 10 显示,我国财政文化体育与传媒支出逐年上升。

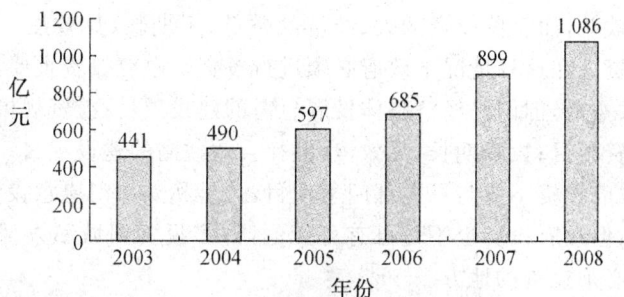

图 5 - 10　2003～2008 年全国财政文化体育与传媒支出情况

二、投资性支出

(一)投资性支出概述

财政投资是社会总投资的一个特殊组成部分,是指政府为了实现其职能,作为特殊的投资主体,为促进国民经济各部门的协调发展,满足社会公共需要,实现经济和社会发展战略,利用公共支出对经济和社会发展中的一些特定部门和需要进行的投资活动。

财政投资有广义和狭义之分。从广义上说,财政投资是指政府为实现其职能,将一部分集中性财政资金投入社会再生产过程各个环节中去的经济行为。因此,广义的财政投资,不仅包括政府对整个国民经济的投资,如基础产业投资、农业发展投资和国家物资储备投资等,而且还包括政府在社会发展总体战略方面的投资,如智力投资、环境保护投资、健康投资及生态平衡投资等。从狭义上说,财政投资是指政府为保证社会再生产的顺利进行,对固定资产再生产和流动资金最低限额而投入资金的经济活动。在一般叙述中,以狭义意义上的固定资产投资作为主要的研究对象,但在涉及宏观投资问题时,则要把视野拓宽到广义上的财政投资。

财政投资是财政分配活动的一个表现形式,它与财政分配有着密切的关系。财政投资以政府为投资主体,其资金来源是集中性的财政资金,即主要来源于税收和国有资产收益,是国民收入分配和再分配的结果。同时,财政投资作为财政支出的一部分,是国家财政资金运用于经济建设、社会基础设施、基础产业等方面的集中体现。从这个意义上说,财政投资是财政分配的一个重要的组成部分。

1. 财政投资的必要性

在市场经济体制下,社会生产主要是由私人部门来完成的,因此,与生产直接相关的投资也主要由私人部门来完成,企业投资在哪个行业,投资生产哪种产品,完全取决于市场的需求。然而,在市场经济体制下,政府仍需要担负起一定的投资职能。因为,私人部门投资具有一定的局限性,他们追求的是经济效益的最大化,很少考虑社会效益,而有些投资额大、经济效益低、工期长、见效慢,私人部门不愿投资或无力投资。在这种情况下政府必须进行投资。政府投资主要集中在以下范围:微观经济效益低,但国民经济整体发展急需的建设项目;投资规模大,私人部门无力进行的投资项目;投资期长,见效慢,但社会效益高的建设项目。总之,在市场经济体制下,政府投资不应与私人部门争项目,凡是私人部门愿意投资的领域政府就不应去竞争;但政府投资也不是可有可无的,许多投资领域私人部门不愿涉足,而这正是政府必须投资的地方。

2. 财政投资的特点

在市场经济条件下,经济发展主要依靠社会需求来决定,与此相对应的投资需求也主要靠市场投资来实现。但仅有市场主体的投资行为并不能满足经济、社会长期稳定发展和多层次的需求,这需要政府投资来补充,并使其成为政府对国民经济进行需求管理和宏观调控的重要手段之一。与私人部门投资相比,财政投资具有以下特点。

(1) 财政投资主要以社会效益最大化为目标。私人部门从事的投资,其目标是追求自身微观经济利益(利润)的最大化;但财政投资着眼于国家社会的全局利益与长远利益,从社会效益和社会成本角度的考虑是财政投资的依据。其投资的实现,可以为整个国民经济的健康发展提供基本保障。因此,财政投资可以是微利甚至亏损,但是,财政投资项目的建成,如社会基础设施,可以极大地提高国民经济的整体效益。当然这也并不是说财政投资无须考虑经济效益,在具体使用投资资金时,也必须进行成本-收益分析,衡量其经济效益。

(2) 财政投资是私人投资的补充。私人投资局限于一行一业,不可能顾及非经济的社会效益。如果一个社会完全依靠私人投资,投资结构是很难优化的,由于政府的特殊地位,可以从事社会效益好而经济效益一般的投资。在市场经济条件下,财政投资通常不进入竞争性领域,有明显经济效益的投资项目都不是财政投资的对象,财政投资主要集中在那些"外部效应"较大的公用设施、能源、通信、交通、农业以及治理大江大河污染等有关国计民生的产业和领域,显然,财政投资只能是对私人投资行为的补充。在投资主体多元化的经济社会中如果财政不承担这些方面的投资或投资不足,就会导致经济结构失调,经济发展速度就会遇到"瓶颈"制约。

(3) 财政投资侧重以大型项目和长期项目为主要投资领域。私人部门主要依靠自身积累和社会筹资来为投资提供资金,自身积累和社会筹资都受到限制,一般难以承担规模大的建设项目;而且私人投资追求盈利,一般主要从事周转快、见效快的短期投资。财政投资资金雄厚,而且资金来源多半是无偿的,可以投资于大型项目和长期项目。在发达国家,财政投资主要用于一些重要的公共工程,如大型水利枢纽工程、有重要战略意义且风险较大的新兴产业的初创。在发展中国家,财政投资除用于公共工程之外,还较多地投入国内的基础产业部门。同时,为保障国家对国民经济发展的有效调控,发展中国家还直接投资或垄断一些重要的产业部门。

(4) 财政投资是国家调控经济的重要手段。财政投资作为一种特殊的投资方式,其意义不仅在于可产生一般投资都有的作用,更在于可以通过财政投资实现国家在一定时期内的政治经济目标,满足国家进行宏观调控的需要。通过财政投资的扩张和乘数作用,能引导、刺激社会投资和供给的成倍增长;减少财政投资则能抑制供给过度和通货膨胀,在调整财政投资的同时,还能有效地影响物价和就业水平,促进社会经济的稳定。因此,财政投资具有实现宏观调控效应的重要特征。

三、财政投资的主要领域

财政投资主要集中于私人投资所不愿或无力介入的市场失灵领域,典型的投资领域有自然垄断行业、基础产业、高科技产业、农业等。

(1) 自然垄断与财政投资。在供水、供电、供气、邮政、电话、铁路、航空等规模经济显著的行业,容易出现垄断的局面。垄断企业通过限制产量、提高价格获取高额利润的结果,必然导致社会福利的损失。为此,可以采取管制的方式进行干预,而由政府投资举办国有企业是一种常见的选择。

(2) 基础产业投资。基础产业包括基础设施和基础工业。基础设施主要包括公路、铁路、机场、港口、桥梁、通信、水利、城市设施等。基础工业主要包括能源、建材、钢材、石化材料等基础原材料工业。基础产业是支撑一国经济运行的基础部门,它决定着工业、农业、商业等直接生产活动的发展水平;其在国民经济的产业链中或居于"上游"环节,或为整个国民经济各部门提供"共同服务",它们的存在和发展直接制约着其他国民经济部门的发展规模和发展速度。

在社会经济活动中,基础产业与其他产业相比较,具有不同的特征。首先,基础设施为整个生产过程提供"共同生产条件"。作为共同生产条件的固定资产,不能被某个生产者独家使用,也不能被卖者当作商品一次性地整体出售给使用者。也就是说,它在一定程度上具有共用性、非独占性和不可分性,从而具有公共产品的一般特征。其次,无论是基础设施还是基础工业,大都属于资本密集型行业,需要大量的资本投入,而且建设周期长,投资形成生产能力和回收投资的时间往往需要许多年。这些特点决定了基础产业很难由单个企业独立完成,尤其在经济发展的初期阶段,没有政府的强有力支持,很难有效地推动基础产业的发展。在经济发展过程中,各国政府均对基础产业实行强有力地干预政策,特别是发展中国家,由于正处于经济起飞时期,基础产业短缺是一个普遍的问题,也是制约经济发展重要障碍,存在所谓"基础瓶颈"。由于私人部门的财力有限,政府只能通过财政集中动用一部分资源,以加快"基础瓶颈"部门的发展。

现实分析 5-7 财政投资

图 5-11 显示,我国预算内固定资产投资金额总体呈上升趋势,但占全社会固定资产投资的比重则逐年下降。

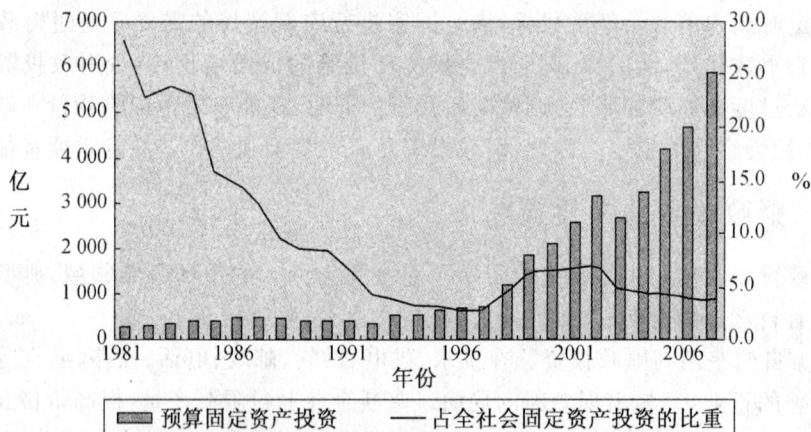

资料来源:《中国统计年鉴—2008》(国家统计局,中国统计出版社,2008)。

图 5-11 我国预算内固定资产投资资金(1981~2007 年)

第二节 转移性支出

转移性支出(transfer expenditure)直接表现为政府财政资金无偿的、单方面的转移,包括各种财政补贴、补助、养老金、失业救济金、捐赠、债务付息支出等。转移性支出是受益者的一种收入来源,他们无须提供任何商品和服务作为获得这种收入的交换条件。因此,转移性支出体现的是政府的非市场性再分配活动。

随着经济发展水平的不断提高,转移性支出在财政总支出中的比重不断增加。

一、社会保障支出

（一）社会保障与社会保障制度

1. 社会保障制度的概念

社会保障支出（expenditure for social security）是与社会保障制度（social security system）联系在一起的。社会保障制度是以国家或政府为主体，根据法律规定，通过国民收入再分配，对公民在暂时或永久失去劳动能力，以及由于各种原因生活发生困难时给予物质帮助，保障其基本生活的一种制度。

（1）社会保障制度的责任主体是国家和政府。在社会保障关系中，负有义务的一方称为义务主体。具体地说，它既包括实施社会保障的国家或政府，也包括参与社会保障关系并享有权利和承担义务的个人。但是，只有国家或政府，才有能力担当起社会保障的责任主体。国家是对社会进行管理的最高权力机关，政府是具体执行国家权力的行政机构。只有政府才能通过国民收入的再分配，对全社会实行生活保障。政府承担社会保障职能是最富规模经济的，它可以降低由分散化保障而导致的过高的执行成本。

（2）社会保障制度的目标是满足公民的基本生活需要。社会保障制度为社会成员提供基本生活保障，以保障其基本生活需要为目标。社会保障制度的目标，基于效益优先、兼顾公平的原则和生存权这一人的基本权利。社会保障制度以保障公民基本生活需要为目标，这就有一个"适度"的问题。所谓"适度"包括两个方面：一是社会保障应该能够使社会的每一个成员达到维持基本生存所需要的生活标准；二是社会保障的支出要与社会生产力发展水平以及有关方面的承受能力相适应。

（3）社会保障的资金来自于国民收入再分配。社会保障基金是指国家或社会依法建立的，用于保证全体社会成员最基本经济生活需要的专项基金。社会保障基金是社会保障制度得以运行的物质基础，也是社会保障制度的中心内容。社会保障基金是国民收入中消费基金的有机组成部分。它是在国民收入的初次分配及再分配中形成的，从国家财政收入、企业收入和劳动者个人收入中分解出来用于发展社会保障事业的一种消费性社会后备基金。

（4）实施社会保障制度要以相应的社会立法为保证和依据。现代社会的社会保障制度以健全的、完备的法律体系为支点。它必须以国家的法律形式，规范国家的社会保障职能机构、企业单位和职工个人之间，以及其他社会保障主体之间的权利与义务；规范各项社会保障费用缴纳比例，以及保障津贴给付标准的确定和调整；规范社会保障职能机构的设置、编制、职能、责任和工作程序；规范各种社会保障基金的管理与投资运营的原则和办法；规范社会保障管理费的提取比例、使用范围和开支办法等;从而使社会保障制度的运作制度化和规范化。

2. 社会保障的特点

(1) 保障性

社会成员中因各种原因造成的生活困难者,有权享有由国家保证他们获得的与一定时期生产力发展水平相适应的物质帮助。这种保障性是国家以立法的形式加以肯定和保证的。当然,社会保障的水平是相对的,因社会生产力发展水平的不同而不同,并随着社会生产力水平的提高而逐步提高。但是,无论在什么情况下,对社会成员由于生存危机而引起的基本生活需要都必须给予物质保证。只有这样,社会成员才会获得安全感,能在安定的社会环境中无后顾之忧地从事社会生产,使整个社会健康稳定地发展。

(2) 强制性

社会保障作为国民收入再分配的一种形式,是国家通过立法来强制实施的。法律从形式上规定了社会保障的对象、内容、方式和方法,以及国家、单位和个人的权利和义务。只有国家通过立法强制执行,才能使有特殊困难的劳动者及其家属获得基本的生活保障,从而使社会稳定发展,达到社会保障的根本目的。这和其他的商业保险以及民间的慈善事业是有明显区别的。

(3) 互助性

在任何社会条件下,人与人之间都是要互相帮助、互相依赖才能生存和发展的。现代社会将互助性作为一种公共道德标准,而社会保障就是一项互助性的事业。社会保障分配的互助性贯穿于基金的筹集和使用的过程中。就劳动者个人而言,基金的缴纳和支付在数量上也不能是完全一致的。事实上以国家为主体的社会保障制度集中了全体社会成员的一部分财力,对部分成员提供帮助,这就大大增强了劳动者个人抵御未来风险的能力,从而也增强了社会的稳定性。可以说,社会保障是互助性在社会制度上的反映。

3. 社会保障的对象与范围

从理论上讲,社会保障的目标应该是为全社会提供保护,即社会保障的对象应该包括社会的全体成员。在市场经济社会中的每个成员,都应该成为保障对象。但是,在现实生活中,各国国情的差异以及实行社会保障原则的不同,使其保障对象也各不相同。

从各国实施社会保障的情况来看,保障原则可分为特殊性原则和普遍性原则两大类。按特殊性原则建立的社会保障制度,保障对象主要是工薪收入者,其性质为就业保障,即保障对象能否享有保障以及能享有多大程度的保障,取决于就业年限的长短,交纳的保险费的多少以及是否存在雇佣关系等。目前,以该原则建立社会保障制度的国家主要有美国、日本等许多发达资本主义国家。根据普遍性原则建立的社会保障制度,是以全体居民或公民为保障对象,其性质是全民保障,而保障对象资格的确定,主要依据该公民在本国的居住年限、公民身份,而不管其有无收入和是否就业。以普遍性原则建立社会保障制度的国家,主要有英国、瑞典、挪威等部分经济发达国家。

社会保障的范围是指国家在推行社会保障制度时所作的不同层次的资格限定。社会保障范围是通过一定的法律关系来体现的,因此,各国政府都通过立法来明确和规定社会保障的不同层次范围。当人们的基本生活状况符合某种法律规定时,他们的法定权利才能成立。社会保障的范围可以从两个方面作出限定:一是提供基本生活的范围,二是满足特殊需要的范围。

提供基本生活的范围应包括:在社会经济发生较大变革的情况下,劳动者面对新的生产方式和生活方式,因其能力和技能落伍,无法跟上发展和变化而陷入贫困者;在经济竞争中失败,导致失业、破产以至生活无着者;前面两种风险的间接受害者,即落伍和失败的社会成员的直接赡养者,因其抚养人经济来源丧失而陷于贫困;因自然灾害而贫困者。满足特殊需要的范围应包括:社会成员因年老、疾病、丧失劳动能力或失去工作机会导致收入中断、减少或丧失而影响基本生活;社会成员因残疾导致部分或全部丧失劳动能力与竞争能力而影响基本生活。

社会保障的范围和一个国家的社会、经济发展阶段有着不可分割的联系,并随着社会的发展而逐渐扩大。许多国家在实行社会保障之初,保障对象仅限于一部分人,而后根据需要与可能逐渐扩大范围,提高保障程度。例如,德国在19世纪80年代社会保障制度初步建立时,其保障对象是手工业工人和工商业工人,直到1957年,农业工人才被纳入社会保障范围。基于公平原则,许多社会保障计划最初将工资或收入超过一定标准的人员排除在外,或对之有所限制。后来,在实行与工资收入挂钩的保险项目中,规定收入上限或最高保险待遇标准,才使高收入者与所有投保人一样,享有同样的权利与义务。

4. 社会保障的功能

社会保障的功能是为整个社会经济的正常运行创造良好的环境,增加社会经济的有序性,使国民经济和整个社会有机体得以持续、稳定、协调地发展。社会保障的功能具体表现在以下几方面。

(1) 社会保障的政治性功能

社会保障的政治性功能,主要体现在巩固国家政权,维护现存政治制度和经济体制,促进国家和谐、安定上。社会保障是一项经济措施,是适合市场经济发展的经济措施,更是一项政治措施,是给国家带来长治久安的政治措施。我们可以从历史和现实中清楚地看出,社会保障的形成与发展始终既是政治需要的产物,又是为政治现实服务的工具。

(2) 社会保障的经济性功能

首先,完善的社会保障体系能够促进消费。当社会保障不够完善时,人们会偏好未来消费,将收入在扣除即期消费后,大部分被储蓄起来,以备后用,从而大大影响了社会消费的扩大。如果预期收入不明朗,人们又不能从社会保障中获得更多的收入和生活保障时,上述情况更会加剧;而完善的社会保障体系则能够减除人们的后顾之忧,诱使人们减少储蓄而大胆消费。此外,社会保障基金本身也包含着有利于消费扩大的功能,如社会保障大量的津贴、补助及救济的保险金等,实际上也增加了人们的购买力,或弥补失去的购买力,从而对消费的促进起着良好的推动作用。

其次,社会保障有助于平衡社会需求。社会保障是调节经济的"蓄水池"。当经济衰退或萧条时,社会失业率会增大,一部分人因此会失去劳动收入,从而对社会需求产生负面影响。但是,由于社会保障尤其是失业保险金或失业救济抑制了这些人的个人收入减少的趋势,给因失去职业和经济衰退导致生活困难的人们以收入支持,在一定程度上唤起社会的有效需求,从而减缓了经济衰退的冲击,促进了经济复苏的势头。相反,当经济高涨或过热时,社会保障支出在相应减少的同时,通过扩大社会保障基金规模,增加基金的积累,实际上在一定程度上相对减少了个人收入量,从而减缓了社会需求的急剧膨胀,减弱了经济过热造成的供求失衡,并且最终又使社会的总需求和总供给回到基本平衡点上。

第三,社会保障能够保障劳动力再生产的顺利进行。在市场经济条件下,社会保障是保护劳动力再生产和促进劳动力合理流动及有效配置的重要制度之一。

第四,规模庞大的社会保障基金是调节投融资的重要资源。社会保障资金是直接来自于保险费、财政补贴以及资金运用的增值收入,具有较高的稳定性。经过几十年的积累,在许多国家的财政运用上,社会保障基金的作用已不可忽视。如庞大的养老基金正在被广泛地运用,在财政投融资上发挥了重要的作用。这虽然是使社保基金增值的措施,但客观上已成为国家调节投资的一大支柱。发达国家向全体国民征收年金保险费的积累额十分庞大,这对于这些国家产业基础的调整起了很大作用,并已成为对本国经济实行计划和合理控制的有效手段。一些发展中国家,社会保障调节投融资的功能也很明显,这些国家社会保障基金往往通过向国家基础设施和重点项目融资,不仅支持了国家建设,而且使保障基金本身增值。此外,许多发展中国家还利用社会保障基金向成员个人融资,既有效地利用了基金,又解决了成员个人购入大额消费品或投资品资金不足等困难。

(3) 社会保障的社会性功能

首先,社会保障有助于稳定社会秩序。社会保障通过国民收入的分配和再分配所形成的基金,保障社会成员的基本生活需要,缩小贫富差距,防止矛盾激化。同时,又致力于创造良好的社会、经济环境,包括提高全社会的就业水平和福利水平,从而保证了经济的稳定发展以及社会系统的安全运转。

其次,社会保障有助于安定民众生活。社会保障在安定民众生活方面形成了由高至低不同的三个层次:第一,最低生活保障。"救贫"的功能是社会保障的源头,社会保障首先应是最低生活保障,也就是根据最低的生活标准来判断贫困者,然后给予适当的救济,使其能维持必要的或是相对的最低水准的生活,在现代社会和市场经济中,仍然发挥着重要的民众生活"托底"作用。第二,基本生活保障。这个层次比前一个层次的保障程度要高,它主要体现在社会保障体系中的社会保险方面。社会保险能够事前预防,尤其是对人们在生活中遇到的各种不测情况和灾害,能有所预防且分散风险,这对民众生活的安定有着特殊意义。第三,福利生活保障。其在安定民众生活的功能中处于高层次。社会保障本身具有福利性,在其发展目标中,社会保障把提高民众的生活水准和生活质量置于重要地位。随着社会和经济的发展,福利生活保障在安定民众生活方面的作用必定更加突出、更加有效。

此外,社会保障更起到了促进公平分配的功能。社会保障对低收入阶层给予生活所需要的给付,或者在老年、失业、伤病、残废等情况发生时,实施必要的收入给付。这对市场经济活动所造成的收入分配不均衡进行了再分配,可以说是社会保障的最主要功能。社会保障对收入再分配有"垂直性再分配"和"水平性再分配"两种方式。前者是进行从高收入阶层向低收入阶层的收入转移,后者是在劳动时与非劳动时、健康正常时与伤残时之间进行的所得转移。社会保障正是通过上述两种再分配手段来实现对国民收入的再调节,尽量缩小贫富差距,缓和社会矛盾。

5. 社会保障体系的主要内容

社会保障体系是指国家通过立法为给予社会成员物质帮助所采取的相互独立而又相互联系的各项社会保障子系统的总和。从世界上大多数国家的情况来看,社会保障体系通常包括基本社会保障制度与补充社会保障措施两大类。前者由国家立法统一规范并由政府主导,一般包括社会救助、社会保险和社会福利三个基本组成部分,以及部分国家针对军人建立的社会保障制度等;后者通常在政府的支持下由民间及市场来解决,一般包括企业年金、慈善事业、互助保障等,它们构成基本社会保障制度的补充,并发挥着有益的作用。

(1) 社会救助

社会救助(social assistance)是指国家和社会依据法律规定,向不能维持最低生活水平的低收入家庭提供经济帮助的一项社会保障制度,它是现代社会保障体系中具有基础地位的一个重要子系统。与其他社会保障子系统相比,社会救助具有以下特征:一是社会救助的资金来源主要是国家财政预算拨款;二是社会救助是政府对国民的应尽责任,是低于贫困线或最低生活保障线的国民应该享有的一项基本权利;三是社会救助的对象是社会成员中的一个特殊弱势群体;四是社会救助是帮助贫困人群等维持最低生活水平,其标准低于社会保险的要求;五是社会救助需要救助者依法自愿提出申请,经救济机构调查并批准后方可获得。可以说,社会救助是保证社会成员生存权利的最后一道防线。

（2）社会保险

社会保险（social insurance），是国家依法建立的面向劳动者的一项社会保障制度，它是政府、单位和个人三方共同筹资，目标是保证劳动者在因年老、疾病、工伤、生育、死亡和失业等风险暂时或永久失去劳动能力从而失去收入来源时，能够从国家或社会中获得物质帮助，以此解除劳动者的后顾之忧。这一概念强调了社会保险的对象是最重要的社会群体——劳动者，并突出了以劳动权利为基础，在实践中实行权利、义务相结合和劳动者个人、单位和国家三方责任共担。

作为现代社会保障体系的重要组成部分，社会保险也是个人消费品的一种再分配形式。劳动者享受社会保险待遇或权利并不是一刀切，它不完全取决于个人缴费的多少，而是依据国家的社会保险法律、法规等，对社会履行劳动义务的情况进行界定，至于给付多少则按照当时国家经济状况和个人收入水平而确定。几乎在所有国家，社会保险的支出规模都占社会保障支出的最大份额，而社会保险所包括的项目几乎关系每个公民进入劳动年龄以后的整个生命周期，劳动者从业期间及退休以后所发生的重大事件都会涉及社会保险支出。因此，社会保险实际上构成了现代社会保障体系的主体和核心。

（3）社会福利

社会福利（social welfare）的含义有广义和狭义两种理解。广义的社会福利实际上是广义的社会保障的同义语，是国家和社会对全体社会成员提供的全部物质和文化生活的保障和福利。除前述社会保险、社会救助外，它还包括其他旨在改善与提高国民生活质量的物质福利，以及全部公共的文化、教育、卫生、体育设施和服务。狭义的社会福利作为社会保障的从属概念，与社会保险、社会救助的概念一样，是社会保障体系中日益重要的子系统。

社会福利的目标是改善全体社会成员的物质文化生活水平，提高国民的生活质量，不断增进国民的福利。因此，社会福利是最高层次的社会保障制度。

（4）企业年金

企业年金（corporation pension）是指由企业建立的面向本企业职工的一项补充养老保险制度，是职业福利或机构福利中日益重要的组成部分，是对政府主导的基本养老保险制度的重要补充。企业年金具有调和劳资关系、改善劳动者福利和补充基本养老保险制度的多重功能，它一般能够得到政府的财税优惠，其费用通常可以列入企业成本，允许在规定的额度内实行税前列支。

（5）商业保险

商业保险（business insurance）是保险人与投保人或被保险人通过保险合同建立保险关系的一种商业交易行为，是由投保人或被保险人向保险人支付一定的保险费，将自己特定的风险转移给保险人，当约定风险或事件发生后，由保险人依据保险合同支付赔款或保险金的一种风险管理机制。商业保险包括人寿保险、人身意外伤害保险、健康保险及各种财产保险、责任保险等。

商业保险的发展,能够在一定程度上解除社会成员的后顾之忧并弥补基本社会保障制度,但商业保险毕竟是一种商业行为,追求利润是商业保险的根本目的。因此,无论商业保险多么发达,均不可能替代社会保障。

我国社会保障体系包括社会保险、社会救济、社会福利、优抚安置和社会互助、个人储蓄积累保障等(见图5-12)。

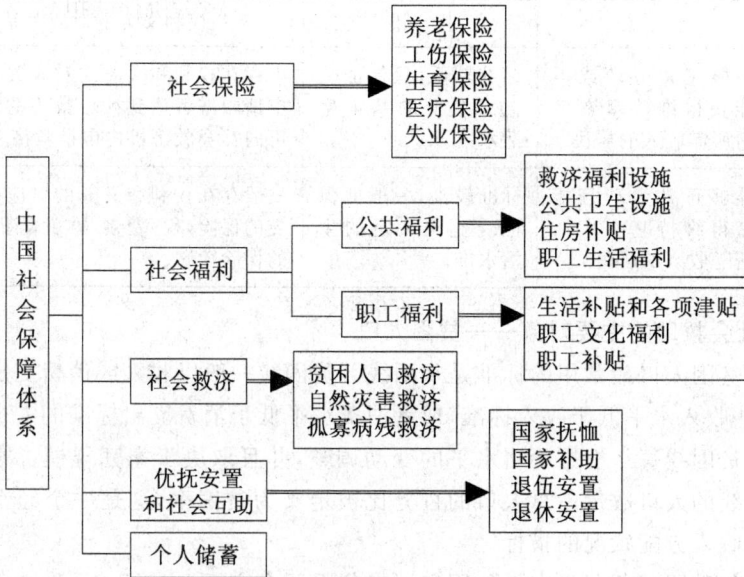

图5-12　我国社会保障体系图

现实分析5-8　社会保障水平

表5-7　欧洲部分国家社会保障水平的比较　　　　%

国　　家	1950年	1975年	1985年	1995年
英国	5.7	19.5	24.5	29.8
法国	11.3	22.9	28.6	32.9
德国	7.3	27.2	23.4	33.9
丹麦	5.8	24.8	29.1	32.2

一国的社会保障水平通常以社会保障支出占GDP的比例来反映。表5-7显示,随着经济发展水平的提高,社会保障水平呈逐步上升的趋势。

（二）社会救助支出

社会救助支出包括社会救济、社会安抚等类别的财政支出。社会救济是指政府对收入在贫困线以下的居民和因自然灾害遭受损失或发生其他不幸事故而生活困难者提供资金与实物援助的一种社会保障制度。其与社会保险在保障对象、标准以及权利义务的对应关系方面均存在显著的差异（见表5-8）。

表 5-8　社会救济与社会保险的比较

	对　象	标　准	权利义务的对应关系
社会救济	不能正常劳动或不能获得维持基本生活所需收入的居民	标准较低,只保证受益人最低的基本生活水准	不存在权利和义务的对应关系,只要申请救济者达到社会救济的要求,就可向社会救济机构申请救济
社会保险	能够正常劳动且能获得维持基本生活所需收入的居民	标准较高,一般能保证受益人一定的生活水准	一般存在权利和义务的对应关系,谁交的保险(税)费多,谁就能获得更多的保险津贴

1. 社会救助的主要对象——贫困人口

识别贫困人口最常用的标准是贫困线。贫困线一般以收入或消费支出为标准确定,那些收入水平低于收入标准,或者消费水平低于消费支出标准的人被界定为"穷人"。贫困线每年根据价格水平的变动调整,并且取决于家庭规模。家庭收入低于贫困线的人口数量占总人口的百分比被定义为贫困率,这是一个经常被用以衡量一国收入分配状况的指标。

我国的贫困现象分为农村贫困和城市贫困两个方面。1985 年,我国确定人均年纯收入 200 元作为贫困线,此后根据物价指数,逐年微调。贫困线之下,还设置了收入更低的绝对贫困线。2008 年,我国绝对贫困线标准为人均纯收入 785 元以下,低收入贫困线标准为人均纯收入 786~1 067 元。这一贫困线的确定主要是针对农村贫困。截至 2007 年底,全国农村贫困人口存量为 4 320 万人,其中绝对贫困人口 1 479 万,低收入人口 2 841 万。2009 年我国开始实施人均纯收入 1 196 元的新扶贫标准,并取消了将农村绝对贫困人口和低收入人口区别对待的政策。按照新标准,我国扶贫面将覆盖 4 007 万人。

针对城市贫困,我国则是以最低生活保障为标准。2007 年全国共有 2 272.1 万城镇居民得到最低生活保障,这一部分人口可视为城镇贫困人口。

与世界银行的贫困线标准相比较,我国贫困线仍相对较低。世界银行有两条贫困线标准:一是日收入 2 美元的贫困线;二是日收入 1.25 美元的绝对贫困线或极端贫困线。根据我国最新的扶贫标准,我国的贫困线仅为国际极端贫困线的 80%。

2. 农村反贫困计划

由于我国的贫困现象被区分为农村和城市贫困两个方面,政府分别对农村和城市采取了相应的反贫困计划。农村反贫困计划的特征是强调投资生产性项目和基础设施的开发式扶贫,城市反贫困政策则主要通过建立以社会救助和社会保险为核心的社会保障体系进行应对。

目前,中国农村扶贫支出计划主要分为三类:扶贫贷款、发展资金和以工代赈。中央政府提供的各项扶贫资金全部用于国家确定的重点贫困县,并以这些县中的贫困乡作为资金投放、项目实施和受益的对象。非贫困县中的贫困乡、村、户和省区确定的贫困县,由地方各级政府自筹资金予以扶持。下面分别介绍三大农村扶贫项目。

(1)扶贫贷款。扶贫贷款是农村扶贫计划中最大的项目,重点支持有助于直接解决农村贫困人口温饱问题的种植业、养殖业和以当地农副产品为原材料的加工业中效益好、有还贷能力的项目。在 1986～2000 年的 15 年间,政府共计投入扶贫信贷资金约 886 亿元。

早期的扶贫贷款主要采取信贷到户的方式,直接用于支持贫困户的发展。但到了 1990 年代初期,贫困县政府将很大一部分信贷资金用于支持本地区的县办企业和乡镇企业,导致能直接使贫困户受益的信贷资金只占很低的份额。加上这些用扶贫资金支持的农村企业中有不少是资金密集型的亏损企业,使得扶贫的效果很差。

在认识到扶贫贷款项目难以到户和项目回收率低,以及意识到小额信贷在国内外的成功实施之后,政府开始试验运用扶贫贷款开展农户小额信贷活动。所谓小额信贷,指的是由金融机构实施的、以农户的信用为基础、在核定的额度和期限内向农户发放的不需抵押、担保的贷款。这是专门针对贫困人口的经济和社会特点,为帮助贫困人口解决进入正规信贷市场的困难而设计的一种信贷形式。它旨在缓解贫困人口在从事生产经营活动中对于资金的需求,有助于贫困人口实现资源的合理利用和开发。

(2)发展资金,也称财政扶贫资金,主要用于发展贫困县的种植业和养殖业,以及用于改变贫困农户基本生活条件的项目上。发展资金涉及多个项目,包括支持不发达地区发展资金、"三西"地区(甘肃的定西地区、河西地区和宁夏的西海固地区)农业建设专项基金、边境建设资金、为支持不发达地区而发放的周转借贷资金等。发展资金增长缓慢,从实际可比数额看,自 20 世纪 80 年代后期一直在减少,直到 1998 年才恢复到 1986 年的水平。财政扶贫资金的使用没有得到细致的调查,对它的效果也很少有公开的说法。尽管如此,Park(1999)注意到,发展资金计划在实施中存在一系列问题,包括筹集配套资金的困难,将资金挪用于支付管理费,资金的使用权力不明确,资金发放慢且难以及时满足项目需要,资金分散使用使项目投资形不成规模效应等。

（3）以工代赈，即"以务工代替赈济"，是指政府投资建设基础设施工程，受赈济者参加工程建设获得劳务报酬，以此取代直接救济的一种扶持政策。该项目开始时通过将积压商品分配给贫困县和发放票券来支付项目投入和劳动报酬。从1996 年开始，以工代赈资金列入中央财政预算，直接向劳动者支付货币，不再投入实物。

早期项目的资金几乎全部投向农村公路建设、饮用水工程建设和土地改良。在发展贫困地区基础设施和生产生活环境方面发挥了重要作用。同时，为农闲季节的农民提供了短期就业机会，提高了农民的收入水平。自 1990 年代初项目资金大幅增加后，项目投资开始多样化，包括在农田水利设施、造林、人工草场培育、电话线路架设，甚至教育、卫生等更广泛领域的投资。

总体来看，以工代赈项目在我国政府大规模的反贫困行动中发挥了较为重要的作用。它一方面为经济增长创造了物质基础，另一方面为贫困人口提供了短期就业和获得收入的机会，缓解了贫困人口的食物短缺问题，从而将社会救助、经济增长与发展有机地结合起来。

3. 城市最低生活保障制度

1997 年，我国才正式确立了城市居民最低生活保障制度。最低生活保障是一个以收入调查为基础的扶贫方案，只有那些人均收入低于当地城市贫困线（最低生活保障线）标准的家庭才能得到救助。在补助数额上，采取所谓的补差机制，即那些无依无靠、无家可归、无生活来源的城市居民，即"三无人员"或"五保户"（保吃、保穿、保住、保医、保葬或保教），按照其当地贫困线标准全额享受补助；尚有一定收入的城市居民，按照家庭人均收入低于当地贫困线标准的差额享受补助。具体发放的差额按以下公式计算：

家庭月保障金额＝当地月保障标准×家庭人口数－家庭月收入总额（抚恤金除外）

在给付方式上，最低生活保障的给付一般采取现金救助方式，但一些地区也采取了现金救助和实物救助相结合、完全实物救助的方式。

（三）社会保险支出

社会保险指的是由国家依法强制实施，运用保险方式，对劳动者遭遇年老、疾病、失业、工伤等特定社会风险而暂时或永久失去工资收入的，提供一定程度的经济补偿，使他们仍能保证基本生活的一种制度。

1. 政府介入社会保险的依据

保险服务实际上是一种私人产品，而不是公共产品。首先，保险服务是面向个人提供的，因而是可分的；其次，保险是排他的，人们必须先尽交费义务，并在符合一定条件的基础上才能享受这一服务；最后，保险具有竞争性，增加一个人的保险会带来额外的成本——边际成本——接近平均成本,而不为零。可见,保险具有私人产品的性质。根据财政理论,私人产品应当由市场来提供,但在实践中,为什么像养老、医疗、失业保险等需要政府的介入和参与呢?

(1)政府的介入可以解决因信息不对称而导致的保险市场缺失问题。主体之间的信息不对称会引起逆向选择与道德风险问题。逆向选择一般是指市场交易中的一方难以判断另一方所提供的产品或服务的质量,从而导致了不利于市场效率的选择。保险领域中存在众多的逆向选择问题。如不同的人有不同的寿命预期,商业保险机构基于利润最大化的考虑,不愿意为身体条件差的人提供人寿保险,即使提供也会收取高昂的保费;但另一方面商业保险机构事先无法完全判别某一个具体投保人所面临的风险高低,即使能够判别,其成本也会过高,这会导致保险市场的不完善。政府提供养老、医疗、失业保险等项目的一个理由,就是为了提供私人市场不愿提供或无法提供的保险产品。

(2)政府的介入可以弥补收入分配上的市场缺陷。比如,在现代经济中,老年人需要防范两类风险:一是个人寿命的不确定性,尤其对特别长寿的老人而言,他们在工作期间积累的财产,很可能无法维持晚年的生活,从而陷入贫困;二是退休时间的不确定性,疾病和意外事故的发生,以及精力和耐力的衰退等,都可能导致提前退休,从而令福利状况大为下降。尽管私人退休计划能够防范人们寿命的不确定性和提早退休的风险,但它过于强调投保人的收益与其贡献的对等性,因此,收入分配的效果往往大打折扣。政府的干预有助于弥补市场缺陷。

(3)社会保险是一种优值品,政府的介入体现了父爱主义的观念。按照父爱主义的观点,个人缺乏远见,以致不能为他们自己的利益购买足够的保险,因此,政府必须强迫他们购买。比如,如果没有政府强制推行的养老保险,多数人就不能积累足够的资产,以便在退休时维持适当的消费水平。

(4)相对于商业保险来说,政府介入社会保险还具有其他的优势。比如:可以节省交易成本,尤其是决策成本;更有利于分散风险。与商业保险相比,社会保险具有强制参与和覆盖面广的特征。社会保险实现全民覆盖,其好处是不仅统一了市场,使保险的规模效应达到最大,而且最大限度地分散了风险。

2. 养老保险

养老保险是指公民在就业期间,由个人及服务的单位或企业履行缴纳保险费的义务,当职工退休之后,按规定每年获得一定收入的一种保障制度。实行养老保险最关键的一点是如何筹措足够的资金来满足这种需要。

养老保险制度的筹资模式一般分为三种,即现收现付制、完全积累制和部分积累制。

(1)现收现付制(pay-as-you-go)以近期横向收付平衡原则为指导,用一个时期正在工作的一代人的缴费来支付已经退休的一代人的养老金。具体做法是:首先确定受益人的待遇标准,并据此作出支付养老金数额的预测,再通过税收(工薪税或社会保险税)等强制性缴费来融资,使养老保险基金的收支在年度内保持大体平衡。这是一种"后代养老"的模式。

现收现付制的优点是费率调整灵活,社会共济性强,基本上不存在基金受投资风险影响的问题,具有较强的代际分配功能。这一模式曾是各国养老保险普遍采用的传统筹资方式。但在各国人口结构普遍老龄化的今天,它的代价是相当大的,很难长期维持。原因是:第一,由于人口老龄化,要保证退休老人的生活水平,税率只有不断上升,增加年轻人的负担。但是税率又不可能一直提高,因为必然会遭到纳税人的反对。于是退休老人捍卫福利和纳税人反对加税交织在一起,必然会导致深刻的社会矛盾。第二,现收现付制过于强调社会互济和代际赡养,忽略了个人的自我保障责任,使公众容易产生过度依赖政府的倾向。

(2)完全积累制(fully funded)是一种以远期纵向收付平衡原则为指导的筹资方式,其特征是建立个人账户,使退休金直接来源于社会成员本身的储蓄积累。它要求人们在工作期间逐年积累,退休后使用,强调劳动者自我保护。

实行完全积累制的好处体现为:首先,它能够缓解养老保障制度受到的人口老龄化的冲击,避免了现收现付所需要的工薪税的增加。其次,它完全靠劳动者本人融资,没有收入再分配的功能,不会造成政府额外的财政负担。第三,由于每个成员都有明确的个人账户,对自己所缴的费用有充分的权益,不会期待政府的补助和津贴,因此这一模式不会扭曲个人的工作和储蓄行为。第四,该模式会产生更多的储蓄,有助于资本积累。

完全积累制可以在某些方面弥补现收现付的制的不足,但其本身也面临严峻的挑战:一是如何解决由现收现付制向完全积累制过渡时期的缴费率过高的问题,二是如何应对基金的长期积累过程中面临的通货膨胀和投资风险,即如何通过适当的基金管理,在长期内使养老基金保值和增值。

(3)部分积累制(partially funded)则是鉴于现收现付制和完全积累制各自存在的优缺点,而发展起来将近期横向收付平衡原则与远期纵向收付平衡原则相结合的筹资方式。它在通过现收现付制满足当前支付需要的前提下,留出一定的储备以适应未来的支出需求。这一方式被认为是从现收现付制向完全基金制转变的过渡模式。由于部分基金制的两个组成部分(满足当前支付需要的部分和用于积累的部分)必须采取不同的原则分别管理,因此,能否既防止人口老龄化带来的支付危机,又有助于实现从现收现付制向完全积累制的平稳过渡,尚有待时间的检验。

养老金的筹集有两种基本形式:一是社会统筹,二是设立个人账户。社会统筹是指政府通过工薪税或社会保险税筹集资金,记入专门的社会统筹账户,作为公共养老基金,并由政府将这些资金用于退休职工的养老开支。在这一方式下,养老金的给付水平通常事先确定。个人账户指的是由政府推行的职工在职期间强制储蓄，个人账户基金属个人所有。个人账户往往在设立之初确定缴费标准，但养老金的给付水平却是不确定的，它取决于个人缴费状况及基金运营状况，尤其是投资收益。在实践中，现收现付制一般采取社会统筹形式，完全积累制采用个人账户形式，而部分积累制则同时采用社会统筹和个人账户两种形式。

目前我国的养老保险制度仍以城镇养老保险体系为主。它由三个层次构成：一是国家强制实施的基本养老保险，实行部分积累制；二是企业年金，是在国家政策引导和扶持下，由用人单位自行决定实施的养老金计划；三是自愿性的个人储蓄养老保险，国家予以税收政策方面的优惠。目前，城镇基本养老保险费由企业和职工按工资的一定比例缴纳，并分别纳入社会统筹账户和个人账户进行管理。在职职工的缴费率为 8%，企业缴费率为 20%，合计缴费率为 28%。其中，从 2006 年起，企业缴纳的养老保险费全部计入统筹基金而不再划入个人账户，个人的基本养老保险费全部计入个人账户。职工退休后所享有的基本养老金则由来自统筹基金的基础养老金和来自个人账户积累的个人账户养老金组成，退休时的基础养老金月标准以当地上年度在岗职工月平均工资和本人指数化月平均缴费工资的平均值为基数，缴费每满 1 年发给 1%。个人账户养老金月标准为个人账户储存额除以计发月数，计发月数根据职工退休时城镇人口平均预期寿命、本人退休年龄、利息等因素确定。

2009 年，我国开展新型农村社会养老保险试点，探索建立个人缴费、集体补助、政府补贴相结合的新农保制度，实行社会统筹与个人账户相结合，与家庭养老、土地保障、社会救助等其他社会保障政策措施相配套，保障农村居民老年基本生活。2009 年试点覆盖面为全国 10% 的县（市、区、旗），以后逐步扩大试点，在全国普遍实施，2020 年之前基本实现对农村适龄居民的全覆盖。新型农村养老保险制度采取个人缴费、集体补助和政府补贴三者相结合的筹资模式；支付结构上包括基础养老金和个人账户养老金，其中基础养老金由国家财政全部保证支付。目前，中央确定的基础养老金标准为每人每月 55 元；个人账户养老金的月计发标准为个人账户全部储存额除以 139（与现行城镇职工基本养老保险个人账户养老金计发系数相同）。

3. 医疗保险

医疗保险是劳动者在患病后，由政府给予假期和收入补偿，提供医疗服务的制度。我国的医疗保险制度正处于改革和完善之中，并呈现出典型的二元结构特征：力图覆盖全体城镇劳动者的城镇职工基本医疗保险制度已经基本建立，而以新农村合作医疗制度为主要内容的农民医疗保障体系也在逐步推进实施。

1998 年 12 月，国务院发布了《关于建立城镇职工基本医疗保险制度的决定》（国发［1998］44 号），要求在全国范围内建立以城镇职工基本医疗保险制度为核心的多层次的医疗保障体系。该"决定"指出,医疗保险制度改革的主要任务是建立城镇职工基本医疗保险制度,即适应社会主义市场经济体制,根据财政、企业和个人承受能力,建立保障职工基本医疗需求的社会医疗保险制度。建立城镇职工基本医疗保险制度的原则是:基本医疗保险的水平要与社会主义初级阶段生产力发展水平相适应;城镇所有用人单位及其职工都要参加基本医疗保险,实行属地管理;基本医疗保险费用由用人单位和职工双方共同负担;基本医疗保险基金实行社会统筹和个人账户相结合。职工个人缴纳的基本医疗保险费(缴费率一般为工资收入的2%),全部计入个人账户;用人单位缴纳的基本医疗保险费分为两部分,一部分用于建立统筹基金,一部分划入个人账户;划入个人账户的比例一般为用人单位缴费的30%左右,具体比例则由统筹地区根据个人账户的支付范围和职工年龄等因素确定。根据《医药卫生体制改革近期重点实施方案(2009～2011年)》的要求,将扩大覆盖面、提高保障水平、规范基金管理作为加快推进基本医疗保障制度建设的关键。如2009年全面推行的城镇居民基本医疗保险制度,将在校大学生全部纳入了城镇居民医保的范围。

目前我国农村的医疗保险,大体上有合作医疗、医疗保险、统筹解决住院费及预防保健合同等多种形式,其中合作医疗是最普遍的形式。农村合作医疗制度是由政府支持、农民群众与农村经济组织共同筹资、在医疗上实行互助互济的一种有医疗保险性质的农村健康保障制度。2002年10月,《中共中央、国务院关于进一步加强农村卫生工作的决定》明确指出:要"逐步建立以大病统筹为主的新型农村合作医疗制度",新型农村合作医疗实行个人缴费、集体扶持和政府资助相结合的筹资机制。到2008年,新型农村合作医疗(简称新农合)制度覆盖了全国所有含农业人口的县(市、区),参合农民达到8.15亿人,参合率91.5%,提前两年实现了中央确定的"到2010年新农合制度要基本覆盖农村居民"的目标。

4. 失业保险

失业保险是通过国家立法强制执行的,在劳动者因失业而暂时中断生活来源时,从国家和社会获得帮助的一种社会保障制度。城镇企业(包括国有企业、城镇集体企业、外商投资企业、城镇私营企业以及其他城镇企业)和事业单位均应参加失业保险计划,按照本单位工资总额的2%缴纳失业保险费,职工个人则按照本人工资的1%缴纳失业保险费。

失业保险金一般按照低于当地最低工资标准、高于城市居民最低生活保障标准的水平发放。失业者享受保险待遇是有条件的,即失业前必须工作过或缴纳过一定时间的保险费;失业后立即到职业介绍机构登记,表示有劳动意愿等。领取失业保险金有一定期限,超过这个期限,就失去领取的资格,否则不利于失业人员再就业。若到期仍未找到工作,则改领社会救助金,其水平低于失业保险金。

二、财政补贴

财政补贴(fiscal subsidies)，是国家为了执行某项政策以达到调控经济运行或稳定社会等目标而给予生产者、经营者或消费者的特定的无偿补助。它不要求接受者支付对等的代价，因此和社会保障支出一样，属于转移性支出的范畴。

作为一种转移性支出，财政补贴是一种国民收入再分配形式，通过补贴的诱导达到有计划地调节社会经济结构和协调社会供求关系的目的。然而，财政补贴又有别于其他转移性支出。财政补贴总与相对的价格变动联系在一起：补贴引起价格变动；价格变动导致财政补贴。因为有这种联系，很多人索性就把财政补贴称为价格补贴或财政价格补贴。也正是有这样的联系，我们可以把财政补贴定义为一种影响相对价格结构，从而可以改变资源配置结构、供给结构和需求结构的政府转移性支出。

财政补贴可按以下方式分类：① 按补贴的环节分类，可分为生产环节补贴、流通环节补贴和消费环节补贴；② 按受益者取得补贴的形式分类，可分为明补和暗补；③ 按接受补贴的主体分类，可分为对企业补贴和对个人补贴；④ 按政策目标分类，可分为物价补贴、企业亏损补贴、房租补贴、税收补贴等。

由于财政补贴可以改变相对价格结构，所以在各国都被当作一种调节经济活动的手段来使用。在经济方面的具体作用表现在以下几个方面。

（1）财政补贴可以影响需求结构。人们的需求客观上有一个结构，决定这个结构的因素有很多，其中商品和劳务的价格影响最大。在经济学中，我们通常说一种商品和劳务的需求要符合需求法则，即当一种商品和劳务的需求随着收入的增加而增加时，其需求量必然与其价格反方向变化。既然价格的高低可以影响需求结构，那么能够影响价格水平的财政补贴便具有影响需求结构的作用。因此，国家可以通过对财政补贴对象或财政补贴数额进行灵活调节，实现需求结构的调整和优化。

（2）财政补贴可以改变供给结构。这一作用是通过改变企业购进的生产要素价格，从而改变企业经营成本，即使企业经营的边际成本发生变化，进而改变企业的均衡状态。因为均衡状态不同企业供给也会不同。因此，国家可以通过给予某些产品、行业或部门价格补贴，鼓励和促进相应产品、行业或部门的生产发展，从而实现供给结构的调整和优化。

（3）财政补贴可以调整生产结构。财政补贴对生产结构的调整主要表现在鼓励或限制某些产品的生产上。当某些产品发生亏损时，国家可以给予适当补贴，以确保其正常生产；当某些产品的价格需要作出调整而又不宜提高售价时，国家可以对企业进行补贴以保证产品供应；例如，在农业生产中，国家对农业生产资料给予补贴，目的就是为了促进农业生产的发展。所以，财政补贴可以作为调整生产结构的手段,在现代社会中被广泛应用。

(4) 财政补贴可以调节消费结构。国家给产品的生产者一定的补贴,是为了鼓励生产,用于生产方面的财政补贴会形成一部分投资需求,带来生产消费的增加;国家给予居民生活方面的补贴,目的是为了稳定物价,提高居民的生活水平,增加他们的购买力,这又形成了一部分生活消费需求。所以,国家通过财政补贴的不同流向分别影响生产需求和消费需求,以此来调节社会的需求结构。

三、税式支出

"税式支出"(tax expenditure)作为一个法定概念于 1967 年最早出现于美国,按照西方学者比较一致的观点,税式支出应界定为:在现行税制结构不变的条件下,国家对于某些纳税人或其特定经济行为,实行照顾或激励性的区别对待,给予不同的税收减免等优惠待遇而形成的支出或放弃的收入。它的实质是政府为实现自己的既定政策目标,增强对某些经济行为的宏观调控,以减少收入为代价的间接支出,属于财政补贴性支出。就具体形式而言,其中不仅包括出口退税,还包括税收豁免、税收抵免、纳税扣除、延期纳税、盈亏相抵、优惠税率、加速折旧等多种形式。

税式支出实质上是政府的一种间接性支出,它和直接的公共支出都是公共支出的具体形式,二者之间的相同点体现在:① 资金的性质相同。直接支出和税式支出被安排出去后,既不要求受益者偿还,也不要求受益者像向银行贷款那样需支付利息,都是一种无偿使用的政府财政资金。② 目的相同。无论直接支出,还是税式支出,其最终目的都是为了满足社会公共需要,实现政府的社会和经济发展目标。③ 实施效果相同。直接支出和税式支出都是对政府资金的使用,实施的结果都是使受益人的财力增加、国家财力减少。④ 结果相同。对于财政收支平衡来说,在其他条件不变的前提下,直接支出以"增支"的方式、税式支出以"减收"的方式影响财政平衡,但二者的指向都是使财政向着失衡的方向发展。

当然,作为公共支出的不同形式,税式支出和直接公共支出之间还是更多地表现出差异性。与直接支出相比,税式支出具有以下几个特点:① 税式支出在调节经济的效果上更具有时效性。税式支出一经实施,即在纳税人履行纳税义务时直接从应纳税款中自动兑现,兑现的税款又直接进入企业的资金周转,省略了纳税人直接支付税款和政府再按预算审核拨付资金这一程序,缩短了资金在政府手中滞留的时间,减少了调节经济的时滞。而且,如果安排得当,这种程序上的简化还有利于节约行政管理费用。② 税式支出具有间接性。税式支出是在税制实施过程中实现的一种税前支出或坐支,在政府收入实现之前就已经发生了,不具有直接支出那样的先收再支和按照预算由国库账户进行划拨的支出控制程序。税式支出的这种间接性,使得它在没有编制税式支出预算之前,无需经过立法机关的同意,而是利用税收制度的特殊条款达到税收与支出之间直通车的目的。③ 税式支出具有隐蔽性。如果说直接预算支出中的财政补贴是"明给"的话,税式支出则属于一定意义上的"暗予"。因此,税式支出表现出很强的隐蔽性,很容易为政府所偏爱,从而导致税式支出过多、过滥,与公共预算难以进行必要的协调,因此被喻为政府的"隐蔽性预算"或"看不见的预算"。这实际上也是传统的税收优惠以及税收优惠管理模式的主要弊端,同时也是需要对其进行改革的主要原因。正因为如此,才有必要将其纳入公共支出预算,并加以公开化和透明化。

据统计,2002 年我国税式支出总额达到 2 159.52 亿元,占当年全部税收的12.7%。1998~2002 年间,税式支出年均增长 29.6%,超过税收增速 12.7%。

四、其他转移性支出

转移性支出中除了社会保障支出和财政补贴这两大部分外,还有其他一些支出项目,主要有援外支出、债务支出和其他支出。虽然它们所占的比例并不大,但也有其特殊的作用。

(一)援外支出

援外支出,是指财政用于援助其他国家或地区或国际组织的各种支出。它在不直接形成国内商品和劳务的需求时,具有转移性支出的性质。在当今世界,国与国之间的政治、经济联系日益密切,对外交流日益增加,援外支出对于加快本国经济发展、维护世界和平,都具有重要意义。如同接受外援一样,国家很自然地要对外提供或大或小的援助。作为发展中国家,我国的援外支出能力有限,在援外上应量力而行,同时要注意对外援助的方式与效果。

(二)债务利息支出

债务利息支出是指政府财政用于偿还国内外借款的付息支出。国家债务的利息支出,并不对国内资源和要素(商品和劳务)形成直接的需求压力,从这个意义上说,财政的债务利息支出具有转移性支出的性质。

本章小结

购买性支出可分为财政消费性支出和财政投资性支出两大部分。转移性支出包括社会保障支出、财政补贴等形式。

消费性支出包括国防支出、行政管理支出、教育支出、医疗卫生支出、科学技术支出等,应根据产品的不同性质,确定政府财政支出的范围。

财政投资则是社会总投资的一个特殊组成部分,是指政府为了实现其职能,作为特殊的投资主体,为促进国民经济各部门的协调发展,满足社会公共需要,实现经济和社会发展战略,利用公共支出对经济和社会发展中的一些特定部门和需要进行的投资活动。

社会保障制度是以国家或政府为主体,根据法律规定,通过国民收入再分配,对公民在暂时或永久失去劳动能力以及由于各种原因生活发生困难时,给予物质帮助,保障其基本生活的一种制度。我国社会保障体系包括社会保险、社会救济、社会福利、优抚安置和社会互助、个人储蓄积累保障等。

社会救助支出包括社会救济、社会安抚等类别的财政支出;社会救助的主要对象是贫困人群。社会保险是由国家依法强制实施,运用保险方式,对遭遇年老、疾病、失业、工伤等特定社会风险而暂时或永久失去工资收入的劳动者,提供一定程度的经济补偿,使他们仍能保证基本生活一种制度。社会保险体系主要包括养老保险、医疗保险、失业保险等内容。

财政补贴,是国家为了执行某项政策以达到调控经济运行或稳定社会等目标的而给予生产者、经营者或消费者的特定的无偿补助;属于转移性支出的范畴。税式支出是指在现行税制结构不变的条件下,国家对于某些纳税人或其特定经济行为,实行照顾或激励性的区别对待,给予不同的税收减免等优惠待遇而形成的支出或放弃的收入,包括出口退税、税收豁免、税收抵免、纳税扣除、延期纳税、盈亏相抵、优惠税率、加速折旧等多种形式。

思考与练习

一、基本概念

财政消费支出	财政投资支出	基础产业
社会保障制度	社会保障体系	社会救助
社会保险	社会福利	企业年金
商业保险	社会救济	现收现付制
完全积累制	部分积累制	社会统筹
财政补贴	税式支出	

二、简答

1. 试述国防支出与行政管理支出的性质。

2. 简述财政投资支出的特点及其在经济建设中的作用。

3. 如何理解政府在文教科卫领域的支出范围?

4. 简要说明政府介入社会保险的原因。

5. 简述养老保险三种筹资模式的区别。

6. 简述财政补贴的性质及其经济效应。

7. 查阅资料论述我国社会保障制度改革的方向。

第六章　财政收入的规模与结构

学习目的与要求

　　本章主要阐述了财政收入的规模与结构。通过对本章的学习,要了解影响财政收入规模的主要因素;掌握财政收入的各种分类方法;理解财政收入的主要原则。

　　财政收入和财政支出是国家财政活动的核心内容,财政收入是政府为满足支出的需要,依据一定的权力原则,通过国家财政集中一定数量的货币或实物资财收入。财政收入充足与否切实关系到一国政府是否能够很好地履行其政府职能和宏观调控能力的强弱。

　　财政收入对于国民经济运行和社会发展具有重要影响:首先,财政收入是国家各项职能得以实现的物质保证。一个国家财政收入规模的大小是衡量其经济实力的重要标志。其次,财政收入是国家对经济实行宏观调控的重要经济杠杆。宏观调控的首要问题是社会总需求与总供给的平衡问题,包括总量上的平衡和结构上的平衡两个层次的内容。财政收入杠杆既可通过增收或减收来发挥总量调控作用,又可通过对不同财政资金缴纳者财政负担大小的调整,来发挥结构调整的作用。最后,财政收入可以调整国民收入初次分配形成的格局,缩小贫富差距,是实现社会财富公平合理分配的主要工具。

第一节　财政收入的规模

　　财政收入规模是指财政收入的总水平,财政收入规模表明的是国家财力大小,影响到国家、企业和个人三者的相互关系和地位,影响国家的宏观调控能力。财政收入总额反映财政收入的绝对规模,财政收入的相对规模则通常以财政收入占国内生产总值 GDP 的比重来表示。只从绝对规模或相对规模对一个国家财政收入状况进行表述和判断都是片面和不客观的,只有把两者综合起来分析,才能得到相对完整和正确的结论。

制约财政收入规模的因素是多种多样的,主要包括以下几个方面的内容。

一、经济发展水平和生产技术水平对财政收入规模的制约

经济发展水平反映一个国家的社会产品的丰富程度和经济效益的高低。经济发展水平高,社会产品丰富,国民生产总值或国民收入就多,该国的财政收入总额就大,占国民生产总值或国民收入的比重就高。从世界各国的现实资料考察,经济发展水平相对较高的国家,其财政收入的绝对规模和相对规模均大于经济发展水平相对较低的国家。当然一个国家的财政收入规模还会受到除经济发展以外的其他各种主客观因素的影响,但是经济发展水平却是基础性的。

生产技术水平也是影响财政收入规模的重要因素,而生产技术水平是内涵于经济发展水平之中的。因为一定的经济发展水平总是与一定的生产技术水平相适应,较高的经济发展水平往往是以较高的生产技术水平为支撑的。生产技术水平是指生产中采用先进技术的程度,又可称为技术进步。技术进步对财政收入规模的影响有两个方面:一是技术进步可以促进生产速度加快、产品质量提高。技术进步速度较快,社会产品和国民收入的增加也较快,财政收入的增长就有了充分的财源。二是技术进步必然带来物耗比例的降低、经济效益的提高,剩余产品价格所占的比例扩大,从而增加财政收入。所以,促进技术进步、提高经济效益,是增加财政收入的首要途径。

二、税收制度对财政收入规模的影响

从各国财政收入的内容和形式来看,税收始终在财政收入中占有较高的比重。在每个财政年度,税收的多少对整个财政收入的规模起着决定性的作用。税收规模的影响因素主要有税基和税率,扩大税基和提高税率会带来税收的增加,而税基的缩小和税率的降低会带来税收的减少。国家或政府总是希望尽可能地多征收税收,扩大财政收入规模,增强宏观调控能力,但是税收对于个人和企业而言却是一种负担,因为它减少了本身的可支配收入。当然,税基的宽窄、税率的高低变化,受经济、社会、政治等多种因素的影响,在它们的共同作用下,一国政府权衡利弊才作出增税或减税的决策,从而对财政收入的规模产生直接影响。

三、分配政策和分配制度对财政收入规模的制约

财政分配政策是指政府在通过财政手段参与国民收入分配活动中所制定的政策。它包括政府要确定怎样的税制,应当采取哪些适宜的税费收入政策和债务收入政策等。财政收入分配政策对财政收入规模的制约主要表现在两个方面:第一,收入分配政策决定剩余产品价值占整个社会产品价值的比例,进而决定财政分配对象的大小;第二,收入分配政策决定财政集中资金的比例,从而决定财政收入规

模的大小。给定一个固定的 GDP 水平,其在政府、企业、个人三者之间按照不同的比例分配也会影响财政收入规模。这就说明在一定的经济发展水平下,分配制度对财政收入规模具有制约作用。

一般认为,我国财政收入占 GDP 比重呈现逐年下降的趋势,其主要原因之一是由于分配制度发生了急剧的变化。改革以后,GDP 分配格局明显向个人倾斜。这导致了我国财政收入的下降。经济体制转轨所带来的分配制度的转换是必然的,但是 GDP 分配格局应与体制转轨的步伐相一致,如果变化过于激烈,容易产生负效应,如政府财力下降、宏观调控能力下降、资金分散、难以保证国家重点建设等问题。

四、价格对财政收入规模的影响

在现实经济生活中,价格变动对财政收入的影响,主要取决于两个因素:一是通货膨胀;二是现行的财政收入制度。如果通货膨胀是因弥补财政赤字造成的,那么货币流通量会增加,国家财政就会通过财政赤字从国民收入再分配中取得更大的份额,这种通过价格再分配机制实现的财政收入增长通常被称为"通货膨胀税"。在长期奉行凯恩斯的赤字财政政策的一些发达国家中,"通货膨胀税"是国家财政的一项经常性收入来源。如果通货膨胀是由于信用膨胀引起的,那么财政在再分配中有得有失,而且可能是所失大于所得,即财政收入实际增长小于名义增长。决定价格再分配对财政收入影响的另一个因素是现行财政收入制度。在物价上涨的情况下,如果是以累进所得税为主体的税制,纳税人适用的税率会随着名义收入的增长而提高,即出现所谓"档次爬升"效应,从而财政在价格再分配中所得份额将有所增加。如果实行的是以比例税率的流转税为主体的税制,税收收入的增长率等同于物价上涨率,财政收入只有名义增长,而不会有实际增长。如果实行的是定额税,在这种税制下,税收收入的增长总要低于物价上涨率,所以财政收入即使有名义增长,而实际必然是下降的。物价下跌条件下的情况恰好与此相反。西方发达国家的税制是以财产、所得等为征税对象的直接税为主,其个人所得税占着相当大的比重,如美国的个人所得税收入占税收收入的比率在 60% 以上。而个人所得税适用累进税率,因此,在这些国家,其价格的升降将对财政收入的增减有着重要影响。我国现行税制是以比例税率为主,使用累进税率的个人所得税占税收总额的比重很小,价格的升降对财政收入的增减影响也就相对较小。

现实分析 6-1　财政收入总额及其占 GDP 的比重

图 6-1 显示,自 1978 年以来,我国财政收入总额呈持续增加趋势,从 1978 年的 1 132 亿元增加到 2007 年的 51 322 亿元,增长了近 45 倍,年均增长率为

13.56%;而财政收入占 GDP 的比重则从 1978 年的 31.1%下降到 1995 年的 10.3%;此后则逐步上升,2007 年这一比重为 20.6%。

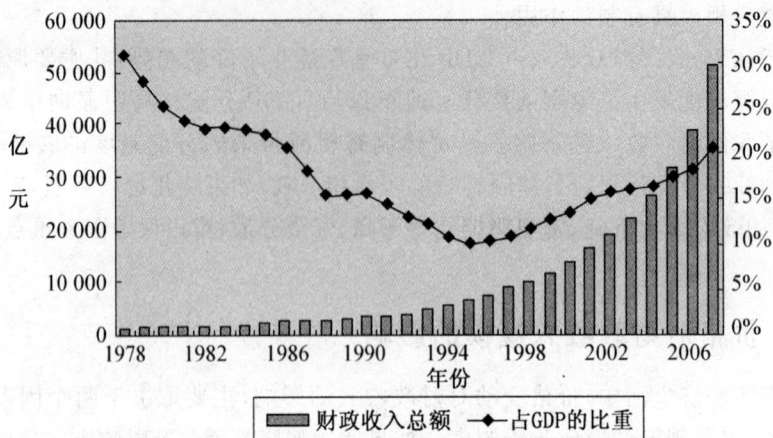

资料来源:《中国财政年鉴—2008》(中华人民共和国财政部,中国财政杂志社,2009)。

图 6-1 改革开放以来我国财政收入及其占 GDP 的比重

第二节 财政收入的结构

将财政收入进行分类,是为了明确财政收入的来源和形式,便于更好地管理和控制财政收入,使财政分配顺利进行。

一、按收入形式分类

所谓财政收入形式,是指政府通过哪些方式或渠道来取得财政收入。在世界各国,取得财政收入的主要形式都是税收。除此之外,其他非税收入的形式,则根据各国的政治制度、经济体制、经济结构和财政制度的不同而有所区别。这种按收入形式分类的方法在分析财政收入时是最常用的。按照这一分类,我国财政收入的主要形式有以下几类。

(一) 税收收入

税收收入(tax revenue)包括国家税法规定的各种税收。税收是征收面最广、最稳定可靠的财政收入形式。目前在我国,税收收入是财政收入的最主要的形式。

(二) 非税收收入

非税收收入(non-tax revenue)是指除税收形式以外的其他财政收入形式。它

们所占财政收入的比例不大,但体现的政策性却很强。这部分收入形式主要有:

(1)国有财产收入。指的是政府凭借其所拥有的财产而取得的租金、利息或变卖价款等收入。

(2)公共企业收入。指的是政府从那些以法人资格经营的企业所取得的收入。

(3)行政收入。指政府为公众提供公共服务所取得的收入,包括规费、特别课征、特许金和罚没收入等。

(4)使用费。指政府部门按照一定标准,向其所提供的特定公共设施或服务的使用者收取的费用,如水费、电费、过路费、过桥费、公有住宅房租费、公立医院住院费、公立学校学费等。

(5)其他收入。国际组织捐赠收入、对外贷款归还收入、收回国外资产款收入等也是财政收入形式。

二、按取得收入的内在依据分类

按照取得收入的内在依据的不同,财政收入可以分为强制性收入、对等性收入和半强制性收入(如图 6-2 所示)。强制性收入是基于国民的个人负担能力,作为强制履行的义务,向国民取得的收入,主要以税收为代表;对等性收入是基于政府对国民个人个别给予的利益,按照对等自愿原则,作为利益的报酬,向国民取得的收入,主要以国有财产收入为代表;半强制性收入介于强制性收入和对等性收入之间,这类收入的取得似乎是国民的自愿行为,但为了达到一定的目的,仍然以一定的政府活动为前提,因此具有半强制的性质,主要以规费和使用费为代表。

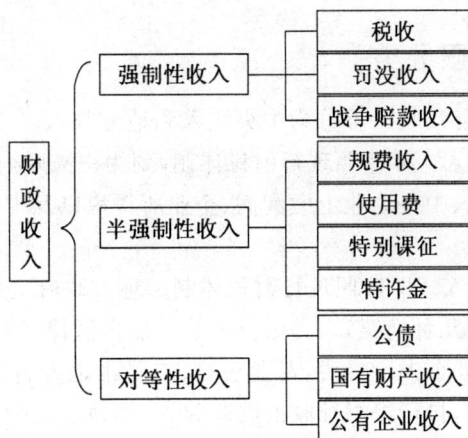

图 6-2 财政收入体系

三、按预算管理标准分类

按照预算管理的标准,我国财政收入可以分为预算收入和预算外收入(如图6－3所示)。

(1)预算收入(budgetary revenue)。亦称预算内收入,是指列入国家预算管理的财政收入。这些收入要经过预算管理程序才能安排政府的各项支出,并纳入国库管理。预算收入包括一般预算收入、基金预算收入等。

(2)预算外收入(extra-budgetary revenue)。亦称预算外财政收入,是指按现行制度不纳入预算管理的财政性资金和基金。我国目前的预算外收入主要包括政府公共部门的预算外收费收入和事业单位的各项收费收入。而事业单位收费收入中既包括非经营性事业单位的收费收入,也包括经营性事业单位的收费收入。预算外收入的规模越来越大,已经接近或超过预算内财政收入,因此,加强预算外收入的管理,已成为财政工作的一项重要内容。

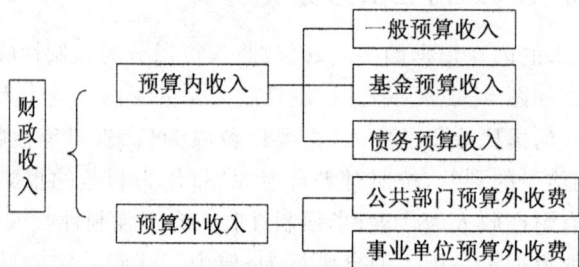

图 6－3 我国预算管理分类收入

四、按管理权限分类

按照管理权限,财政收入可分为中央收入和地方收入。

(1)中央财政收入。即按照现行财税体制,列为中央政府管理的财政收入,如增值税、消费税、关税、中央企业上缴利润、企业所得税以及中央规定征收的各项基金等。

(2)地方财政收入。即按照现行财税体制由地方政府支配的财政收入。这类收入一般可分为以下几种情况,一是由国家统一制定法律、法规,地方负责征收,其收入归地方财政的,如个人所得税、营业税等;二是由地方自行按宪法和其他法律的规定立法(或立项),自行组织征收的财政收入,如地方自行确定的收费项目的收入;三是中央财政取得的收入中按照现行财政体制由地方参与分享的收入,即由体制决定的分成所得中的地方收入,如增值税的分成收入等。

第三节　财政收入的原则

财政收入原则是一个国家组织财政收入应遵循的基本准则。组织财政收入不仅关系到社会经济发展和人民生活水平的提高,也关系到正确处理国家、企业、个人三者之间关系以及中央与地方两级利益的关系,还关系到不同对象的合理负担问题。为了处理好这些关系,在组织财政收入时,必须掌握好以下几项原则。

一、发展经济,扩大财源

马克思主义认为,生产决定分配,经济决定财政。立足发展经济,扩大财源,使财政收入有充足的物质保证,是筹集财政资金必须遵循的首要原则。提高生产技术水平是发展经济的关键,生产技术水平的高低直接决定了一个国家投入和产出的比例,提高生产技术水平的同时,政府还需要不断完善市场机制和建立廉洁高效的政府机制,并注意不同产业部门之间的协调发展。

二、兼顾三者和两级利益关系

所谓"兼顾三者利益",是指财政在处理国民收入分配,并相应取得自身收入的过程中,不能只顾财政收入的取得,还应将必要的财力留给企业和个人,以调动和发挥它们的积极性。当国民收入一定时,国家的财政收入就会和企业、个人的收入之间存在此消彼长的关系。企业、个人作为生产的直接参与者和财富的创造者,是应该保证其合理的利润留存和正常的消费需求的。财政收入的取得不应损害企业和个人的生产积极性。尽管国家的财政收入是为了用于提供公共产品,但由于受益对象有不特定性,人们总倾向于尽可能自己多支配收入,而不愿为享受公共产品而付出更多的代价。但必须看到,国家和个人、企业的根本利益是一致的,国家的利益是个人、企业利益的前提,一国的外交事务和国防事务也必须要有财政收入的保证。

"兼顾中央与地方两级利益"是指国家财政在处理国民收入分配,并相应取得自身收入的过程中,应该同时兼顾中央级财政和地方级财政的利益关系。按目前的财政管理体制,我国的国家财政是分别由中央预算和地方总预算构成的两级财政。两级财政有各自具体职能,也形成各自的利益关系,因此在组织财政收入时应兼顾两级利益关系。要防止中央财权过度集中而压制了地方组织收入的积极性,或者会使地方政府去寻求制度外的收入来源来满足地方财政开支的需要。同时也要避免中央政府收入过低,一则不能有充足的收入保证国家实现宏观经济政策目标;二则会使中央政府过度依赖于国债去筹集收入,增加政府的财政风险。

三、区别对待，合理负担

"区别对待"，不是指对不同经济成分区别对待，而是指基于国家发展战略的需要，对不同的财政来源区别对待。就一国政府而言，一是可以对不同地区有所区别，如中国正在实施西部大开发战略，组织财源时会对西部地区有所优惠；二是对不同的产业有所区别，如为了发展第三产业和高科技产业等，会对这些部门减轻财政负担，提供税收优惠措施。

"合理负担"有两层含义，一是受益者负担的原则，也就是在可以衡量公共产品的受益对象和受益程度时，受益者应按其受益程度来承担公共产品的成本。这主要体现在收费过程中，如一些基础设施的公共收费就体现了"谁受益、谁付费"的原则。二是按能力负担的原则。这主要体现在税收上，着重指在制定税收条款时，应体现按照不同的收入水平和纳税人的实际负担来判断其纳税能力。如在个人收入来源多样化、收入透明度差，尤其是在信用制度不发达、现金交易频繁的国家，如何计算纳税人的收入水平，是需要特别注意的问题。

本章小结

经济发展水平、税收制度、分配政策和分配制度以及价格水平是影响财政收入规模变动的主要因素；

按收入形式分类，财政收入可以分为税收收入和非税收收入，其中税收收入是财政收入的主要形式；按照取得收入的内在依据的不同，财政收入可以分为强制性收入、对等性收入和半强制性收入；按预算管理标准分类，财政收入可以分为预算收入和预算外收入；按照管理权限分类，财政收入则可分为中央收入和地方收入。

在组织财政收入时，必须掌握好以下几项原则：发展经济，扩大财源；兼顾三者和两级利益关系；区别对待，合理负担。

思考与练习

一、基本概念

财政收入	国有财产收入	公共企业收入
行政收入	强制性收入	对等性收入
半强制性收入	预算收入	预算外收入
财政收入原则		

二、简答

1. 试说明价格因素对财政收入规模的影响。

2. 简述财政收入的基本原则。

三、论述

根据财政收入的分类，通过数据的搜集与整理，对我国财政收入的规模与结构进行分析。

第七章 财政收入的主要来源

学习目的与要求

本章阐述了财政收入的主要来源。通过对本章的学习，要了解税收的基本概念及其特征，了解税收制度的基本要素；理解现代税收的基本原则；掌握税收转嫁与税收经济效应的分析方法；了解税收体系的构成，掌握流转课税、所得课税、财产课税的主要内容；了解公债的特点，掌握公债的基本理论观点，理解公债的经济效应；了解公债制度、公债市场的主要内容。

第一节 税收

一、税收概述

税收是政府为了实现其职能，按照法律事先规定的标准，对私人部门强制课征所取得的收入。① 税收是由国家或政府征收的。只有国家或政府（包括中央政府和地方政府）才具有征税权，其他任何组织或机构均无征税权；② 国家征税凭借的是其拥有的政治权力，并以法律的形式予以明确规定，因而税收具有法律的强制性，不论纳税人是否愿意，都必须按照法律规定纳税，否则就会受到法律的制裁；③ 国家征税的目的是为了满足国家（政府）经费开支的需要，以维持国家的存在，实现国家的各种职能；④ 税收是一个分配范畴，是国家参与社会产品分配的一种主要形式，且这种分配具有无偿性，即国家征税对每一个具体的纳税人来说不存在直接返还性。

在许多国家，税收占财政收入的 90% 以上，是财政收入最重要的来源和最基本的形式。

（一）税收的特征

税收作为财政收入的一种形式，具有区别于其他财政收入形式的特点。税收的特征可以概括为强制性、无偿性和固定性。

1. 税收的强制性

税收的强制性是指政府凭借行政权,以法律形式来确定政府作为征税人和社会成员作为纳税人之间的权利和义务关系。这种权利和义务关系表现在:首先,政府作为征税人具有向社会成员征税的权利,并同时承担向社会成员有效提供公共产品和公共服务的义务;而社会成员作为纳税人具有分享政府所提供的公共产品和公共服务利益的权利,并同时承担向政府纳税的义务。其次,政府征税是凭借政府行政权强制执行的,而不是凭借财产权协议解决的。最后,税收征纳双方的关系以法律形式来确定,对双方当事人都具有法律上的约束力。税收的强制性是税收范畴最为明显的形式特点,这是由税收作为补偿公共品或公共服务价值这一性质所决定的。政府向社会成员提供公共产品和公共服务的非排斥性特征,决定了分享公共产品和公共服务的消费者不可能自愿出价,只能采取强制征税的方式,使政府向社会提供公共产品和公共服务的价值得以补偿。

2. 税收的无偿性

税收的无偿性是就政府与具体纳税人而言,权利和义务关系是不对等的。政府向纳税人征税,不是以具体提供公共产品和公共服务为依据,而纳税人向政府纳税,也不是以具体分享公共产品和公共服务利益为前提。因此,就政府和纳税人之间的具体关系而言,纳税人从消费公共产品和公共服务分享利益是无偿的,而政府向纳税人征税也是无偿的。税收的无偿性也是由税收作为补偿公共产品和公共服务价值的这一性质决定的。尽管政府税收同政府提供公共产品和公共服务在价值上必须是对等的,否则公共产品和公共服务就无法提供,但消费者对公共产品并不表示偏好,提供公共产品的政府对消费者的公共产品受益也无法测度。因而不能采取直接的价格形式,只能采取间接的税收形式,从而决定了税收的无偿性特点。

3. 税收的固定性

税收的固定性是指政府通过法律形式,按事先确定的标准征税。首先,税收固定性表现在对什么征税、征多少税、由谁缴税必须是事先明确的,而不是任意确定的;其次,税收的标准必须是统一的;最后,税收征纳关系以法律为依据,是相对固定的。税收的固定性特征既是税收补偿公共产品价值的内在要求,同时也为政府提供公共产品创造了条件。

税收的上述三个特征,是相互联系、不可分割的统一体。税收的无偿性决定着征收的强制性,因为,如果是有偿的话,就不需强制征收;而税收的强制性和无偿性,又决定和要求征收的固定性,否则,如果国家随意征收和纳税人随意纳税,那么这既会侵犯和损害纳税人的利益,又会影响财政收入的稳定增长。所以,税收是强制性、无偿性和固定性的统一,三者缺一不可,只有同时具备这三个基本形式特征,才是真正意义上的税收。

（二）税制要素

税收制度由纳税人、征税对象、税目、税率、纳税环节、纳税期限、附加或减免及违章处理等基本要素构成。

1. 纳税人

纳税人，即税法规定的直接负有纳税义务的单位和个人，是缴纳税款的主体。纳税人也称纳税义务人，可以是法人，也可以是自然人。纳税人依据纳税对象的性质来确定，每一种税都有关于纳税人的规定。

2. 征税对象

征税对象，也称课税对象或纳税客体，即对什么进行征税。它规定了每一种税的征税范围，是一种税区别与另一种税的主要标志。征税对象是国家征税的基本依据。

与征税对象相关的是税源（tax source），指税收的基本来源。征税对象与税源是两个密切相关的不同概念，它们有时是一致的，如所得税的征税对象和税源都是纳税人的所得。但它们有时又是不一致的，如车船税的征税对象是在国内行驶的车辆和船舶，而税源是车船使用人的收入。征税对象解决对什么征税的问题，税源则表明纳税人的负担能力。

与征税对象密切相关的另一个概念是税基。税基（tax base）又称计税依据，是征税对象在量上的具体化，它表明在具体征税过程中政府按什么计算税额。比如，所得税的征税对象是所得，这只是一个质的规定；为了明确纳税人到底应交多少税，还必须按照税法的规定计算出他的所得额到底是多少，这就涉及征税对象量的方面。在有些情况下，征税对象的数量直接构成税基，如现行税法规定对每吨啤酒征收 220 或 250 元的消费税；但在更多场合，税基只是征税对象数量的一部分，而不是全部。比如，个人所得税的征税对象是个人所得，但并非所有的个人所得都构成税基。实际上，个人所得额需要依照税法，在经过一系列扣除和调整之后，才能作为税基。

3. 税目

税目（tax items）是按征税对象规定的应税项目，是征税对象的具体化，反映征税的具体范围和广度。税目的作用主要是两方面：一是明确征税范围，即解决征税的广度问题，通过确定税目划定征税的具体界限，凡列入税目者征，不列入税目者不征。二是解决对征税对象的归类，即每一个税目就是征税对象的一个具体类别，通过这种分类便于贯彻国家的税收政策，即对不同的税目进行区别对待，制定差别税率，为一定的经济政策目标服务。

4. 税率

税率(tax rate)是应纳税额与征税对象数额或税基之间的法定比例,是计算应纳税额的依据,反映税收负担的尺度和征税的深度,是税收制度的中心环节。

名义税率和实际税率。税率有名义税率和实际税率之分。名义税率是税法上规定的税率。实际税率是纳税人实际缴纳的税额占征税对象数额或税基的比例。在实践中,由于税收优惠、税收规避等原因,名义税率和实际税率之间往往存在一定的差异。

平均税率与边际税率。税率还有平均税率和边际税率之分。平均税率指的是全部应纳税额占全部税基的比例;边际税率指的是应纳税额的增量与税基增量之比,也即最后一个单位税基所适用的税率。

比例税率、累进税率与定额税率。按照边际税率的变动情况,税率可以分为三种形式,即定额税率、比例税率和累进税率。比例税率,即对相同的征税对象不论其数额大小,均按同一比例计征的税率。它具有计算简便、负担率明了、激励作用较强的优点,但它不能兼顾纳税人的实际负担能力,累进税率,指随着征税对象数量的增大而相应逐级提高计征比例的一种税率。它能对纳税人的收入进行弹性调节,符合公平税负、合理负担原则。它的不足之处在于计算相对复杂,且对效率的提高有一定的抑制作用。定额税率又称固定税率,是按征税对象的实物计量单位直接规定固定的税额,采用从量计征的方法征收,税收收入不受征税对象价格变动的影响。

累进税率又分为全额累进税率和超额累进税率两种形式。全额累进税率是指全部税基都按照与之相适应的那一档税率征税,随着税基的增加,税率逐步提高。在全额累进税率下,一个纳税人只适用一个税率,实际上相当于按税基的大小规定不同的比例税率。超额累进税率是指将税基分成不同等级,每个等级由低到高分别规定税率,并分别计算税额,加总后即为应征税额。换言之,在税额累进税率下,当征税对象超过某一等级时,仅就其超过部分适用高一级税率。

5. 纳税环节

纳税环节是指在商品流转过程中应当缴纳税款的环节。如工业品要经过工业生产、商品批发和商业零售等环节;农产品要经过农业生产、商品采购、商品批发和商业零售等环节。产品在流转中应确定在什么环节缴纳税款,是一个十分重要的问题,它关系到税制结构和整个税收体系的布局,关系到税款能否及时足额入库,关系到地区间对税款收入的分配,关系到是否便于纳税人缴纳税款等问题。因此,纳税环节成为税制构成的一个要素。

6. 纳税期限

纳税期限是指纳税单位和个人缴纳某一种税款的期限。纳税期限的确定,一是根据国民经济各部门生产经营的不同特点和不同征税对象决定,如农业税一般分夏、秋两季征收;企业所得税按全年所得额计算征收,实行按季(月)预征,年终汇算清缴,多退少补。二是根据纳税人缴纳税款数额的多少决定,如营业税是根据企业经营状况和税额大小,分别规定不同期限,最长不超过一个月。三是根据纳税行为发生和特殊情况实行按次征收,如屠宰税、营业税中的临时经营应纳税款等,于每次经营行为发生后立即征收,以免发生偷漏行为。

7. 附加与加成

附加一般指地方政府在正税之外附加征收的一部分税款。税制上通常把按国家税法规定的税率征收的税款称为正税,而把正税以外征收的税款称为副税。附加的比例有两种形式:一种是按征税对象的数额征收一定比例的附加;另一种是按正税税额征收一定比例的附加。附加收入一般由地方财政支配。比如,我国的城乡维护建设税就是由地方财政在增值税、营业税等流转税收入的基础上,附加一定比例征收的。

加成是按应征税额的一定成数(或倍数)加征税款,是税率的延伸形式。国家为了限制某些经济活动,或调节某些纳税人的所得,可以采取加成征收税款的方法。如我国个人所得税法规定,劳务报酬所得,适用比例税率,税率为20%。对于劳务报酬所得一次收入畸高的,可以实行加成征收。超过2万~5万元的,按税法规定计算的税额,加征五成;超过5万元的,加征十成。

8. 减税免税

减税免税是为了发挥税收的奖励、限制作用或照顾某些纳税人的特殊情况而作出的规定。它是税法的原则性与必要的灵活性相结合的体现,有利于贯彻国家经济政策,支持某些行业、产品和经营项目的发展,实现宏观经济均衡发展和国家经济发展目标。

减免税的主要内容,一是减税和免税,即对应纳税额少征一部分或全部免征。二是起征点,即税法规定的征税对象达到征税数额开始征税的界限。征税对象数额未达到起征点的不征税,达到或超过起征点的按其全部数额征税,而不是仅就超过部分征税。三是免征额,即征税对象中免予征税的数额。它按一定标准从征税对象总额中减除,免征额部分不征税,只对超过免征额的部分征税。

我国目前对减免税的范围和内容作了较大的调整,较大幅度地压缩了减免税项目,除确有必要保留的税收减免政策在税法中明确规定外,执行中一般不再减免税。对政策性的减免税,目前实行先征后返的办法;对经营性亏损企业的减免将随着企业破产、兼并制度及社会保障制度的建立和完善而逐步取消;对由于自然灾害等客观原因需要扶持的企业,原则上由财政统筹考虑,通过财政支出的形式解决。

9. 违章处理

违章处理是对纳税人违反税法行为的处理。它对维护国家税法的强制性和严肃税收纪律有着重要的意义。纳税人的违章行为通常包括:偷税,即纳税人有意识地采取非法手段不缴或少缴税款的违法行为；欠税，即纳税人不按规定期限缴纳税款而拖欠税款的违法行为；抗税，即纳税人对抗国家税法而拒绝纳税的严重违法行为。对上述现象，根据情节轻重，分别采取限期缴税、加收滞纳金、扣押、查封财产、通知纳税人开户行暂停付款直至追究刑事责任等方式进行处罚。

二、税收原理

（一）税收原则

税收原则又称税收政策原则或税制原则。它是制定税收政策、设计税收制度的指导思想，也是评价税收政策好坏、鉴别税制优劣的准绳。税收原则通常以简洁明了的税收术语，高度抽象地概括税收政策制度决策者的思想意志，以全面、系统的原则体系，综合反映社会对税收政策制度的多方面要求。税收原则一旦确立，就成为一定时期国家据以制定、修改和贯彻执行税收法令制度的准则。

亚当·斯密是历史上明确、系统地阐述税收原则的第一人。他从经济自由主义的立场出发，提出了税收的平等、确定、便利和最少征收费用等四项原则；瓦格纳（Wagner, A.）则在此基础上进一步丰富了税收的四大原则，即：① 财政收入原则。一是充足原则，税收收入应能充分满足国家财政的需要。二是弹性原则，即税收收入能够适应财政支出的变化。② 国民经济原则。一是慎选税源原则，税源的选择应有助于保护资本；主张以国民所得为税源，而不能以资本所得和财产所得为税源。二是慎选税种原则，税种的选择应考虑税负转嫁问题，尽量选择难于转嫁或转嫁方向明确的税种。③ 社会正义原则。一是普遍原则，税负应遍及每一个社会成员，人人有纳税义务。二是平等原则，应根据纳税能力的大小征税，通过累进税、免税等措施，达到社会正义目标。④ 税收行政原则。一是确定原则，纳税的时间、方式和数量等应预先规定清楚；二是便利原则，纳税手续尽量简便，以方便纳税人；三是节省原则，节省征收费用。

现代税收原则是在古典税收原则的基础上发展起来的，它是依据税收在现代经济生活中的职能作用加以概括的，包括公平原则、效率原则、稳定与增长原则（见图 7-1）。

1. 税收的公平原则

税收的公平原则强调税收应有助于实现收入的公平分配。公平原则是税收的首要原则，这一方面是由于公平对维持税收制度的正常运作是必不可少的，另一方面是由于税收矫正收入分配的作用对于维护社会稳定是不可或缺的。

税收公平原则应从两个角度理解：一是横向公平，即福利水平相同的人应缴纳相同的税收；二是纵向公平，即福利水平不同的人应缴纳不同的税收。可见，公平原则的关键在于福利水平的定义及其衡量。从这个意义上说，税收公平原则问题

```
                                              ┌──────────────────┐
                                              │     受益原则       │
                              ┌─── 公平原则 ───┤                  │
                              │               │    纳税能力原则     │
                              │               └──────────────────┘
        ┌───────┐             │       ┌──────────────────┐
        │ 现    │             │       │    充分与弹性原则   │
        │ 代    │             │       ├──────────────────┤
        │ 税    │             │       │      中性原则      │
        │ 收 ───┼─── 效率原则 ──┤      ├──────────────────┤
        │ 原    │             │       │   税务行政效率原则   │
        │ 则    │             │       ├──────────────────┤
        │       │             │       │      校正原则      │
        └───────┘             │       └──────────────────┘
                              │               ┌──────────────────┐
                              │               │     自动稳定器      │
                              └─ 稳定与增长原则 ─┤      相机抉择       │
                                              ├──────────────────┤
                                              │      慎选税源       │
                                              └──────────────────┘
```

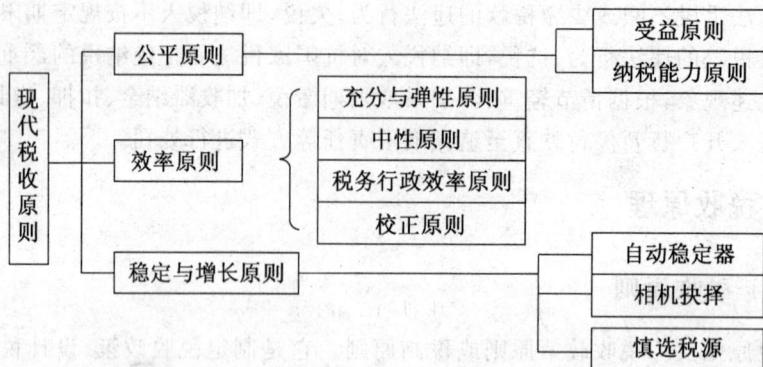

图 7 - 1 现代税收原则

实质上就是如何确立税收公平标准的问题。依据不同的标准,人们对税收公平原则作出了许多种解释,大体可以概括为两类:受益原则和纳税能力原则。

(1) 受益原则

受益原则(benefit principle)要求每个人所承担的税负应当与他从公共产品中的受益相一致。每个人从公共产品中受益不同,导致他们在福利水平的提高上存在差别。根据受益原则,横向公平意味着从公共产品中获益相同的人应缴纳相同的税收;而纵向公平意味着受益多的人多纳税,受益少的则少纳税。受益原则又可以细化为不同的方面。

① 一般受益原则。在严格的受益原则下,每个纳税人缴纳的税收应与他对政府提供的公共产品的要求相一致。由于每个人对公共产品的偏好不同,所以也就没有一个能够适用于所有人的一般税收规范。这样,最佳税制就取决于偏好的具体模式。如果收入相同的纳税人有相近的偏好,在一般受益原则下,税收制度就取决于公共产品需求的收入弹性和价格弹性。

② 特殊受益原则。要实行受益原则,就必须知道每个纳税人从政府支出中受益多少,能真正做到这一点的只限于一些特定的场合。特殊受益原则要求对政府服务的特定使用者课征税收或收取费用。

③ 间接替代征收原则。直接衡量纳税人从某种政府服务中得到多少利益存在技术上的困难,在许多场合下人们以间接替代的方式实现受益原则。例如,政府修建公路,但对使用公路直接进行征税存在困难,可以采用征收汽油税、汽车税和其他汽车产品税,以此作为对公路使用的间接替代征收。

受益原则实际上是把公民缴纳税款与政府提供服务看成一种类似于市场交易的过程。税收被视为政府所提供的公共产品的价格,每个人根据自身的偏好来评价政府提供的公共产品,并按边际效用支付。这样,假如政府能够清楚地了解社会上的每个成员对于公共产品的偏好,它就能够按照边际效用的大小向各成员收税。

由此,政府不仅可以确定公共产品的有效规模,而且也能够使每个社会成员的福利得到改进。

受益原则的突出特点是直接把政府收入和支出联系起来。在受益原则下,衡量福利水平变动的标准随特定的税收-支出结构而定。当政府提供某种特定的服务(即特定的支出类型)时,就要依据社会公众的受益情况,收取一定的费用或税收。因此,从某种意义上说,受益原则不仅适用于评估税收制度,也适用于评估整个税收-支出结构。

尽管受益原则在理论上很有吸引力,但在实践中,该原则的应用存在以下困难:① 实行受益原则要求每个纳税人缴纳的税收和他对公共服务的需求一致,或者必须测定每个纳税人从公共支出中到底享受了多少利益,这是很难的。这意味着,总体税收按受益原则进行分摊是做不到的。因此,这一原则只适合于衡量某些特定范围的受益税税种。比如说,我们可以根据纳税人从政府提供的公路建设支出中享受利益的多少来课征汽车税和汽油消费税,但我们却很难说清纳税人从政府的国防和教育支出中享受到多少利益,因而不可能根据每个人的受益情况确定其应纳税额。② 体现受益原则的税收不改变市场体系所决定的初次分配格局。如同个人在市场上用自己的收入购买自己所喜欢的私人产品一样,每个人用自己的收入购买政府所提供的公共产品。可见,受益原则维护的是收入分配规则的公平,而无助于实现收入分配结果的公平。对那些作为政府的社会救助支出对象的穷人和残疾人来说,他们的纳税能力很小,甚至完全没有纳税能力,根本无法根据受益原则向他们征税。然而,我们实际上无法区分政府用于提供公共服务的税收和用于实现收入再分配的税收。因此,对政府用于实现再分配目的的转移支付所需的那部分税收来说,受益原则是不适用的。这意味着,按受益原则征税只能解决税收公平的部分问题,而不能解决所有问题。

（2）纳税能力原则

纳税能力原则(ability-to-pay principle)就是根据每个人纳税能力来确定其应当承担的税收。根据纳税能力原则,横向公平可以解释为具有相同纳税能力的人应缴纳同等的税;纵向公平可以解释为具有不同纳税能力的人缴纳不同的税,即纳税能力大的人多纳税,纳税能力小的人少纳税,无纳税能力的人不纳税。这是公认的比较合理且易于实行的衡量税制公平的标准。按照这一原则,税制是否公平是从税收自身考虑的,与政府支出无关。这是完全不同于受益原则的。

那么,应当怎样衡量每个人的纳税能力呢?这要求有一种能对纳税能力进行衡量的数量标准。从理想的角度看,这一标准应该能够反映每个人从所有可供他选择的机会中得到的全部福利,包括当期消费、未来消费、财富占有、对闲暇的享受等,但这种全面的衡量标准是不现实的。理论界对于什么是衡量纳税能力的最优标准,主要存在客观说和主观说两种不同的观点。

115

① 客观说

客观说主张,应当以个人拥有的财富,作为测度其纳税能力的标准。纳税人的财富有多种表示方式,作为衡量纳税人的纳税能力的标准,从税基讲包括收入、消费和财产。

一是收入。收入通常被认为是衡量纳税人的纳税能力的最好标准。因为收入体现了一定时期内纳税人对经济资源的支配权,最能决定纳税人在特定时期内的消费或增添其财富的能力。主张以收入作为纳税能力衡量标准的学者认为,收入多者表示其纳税能力大,反之则小。收入作为纳税能力的衡量标准,已为绝大多数人所接受。目前,发达国家所得税收入占政府收入的比重一般都很高,反映了把收入作为纳税能力标准的税基选择。

将收入作为纳税能力衡量标准的主要问题是:应当如何确定收入的统计口径?

首先,以单个人的收入为标准还是以一组人的平均收入(如家庭平均收入)为标准? 两个人收入相同,但负担不同,如果缴纳同等税收,显然有失公平。

其次,以货币收入为标准还是以经济收入为标准? 获得同等经济收入的两个人,可能一个人为别人工作,获得一定的货币收入,而另一个人则为自己工作,获得的是自身所需的生活用品,并未形成货币收入。如果以货币收入为衡量标准,则会出现一个人要缴纳税收而另一个人无需纳税,这显然并不公平。

第三,以总收入为标准还是以扣除某些支出后的净收入为标准? 同等收入的两个人,但其成本支出可能大不一样(比如其中一人体弱多病,需支付较多的医疗费用),实际取得的净收入并不相同,纳税能力显然是有差别的。

第四,如何界定收入的范畴也是一个问题。形成收入的来源有很多种,除劳动收入外,还有不劳而获的意外收入(如彩票中奖收入等),如果将不同来源的收入不加区分,都视作一般收入进行征税,同样有失公平。

二是消费。不少人主张将消费作为衡量纳税能力的标准。这种观点认为,以收入来衡量纳税,收入多的人就要多纳税,这是不公平的。因为在市场经济中,收入多表明一个人对生产所作的贡献大,显然不能要求贡献大的人多纳税。同时,如果收入用于储蓄,就会成为投资的源泉,而增加投资是经济增长的重要因素,可造福于未来。此外,按收入标准设计的所得税,扭曲了人们在当前消费和未来消费之间的选择,导致了税收的超额负担。

消费则不然,它反映着一个人对经济资源的使用,消费多的人表明他使用了较多的社会资源和得到更大的利益,自然应当缴纳更多的税收。同时,以消费作为衡量纳税能力的标准,就意味着仅课征商品税而不课征所得税,并且只对消费品征税。这有助于抑制消费,鼓励投资,从而有助于促进经济增长。

不过,以消费作为衡量纳税能力的标准,也有不足之处。不同的人可能有着不同的消费倾向,同等收入的人消费支出可能有着较大的差异。假如单纯以消费支出来确定纳税能力的话,也会产生不公平。

三是财产。财产也被认为是衡量纳税能力的指标。财产代表着纳税人对其所拥有的经济资源的独立支配权,反映着个人的经济能力。纳税人可以利用财产赚取收入,或者通过获得遗产、赠予等使财富增加,增强其纳税能力。

但是,按纳税人拥有的财产来衡量其纳税能力,也有一些缺陷:一是数额相等的财产未必会给纳税人带来相同的收益;二是有财产的纳税人中,负债者与无债者情况不同,财产中的不动产与动产情况也不同;三是财产种类繁多,实践上难以查实和评估。因此,仅以财产作为纳税能力的标准也是不公平的。

总之,从上述三种衡量纳税能力的标准看,任何一种都难免存在片面性,绝对公平的标准是不存在的。一般认为,可以一种标准为主,同时兼顾其他标准。

② 主观说

主观说认为,衡量纳税能力应以每个人因纳税而感受的牺牲程度为标准。牺牲程度的测定以纳税人纳税前后从其财富中得到的效用的差量为准。征税使纳税人的效用降低,因此,如果征税使每一个人所感受的牺牲程度相同,税制就是公平的,否则就不公平。

在经济学中,用牺牲程度来确定税制的公平,需要估计纳税人效用方面的牺牲,并进行比较。出于对效用牺牲均等的不同理解,存在均等绝对牺牲、均等比例牺牲和均等边际牺牲三种不同的理论。一是均等绝对牺牲,指每个纳税人因纳税而牺牲的总效用相等,在全部效用中都受到相同的损失。二是均等比例牺牲,指每个纳税人因纳税而牺牲的效用与其税前总效用之比相同。三是均等边际牺牲,指每个纳税人在纳税之后的最后一个单位货币收入的效用应当相等。

(3) 受益原则与纳税能力原则的权衡

从衡量税收公平的标准看,受益原则和纳税能力原则各有优点,但这两种原则都不能单独解释税制设计的全部问题,也不能单独地实现税收政策的全部职能。因此,公平的税收制度的设计有赖于两个原则的配合使用。

从技术上看,两个原则的真正实现都存在一定困难。无论是度量纳税人从财政支出中得到的收益,还是衡量其纳税能力,都不是轻而易举的事情。当然,尽管二者各有缺陷,但两个原则的配合运用,能够为公平税制的设计提供较为理想的选择。

2. 税收的效率原则

税收的效率原则要求税制的设计应有助于实现资源的有效配置。一方面,要解决税收收入总水平的确定问题;另一方面,要确保在收益既定条件下由税收所造成的社会成本达到最小化。此外,税制的设计还应有助于纠正市场失灵(如外部效应等)。

117

(1) 充分与弹性原则

一方面,税收应能为政府活动提供充裕的资金,保证政府实现其职能的需要;另一方面,税收收入应当能够随着国民收入的增长而增长,以满足长期的公共产品与私人产品组合效率的要求。

税收是为公共产品提供筹集资金,税收的充分与否则取决于其是否能够满足提供适当规模的公共产品的需要,即取决于是否能够最大限度地改进公共产品与私人产品之间的配置效率,以实现社会福利的最大化。随着经济的发展,社会所需的公共产品将逐步增加,也就需要税制的设计必须能够确保税收弹性增长的空间,以满足日益增长的公共产品需求。

(2) 中性原则

税制的设计应能够保证纳税主体纳税前后经济行为的一致性;政府课税不应干扰或扭曲市场机制的正常运行,或者说不影响私人经济部门原有的资源配置状况,不影响市场中的各种相对价格。这就是税收的中性原则。

如果市场机制是有效的,私人经济就能够在自发运行的条件下,实现资源配置的有效状态。如果税收的课征仅仅使经济资源由私人部门转移到政府部门,那么,从全社会的角度看,由于政府可以将税收用于提供公共产品以增进社会福利上,所以这种资源转移本身并不会造成损失。但在现实经济中,大部分税收具有选择性,它们往往会使税后市场中的各种相对价格,如产品之间的相对价格、生产要素之间的相对价格、劳动与闲暇之间的相对价格、当前消费与未来消费之间的相对价格等发生变化。这些变化会改变市场活动过程中的消费者的消费决策行为或生产者的生产决策行为,从而改变私人经济部门原有的资源配置状况,使市场机制正常运作的效率受到损害。由此造成的负担或损失则是无法用政府税收的收益来弥补的,对经济来说是一种不必要的效率损失,这种因课税而带来的净损失或额外负担则被称为税收的无谓损失(dead-weight loss)或超额负担(excess burden)。

中性税收(neutral tax)是指不改变市场中的各种相对价格,对私人部门的经济决策不构成扭曲,不会导致超额负担的税收。要实现税收制度的高效率,则必须降低、消除税收所造成的超额负担。

① 税收的超额负担——哈伯格三角

美国学者哈伯格(Harberger, A. C.)率先提出税收超额负担的测定方法。假定某一商品市场是竞争性的,并且不存在外部性等因素的影响。图7-2中,D_0 表示市场需求曲线,S_0 为市场供给曲线。在征税前,市场均衡点为 E_0,均衡价格和产量分别为 P_0、Q_0。图中,三角形 CBE_0 反映了商品的社会净收益,即消费者剩余 $S_{\triangle CP_0E_0}$ 和生产者剩余

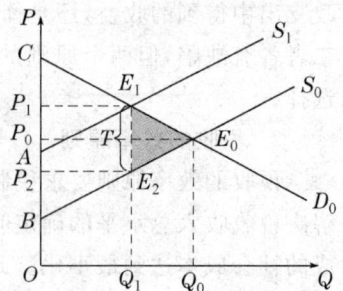

图 7-2 税收的超额负担

$S_{\triangle P_0 B E_0}$ 的总和。

政府对商品进行征税,假定政府针对生产者征收从量税,对每一单位的商品征收 T 单位税收,则供给曲线则会由 S_0 上移至 S_1,均衡点则由 E_0 移至 E_1。此时,税后价格上升至 P_1,而生产者得到的价格实际仅为 $P_2(=P_1-T)$,产出水平则下降至 Q_1。图 7-2 显示,消费者剩余下降为 $S_{\triangle C P_1 E_1}$,生产者剩余则变动为 $S_{\triangle P_1 A E_1}$ $(=S_{\triangle P_2 B E_2})$,而政府的税收收入为 $S_{长方形 P_1 P_2 E_2 E_1}$。因此,社会净收益则为 $S_{梯形 C B E_2 E_1}$ (=消费者剩余+生产者剩余+政府税收收入)。

比较税前税后,社会净收益减少了 $S_{\triangle E_1 E_2 E_0}$,这就是税收超额负担,即税收造成的社会福利的损失。这个三角形也被称为"哈伯格三角"。

② 税收的收入效应与替代效应

对消费者来说,流转课税一般会带来两种效应:一是收入效应,二是替代效应。收入效应是指课税使消费者的实际购买力下降,从而在商品相对价格不变的条件下所导致的购买量变动。替代效应则是指在效用不变的前提下,因商品相对价格变动,使消费者更多购买相对便宜的商品,而减少购买变得相对较贵的商品。

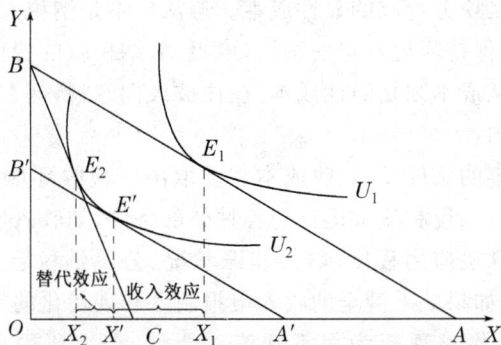

图 7-3　税收的收入效应与替代效应

如图 7-3。税前消费者的预算约束线为 AB,即按照税前价格,消费者的收入水平能够购买商品 X 的最大数量为 OA,能够消费商品 Y 的最大数量为 OB。由消费者的预算约束线 AB 与无差异曲线 U_1 的切点可知消费者的均衡点为 E_1。此时,消费者对商品 X 的消费量为 X_1。

如果政府对商品 X 课税,使得商品 X 含税价格上升。消费者预算约束线则随之变为 BC,其最优消费决策则变动为预算约束线 BC 与无差异曲线 U_2 的切点 E_2。此时,消费者对商品 X 的消费量为 X_2。作一条平行于原预算约束线 AB 的直线 $A'B'$,并与无差异曲线 U_2 相切于点 E'。这样就可以分解出税收的收入效应和替代效应。图 7-3 中,对 X 课税使得消费者实际购买力下降,在商品 X 与 Y 的相对价格保持不变的情况下(图中表现为预算线斜率不变),消费者对商品 X 的消

费量从 X_1 下降到 X',这一变动反映了税收的收入效应;考虑商品 X 与 Y 相对价格的变动,在保持效用水平 U_2 不变时,消费者的最优决策将使商品 X 的消费量从 X' 进一步下降到 X_2,这一变动则反映了税收的替代效应。

进一步的分析表明,超额负担的形成,主要在于税收的替代效应;而收入效应仅仅说明资源从纳税人转移给政府,往往不会产生超额负担,从而损害经济效率。

(3) 税务行政效率原则

征税是用强制性的方式将一部分资源从私人部门转移到公共部门的过程,这种转移不可避免地要耗费一定的人力、物力和财力。这种因征税而发生的资源耗费被称为税收成本。税收成本是实现资源配置效率要求所必须承担的成本;税务行政效率原则强调税收成本的最小化。一般来说,税务行政效率的高低是通过一定时期的直接税成本与入库的税收收入之比来衡量的。比率越低,表明税务行政效率越高;反之则反是。

税收成本由征管成本和遵从成本两部分构成。征管成本是税务当局为征税而发生的各类费用,如税务机关的办公设施、办公设备等费用支出,税务人员的工资和津贴支出等。这是税务行政的显性成本。遵从成本是纳税人为履行纳税义务而发生的各类费用,如保持簿记资料的费用,申报、缴纳税款的费用,进行税务和会计咨询的费用等。遵从成本则是隐性成本,往往被人们忽视,但在分析税务行政效率时必须将其考虑在内。

在税收总量既定的条件下,税收成本主要取决于税收环境和税收制度两个因素。税收环境是指影响税制正常运行的各种外部条件,如收入申报制度、财产登记制度、结算制度、计算机应用程度、财会建账状况、公民纳税意识、法制化程度等。以个人所得税以例,如果缺乏健全的收入申报制度和现代化的经济往来结算制度,公民纳税意识淡薄、偷逃税行为得不到依法严惩,个人所得税的征管成本就会很高。

税收制度与税收成本之间的关系也很密切。一般来说,商品税、财产税的税收成本低于所得税,从量税的税收成本低于从价税,比例税的税收成本低于累进税,公司税的税收成本低于个人税。此外,中央集中管理的税收成本低于分级分散管理,单一环节的税收比多环节的税收成本低等。

(4) 矫正原则

税收的中性原则强调保持税收的中性,不影响市场机制的有效运作;但市场机制本身并不一定是有效率的,市场也可能出现失灵,如外部效应、公共产品、信息不对称以及垄断的存在。因此税收的效率原则也包含对市场失灵的修正。当然在市场经济体制下,税收的中性是税制或税收政策的基调,税收的矫正原则应该被视作对中性原则的一种补充。

3. 税收的稳定与增长原则

税收的稳定与增长原则强调税收应有助于实现宏观经济的稳定运行与持续增长。税收是总供给的一个组成部分，同时，税收又直接或间接地影响总需求中的消费、投资等因素。在宏观经济方面，税收制度往往能起到自动稳定器的功能；而通过税收政策的相机抉择，可以达到稳定经济波动的目的。此外，税收通过对劳动供给、储蓄、投资的影响会影响宏观经济的增长。税收的课征应尽量减少对经济的负面影响，应通过有选择地确定税源推动宏观经济的持续增长。比如，对于新兴产业、企业技术改造、新产品开发给予税收政策优惠，对于高风险的科技产业给予特定税收政策，将会起到鼓励技术进步、促进科技发展的作用，从而推动经济的增长。因此特别是对发展中国家而言，在经济发展过程中，税收的稳定与增长原则也是税制设计中必然考虑的一个重要原则。

（二）税收的转嫁与归宿

在市场经济中，某一种税的最终负担者，即负税人往往并不一定是法定的直接纳税人，这就需要研究税收的转嫁与归宿，其目的在于确定税收的最后归宿点，从而分析各种税收对国民收入分配和社会经济的最终影响，为进行最优的税制设计提供参考和依据。

1. 税收转嫁与归宿的含义

所谓税收的转嫁（shifting of taxation），就是指税法规定的法定纳税人将税收负担全部或部分转移给他人的过程。税收转嫁行为的发生，会使纳税人和负税人出现不一致。

税收转嫁实质上是税收负担的再分配。一般来说，税收负担有政府分配和市场分配两个层面。税收负担的政府分配是指政府依法征税所形成的税负分配，也称税收负担的初次分配。税收负担的市场分配是指政府征税后，纳税人通过市场机制主要是价格机制进行税负转移或转嫁，也称税收负担的再分配。税收负担的再分配一般有三种结果：一是纳税人通过转嫁使全部税负最终落在负税人身上；二是税负无法转嫁而由纳税人自己承担；三是转嫁一部分，纳税人自己承担一部分。税负转嫁程度的高低一般因税种性质的不同而不同，税收制度和征税的经济环境及纳税人在利用转嫁可能性时所采用的手段等也是影响税负转嫁的重要因素。研究税收转嫁有助于政府制定合理的税收政策、建立合理的税收制度，从而合理安排不同纳税人的税收负担，更好地表现税收的公平与效率原则。

所谓税收的归宿（incidence of taxation），是指税收负担经过转嫁后最终的着落点，表明税收负担最终是由谁来承担的。

2. 税收转嫁的形式

（1）前转（forward shifting）。亦称"顺转"，是指纳税人在经济交易过程中，按照课税商品的流转方向,通过提高价格的办法,将所纳税款向前转移给商品或要素的购买者,即由卖方向买方转嫁。

前转是税收转嫁的最典型和最普遍的形式。比如,在生产环节对消费品课征的税款,生产厂商可以通过提高商品出厂价格,把税负转嫁给批发商,批发商再把税负转嫁给零售商,最后零售商再把税负转嫁给消费者。这样,消费者必须付出包括部分税收或全部税收在内的价格购得商品,纳税人是商品的出售者,负税人却是商品的购买者。

(2) 后转(backward shifting)。亦称"逆转",是指纳税人用压低商品或生产要素进价或压低工资、延长工时等方法,将其所纳税款向后转移给商品或要素提供者的一种形式。

税收转嫁之所以表现为后转,一般是因为市场供求条件不允许纳税人以提高商品售价的办法,向前转移税收负担。比如,在零售环节对某流转课税,但该商品的市场价格因供求关系难以提高。这时,零售商无法通过提高商品售价的方法,把税负转移给消费者。他只有设法压低进货价格把税负逆转给批发商,批发商再把税负逆转给生产厂商,生产厂商又通过压低原料价格、劳动力价格(工资)或延长工时等办法,把税负转嫁给原料供应者或雇员。这样,纳税人是零售商或生产厂商,负税人却是原料供应者和劳动者。

(3) 混转(mixed shifting)。亦称"散转",是指纳税人将自己缴纳的税款分散转嫁给多方负担。混转是在税款不能完全向前顺转,又不能完全向后逆转时采用。例如织布厂将一部分税负用提高布匹价格的办法转嫁给印染厂,一部分用压低棉纱购进价格的办法转嫁给纱厂,一部分则用降低工资的办法转嫁给本厂职工等。严格地说,混转不是一种独立的税负转嫁方式,而是前转与后转等的结合。

(4) 消转(diffused shifting)。亦称"税收的转化",是指纳税人通过改善经营管理、改进生产技术、提高工作效率、降低生产成本,从而将所缴纳的税款通过利润的增加获得补偿。严格来说,这并不是税收的转嫁,而是通过内部挖潜,使税负实现自我消化。

(5) 税收的资本化(capitalization of taxation)。它是后转的一种特殊形式,指纳税人以压低资本品购买价格的方法,将所购资本品可预见的未来应纳税款,从所购资本品的价格中一次扣除,从而将未来应纳税款全部或部分转嫁给资本品出卖者。

与一般意义上的后转不同,税收资本化是将累次应纳税款作一次性转嫁。例如,若某一资本品在各年末能够产生长期收益流 $R_1, R_2, \cdots, R_n$,那么其现值计算公式为:

$$PV = \frac{R_1}{1+r_1} + \frac{R_2}{(1+r_1)^2} + \cdots + \frac{R_n}{(1+r_n)^n} = \sum_{i=1}^{n} \frac{R_i}{(1+r_i)^i}$$

其中，r_i 为 i 年的利率即贴现率。如果不存在税收，那么该资本品在出售时，买方所能接受的价格即为现值 PV。当政府决定对该资本品收益每年征收 T_i 的税收，则资本品的现值变为

$$PV' = \frac{R_1 - T_1}{1 + r_1} + \frac{R_2 - T_2}{(1 + r_1)^2} + \cdots + \frac{R_n - T_n}{(1 + r_n)^n} = \sum_{i=1}^{n} \frac{R_i - T_i}{(1 + r_i)^i}$$

此时，买方为购买这一资本品愿意支付的价格也下降为 PV'，并将其以后应缴纳的税收一次性地转嫁给了卖方。

税收资本化主要发生在土地等某些能产生长久收益的资本品的交易中。在其他条件不变的情况下，如果征收土地税，地价就会下降。

3. 税收转嫁的经济分析

(1) 向谁征税是否重要

图 7-4 中，如果暂不考虑 D' 和 S' 这两条曲线，那么图(a)和图(b)是完全相同的。它们都表示不征税时的市场均衡，此时均衡价格为 P^*。

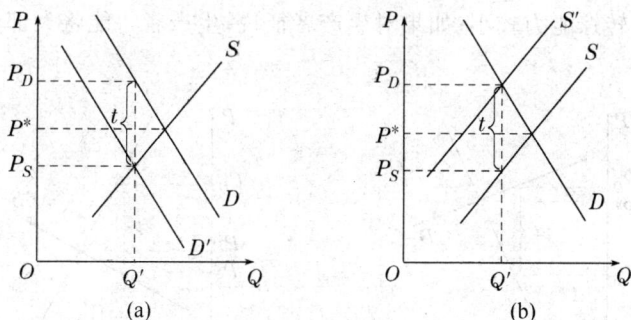

图 7-4　向谁征税与税收负担

首先分析向消费者征收 t 单位的从量税，即购买一单位产量，消费者除了要向生产者支付价格 P_S 外，还需向政府支付 t 单位的税收。图 7-4(a)显示，消费者实际支付的总成本为 P_D，均衡产量则减少至 Q'。在这个分析中，需求曲线则从 D 垂直下移至 D'，移动幅度为 t 单位。

如果是对生产者征收 t 单位的从量税，则变动的是供给曲线。图 7-4(b)显示，供给曲线则会从 S 垂直上移至 S'，上移幅度同样为 t 单位。也就是说，征税后，生产者会提高商品售价以补偿税收负担，于是，均衡产量会减少至 Q'；生产者从销售者处获得的税前价格为 P_D，其中生产者最终获得的是 P_S，其余的 t 单位则以税收的形式缴纳给了政府。

对照两种不同的征税方式。可以发现，无论是向消费者还是生产者征税，最终的结果却是一样的：消费者支付的价格为 P_D，均衡产量为 Q'。

(2) 税收转嫁与供需弹性相关

在图 7-4 中,征税后,消费者支付的价格水平从 P^* 上升至 P_D,而生产者最终获得的价格水平则从 P^* 下降至 P_S。这就能够反映出政府所征收的 t 单位税收,消费者承担的部分为 $(P_D - P^*)$,而生产者则承担了 $(P^* - P_S)$。那么,两者各自承担的部分是由什么决定的呢?显然,消费者的需求价格弹性与生产者的供给价格弹性决定两者负担税收的比例。消费者需求价格弹性越大,则消费者面临的价格上升的幅度就越小,即其负担的税收部分就越小;而生产者的供给价格弹性越大,则生产者面临的价格下降幅度就越小,即其负担的税收部分就越小。

图 7-5(a) 中,需求价格弹性大于供给价格弹性,生产者承担 t 单位税收的大部分 $(P^* - P_S)$。这说明在需求比供给更富弹性时,如果对消费者征税,则消费者能将大部分税收转嫁给生产者。如果对生产者征税,生产者的税收转嫁能力则较小。相反,图 7-5(b) 中,供给价格弹性大于需求价格弹性,消费者则承担 t 单位税收的大部分 $(P_D - P^*)$。这说明在供给比需求更富弹性时,如果对消费者征税,则消费者的税收转嫁能力较小;如果对生产者征税,生产者将能将大部分税收转嫁给消费者。

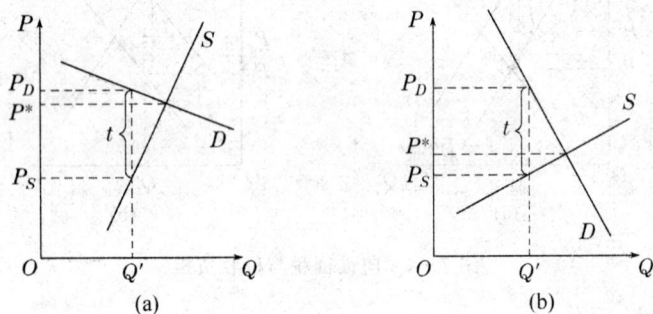

图 7-5　税收转嫁与弹性

(三) 税收的经济效应

如前所述,税收效应可以分为收入效应和替代效应两个方面。我们已经分析了流转课税对消费者购买决策的影响,下面将进一步分析课税对劳动供给、储蓄与投资的经济效应。

1. 税收与劳动供给

分析税收对劳动供给的影响,要理解劳动者的时间是由工作与闲暇两部分组成的;工作与闲暇之间存在着一种替代关系。劳动者选择工作能够获得一定的劳动收入,但由此而放弃的闲暇会使其损失一定的闲暇效用。因此劳动者的劳动供给决策则是要在工作取得收入与享受闲暇之间进行选择。

　　图7-6分析了税收对劳动供给的影响。征税后,劳动者收入与闲暇的均衡点从E_1调整至E_2,即征税使得收入下降,导致劳动者增加闲暇时间,从L_1增加到L_2,从而相应减少了工作时间。考虑税收对劳动供给的收入效应,是指征税后减少了个人可支配收入,劳动者为维持既定的收入水平不变,则需要减少或放弃闲暇,增加工作时间。图7-6中,在收入效应下,征税会使劳动者减少闲暇时间,从L_1减少到L_3,从而提供更多的劳动,以挣得更多收入维持以往的收入水平。考虑税收的替代效应,是指政府征税会使闲暇与劳动的相对价格发生变化,闲暇的相对价格降低,从而引起劳动者以闲暇替代劳动。图7-6中,在替代效应下,劳动者的闲暇时间则从L_3增加到L_2,从而减少了工作时间。

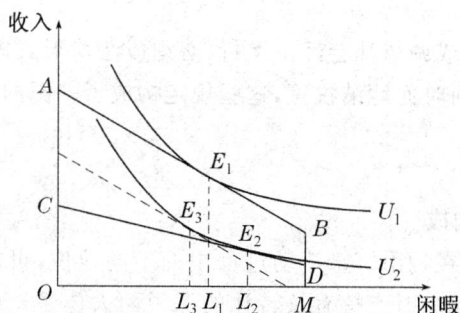

图7-6　税收与劳动供给

　　由此可见,税收对劳动供给的收入效应与替代效应呈反方向运动,前者刺激人们更加努力工作,后者则促使人们减少劳动供给。当然,征税使得劳动供给是增加还是减少,则取决于收入效应与替代效应的强弱对比。当收入效应大于替代效应时,劳动供给会增加;而收入效应小于替代效应时,劳动供给则会减少。

2. 税收与储蓄

　　分析税收对储蓄的影响,应将储蓄视为未来的消费。家庭(居民)的决策则是要在未来消费与即期消费之间进行选择,以实现效用的最大化。当收入既定时,储蓄(未来的消费)与即期消费之间存在着一种替代关系。因此这里的分析也根据收入效应与替代效应的一般分析方法进行。

　　如果仅针对个人所得进行征税,那么税收对储蓄只有收入效应,即征收个人所得税会减少纳税人的个人可支配收入,使得纳税人降低即期消费和储蓄水平。但如果对储蓄利息(收益)征收利息税,则会同时产生收入效应和替代效应,收入效应在于利息税的征收降低了个人的实际收入,导致个人储蓄水平的降低;而替代效应则使得即期消费与未来消费(储蓄)的相对价格发生了变化,即未来消费的价格变得相对昂贵,而即期消费相对价格降低了,这也就会使个人降低储蓄的意愿,引起纳税人以即期消费替代未来消费,从而进一步减少储蓄。

3. 税收与投资

税收对投资的影响,同样是通过替代效应和收入效应来实现的。因此可以运用收入效应与替代效应的一般分析方法进行分析。其中消费与投资之间存在着一种替代关系。

一方面,课征公司所得税,会降低投资者的税后净收益,而投资者为了维持过去的收益水平会趋向于增加投资,这就产生了税收的收入效应;另一方面,课征公司所得税导致纳税人投资收益率降低,如果因此而导致纳税人投资意愿降低,减少投资并以消费替代投资,则会产生税收的替代效应。

三、税收制度

政府为取得收入或调节社会经济运行,必须以法律形式规定对什么征税、向谁征税、征多少税以及何时何地纳税等,这些规定构成了一国的税收制度,简称税制。

(一) 税收体系

1. 税收体系的构成

一般按征税对象在货币资金流动过程中的不同地位,可以将税收区分为货币资金运动过程中的课税、财产持有及转让的课税两大体系。前者相当于对国民收入的流量征税,后者相当于对国民收入的存量征税。各国一般将绝大部分的税收课征于国民收入的流量上。为此,我们需要结合国民经济的循环运动进行考察。

国民经济的运作是一个周而复始、不断循环的过程(如图 7-7 所示),假定经济中只有居民和企业两个部门,即"两部门经济"。该经济存在着两种方向相反的循环运动:一种是产品和要素的实物流动,一种是收入和支出的货币流动。

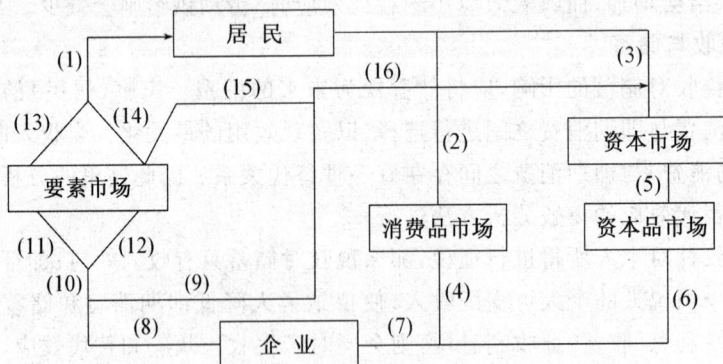

图 7-7 货币流动与课税点

居民向企业提供各种生产要素,并从企业取得收入,形成居民收入(1)。居民收入用于两个方面:一部分用于消费(2),通过在消费品市场上购买企业提供的产品和服务,形成企业产品和服务的销售收入(4)。另一部分用于储蓄(3),通过资本市场,以投资支出形式(5)进入资本品市场购买企业提供的资本品,形成企业资本品的销售收入(6)。企业销售收入(7)形成后,首先要扣除购买原材料、零部件等的价款(8),然后计提折旧(9),其余部分(10)则用于缴纳社会保险税(11)(由企业缴纳的部分),并支付资本的利润和利息(12),以及用于其他要素投入,形成各种生产要素所获得的报酬,包括工资(13)、股利(14)、利息、租金等,最终又变成居民收入(1)。此外,企业还保留一部分利润不予分配,这些未分配利润(15)加上折旧,构成企业储蓄(16)。企业储蓄和居民储蓄一起形成投资资金,用于购买资本品。整个经济就这样周而复始地循环运动着。

税收在货币资金流动中选择并确定一些课税点或课税环节征收。因课税点的位置不同,形成不同的税种。比如,(1)是对居民收入的课税点,如个人所得税;(2)是对消费支出的课税点,如消费税;(4)是对零售营业收入的课征点,如零售营业税或消费型增值税;(7)是对企业销售收入的课税点,如货物税;(10)是对企业扣除折旧后的净营业收入的课税点,如所得型增值税;(11)是以工资薪金支付额的课税点,如雇主承担的社会保险税;(12)是对利润的课税点,如公司所得税;(13)和(14)是对居民工资收入和股息收入的课税,如个人所得税和雇员承担的社会保险税;(15)是对企业留存利润的课征点,如企业留存利润税。

此外,还需考察对财产持有和转让的课税。由于财产是以往年度的存量部分,并非当年国民收入的货币资金流动,因此并不能在图 7-7 中反映出来。不过,财产总是有归属的,它们或属于居民,或属于企业。由此可以确定是对财产的归属者课税,还是对财产的转让行为课税。前者如对居民或企业拥有的各种财产课征的财产税,后者如对财产的遗留、继承或馈赠行为课征的遗产税、继承税和赠与税等。

2. 税收的分类

税收的分类,是为了设计税制结构,分析税收负担,划分预算级次,加强税收征收管理服务。一般来说,税收的分类大致有以下几种类型。

按照税制结构的单一性与复杂性来划分,可分为单一税制与复合税制。单一税制是指一个国家在一定时期内主要实行一种税的税收制度。复合税是指一个国家在一定时期内实行由若干税种构成的税收制度。我国目前实行的是由 20 多种税构成的复合税制。

按照税收的征收实体或缴纳形式来划分,可以分为实物税与货币税。实物税是指国家以实物形式征收的税收。货币税是指国家以货币形式征收的税收。根据我国的实际情况,在税收缴纳形式上同时采用了实物税与货币税两种形式。

按照税收的征收方法或税额的确定方法来划分,可以分为定率税与配赋税。定率税是指国家按照税法中征税对象既定的税率,按期依税率计算征收的税收。配赋税是指国家预先对某种税规定应征税总额,然后依据一定的标准,按照纳税人或征税对象进行分摊,确定每一纳税人或每一征税对象的应纳税额征收的税收。旧中国和其他国家历史上都曾采用过配赋税的征收方法。

按照税收的计税依据划分,可以分为从价税与从量税。从价税是指以征税对象和计税依据的价格或金额为标准,按照规定的税率计征的税收。从量税是指以征税对象的重量、件数、容积及面积等数量为标准,按照每一计量单位规定的税额征收的税收。我国的增值税、营业税等属于从价税;资源税、屠宰税、车船使用税等属于从量税。

按照税负是否转嫁来划分,可以分为直接税与间接税。直接税是指由纳税人直接负担的各种税,由于这些税不能转嫁负担,纳税人即负税人,故称直接税。间接税是指纳税人能将税负转嫁给他人负担的各种税,纳税人不一定是负税人,故称间接税。一般认为,以商品、营业收入为征税对象的消费税、货物税、营业税等为间接税;以利润所得和其他所得为征税对象的所得税、利润税等为直接税。

按照税收归属于哪级政府支配使用来划分,可以分为中央税、地方税和中央地方共享税。一般地说,属于中央政府固定收入的税种为中央税;属于地方政府固定收入的税种为地方税;属于中央政府与地方政府共同享有,并按一定比例分成的税种,为中央和地方共享税。

按照税收的征税对象来划分,可以分为流转税、所得税、财产税、资源税与行为税。流转税是以商品和劳务流转额为征税对象征收的税,如增值税、消费税、营业税和关税等。所得税,是以纳税人的所得为征税对象征收的税,如企业所得税、个人所得税等。财产税,是以纳税人拥有或支配的财产为征税对象征收的税,如房产税、契税等。资源税是以各类应税资源为征税对象征收的税,如城镇土地使用税。行为税,是对纳税人的某些特定行为征收的税,如屠宰税、车船使用税、印花税等。在我国,为了配合国民经济体制改革的需要,适当解决在改革过程中出现的某些特殊矛盾,还有以达到某种特定目的而征收的税,一般称为特定目的税,如土地增值税、城市维护建设税等。

3. 税制结构的影响因素

税制结构是税收制度结构的简称,是指一国各税种的总体安排。一方面,税收结构是在具体的税制类型条件下产生的,只有在复合税制下才有税制结构;另一方面,在税制结构中,不同税种的相对重要性差异很大,形成了不同的税制模式。税制模式是指在一国的税制结构中以哪类税作为主体税种。税制结构特别是其中的主体税种(税制模式),决定着税制系统的总体功能。

世界各国的政治、经济、文化、制度等因素不同,因此各国的税制结构也不同,有的是以所得税等为主体的直接税制,有的是以商品税为主体的间接税制,有的则是分别以所得税、商品税为主体的双税制结构。决定税制结构的主要因素可以概括为经济因素、制度因素、政策因素和管理因素。

　　首先,经济因素(经济发展水平)是影响并决定税制结构的最基本因素。美国财政学家马斯格雷夫在 20 世纪 60 年代对 40 多个国家的资料进行了相关分析,指出,间接税占税收的比重同人均 GDP 呈负相关,即随着人均 GDP 的增加,间接税占税收的比重下降;直接税占税收的比重同人均 GDP 呈正相关,即随着人均 GDP 的增加,直接税占税收的比重上升。世界银行对 86 个发展国家的税制结构进行比较分析,也发现经济发展水平同税制结构存在较为密切的关系,认为所得税具有随人均 GDP 增长而上升的趋势,流转税具有随人均 GDP 增长而下降的趋势。

　　其次,制度因素(主要指经济制度)对税制结构的影响主要反映在两个方面:财产制度和经济运行制度。财产制度实际上是生产资料所有制,可分为公有制经济和私有制经济。在以公有制经济为主体的社会,政府税收主要来自于企业,而很少来自于个人,因此,企业成为税收的主要来源,并采取流转税的形式;在以私有制经济为主体的社会,政府税收主要来自于个人,并且采取所得税形式。经济运行制度实际上是指经济运行机制或经济运行方式,可分为计划经济和市场经济。在计划经济条件下,商品价格和工资都是由政府计划制定,为了解决因计划价格而引起的企业利润悬殊的问题,需要运用流转税来弥补计划价格的缺陷,而工资已经受到计划控制和调节,所以没有必要运用所得税进行调节。在市场经济条件下,价格由市场供求决定,并能有效地调节供求,因此,在一般情况下没有必要以流转税对价格进行再调节,但因工资差异而引起的收入差异,有必要通过所得税对工资收入进行再调节。所以,在计划经济条件下,比较偏重于流转税,在市场经济条件下,可能倾向于所得税。

　　第三,政策因素(主要指税收政策目标)也会影响到税制结构。不同的政策目标,对税制结构有不同的影响。累进的所得税对公平分配的调节功能比差别的流转税更大。所以从税收的公平目标考虑,应实行以累进的所得税为主体的税制结构。所得税由于累进税率而形成的弹性税制比流转税由于比例税率而形成的刚性税制,对宏观经济的稳定具有更大的调节作用。所以从税收的稳定目标考虑,也应实行以累进税率为主的所得税税制结构。

　　第四,税收的管理能力对税制结构也会产生一定影响。流转税一般对商品销售或经营取得收入征税,征收管理比较简单,而所得税一般对企业利润所得或个人所得征税,征收管理较为复杂。因此。征收所得税往往受到征收管理水平、征收管理能力和征收管理成本制约而难以推行,而流转税的推行相对容易。发达国家因为征收管理水平高多采用所得税为主体的税制结构,发展中国家因为征收管理水平低而多采用流转税为主体的税制结构。

4. 税制结构的设计

　　税制结构的设计应以税收原则为标准,要解决的问题主要有三个方面:税种的配置、税源的选择以及税率的安排。

(1) 税种的配置

税制的配置实际上研究的是各个税种之间的相互配合。按照税收原则要求来解决税种的配置问题，并不意味所选择的税种都能够完全符合各项税收原则的要求，而是要使各个税种之间相互协调、相互补充，形成一个能在总体布局上体现税收原则要求的税收体系。同时，这一体系总要以某一种或几种税种为主导，这种居于主导地位的税种就构成税制结构中的主体税种。主体税种的选择是合理配置税种的关键。

在主体税种的选择上，出于优化资源配置效率的考虑，经济学家一般推崇所得课税。首先，所得税给纳税人带来的额外负担，即对经济效率的损害程度较商品税为轻，因为所得税不改变商品的相对价格，对消费者的选择和资源配置的干扰相对较小；其次，所得税是一种直接税，一般无法像商品税那样可以通过价格调整转嫁税负，因此，政府可以比较有针对性地利用其调节收入分配；第三，所得税作为宏观经济的内在稳定器之一，能较好地起到稳定经济的作用。

以上观点对西方国家大多以所得税为主体税种的税制结构的形成，产生了重要的影响。但对多数发展中国家来说，由于税收征管体系尚不健全，如果仅以所得税为主体税种，难以保证财政收入的充足和稳定，所以政府往往非常重视营业税、增值税等间接税的作用。

(2) 税源的选择

在税源的选择问题上，主要是考虑税本和税源的关系。税本、税源、税收之间的关系是，税本是税收来源的根本，税源是由税本产生的收益，税收来自于税源。如果将税本比做果树，果树所生产的果实就是税源，从果实中取出若干交给国家，即为税收。显然，有税本才有税源，有税源才有税收。因此，税源的选择问题实际上研究的是如何保护税本，尽可能不使税收损及税本。能够作为税源的无非是工资、地租和利润。如果以这三者作为税源，并将课税的额度限制在这个范围内，一般不会损及税本。至于财产，尤其是在财产中占重要地位的生产性资本，则属于税本的范畴，一般是不能作为征税对象的，否则就会损害资本的形成和积累，最终导致国民经济萎缩、政府收入来源枯竭。

当然，生产性资本不宜作为征税对象，并不意味着对所有财产都不能课税。基于某些特定目的，对非生产性的私人财产进行课税也是必要的。比如，开征遗产税、赠与税，可以起到促使社会财富公平分配的目的；对股票、债券等有价证券的课税，并不伤及税本，同时可以将其作为调节居民收入分配的重要手段。

(3) 税率的安排

首先是税率水平的确定。美国经济学家拉弗(Laffer,1979)提出了著名的"拉弗曲线"。拉弗曲线表明了税收与税率之间的关系：在一定限度内，税收收入将随税率的提高而增加，此时，税源不会因为税率的提高而等比例地减少；但当税率超过一定限度,继续提高税率,则税收收入就会减少,此时,过高的税率将使税源大幅度地萎缩,其减少的幅度超过税率提高的幅度。以税率为横轴、税收收入为纵轴,则拉弗曲线表现为一条开口向下的抛物线,如图7-8所示。在税率不超过 t 时,税率的提高会导致税收收入的增加;但当税率超过 t 时,税率的提高会使税收收入减少,当税率为100％时,税收收入则为0。这就说明往往存在着一个最佳的税率水平,并非税率越高,税收收入越高。

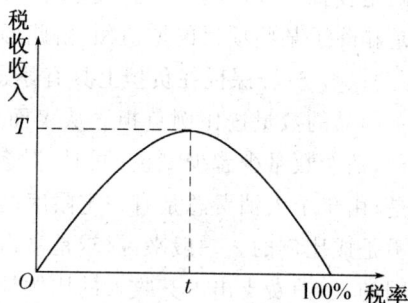

图7-8　拉弗曲线

其次是税率形式的确定。税率形式的确定主要面临两种选择:比例税率和累进税率。从税收公平看,累进税率是较优的选择。在累进税率下,纳税人适用的税率水平随其收入的增加而提高,因此所缴税款的增加多于按比例税率的缴纳,但会阻碍纳税人的工作、储蓄和投资的积极性。从税收效率看,比例税率又是较优的选择。在比例税率下,纳税人适用的税率水平是同一的,无论收入水平多高,都按其收入的一个相同比率缴纳税款,一般不会影响纳税人的工作、储蓄和投资的积极性。可见,比例税率和累进税率的选择,本质上是效率与公平之间的选择。

一般来说,所得课税和财产课税宜采用累进税率,流转课税宜采用比例税率。从税率的总体布局看,应视客观经济形势的需要而选择侧重点。目前的普遍倾向是:为提高经济效率,应适当降低税制的累进性。

(二)流转课税

1. 流转课税的特点

(1)税源普遍。流转课税针对商品和劳务交易行为的发生进行课征,只要发生商品交易行为,就可征税,因此税源普遍。同时,流转课税可以随经济的增长而自然增长,不受纳税人经营状况的影响,因而税收收入相对稳定。

(2)课税隐蔽,税负容易转嫁。流转课税在形式上虽由商品的生产者或销售者缴纳,实际上所纳税额往往加于商品卖价之中,转嫁给消费者负担。消费者虽然负担了税款,却并不直接感受到税收负担的压力,课税阻力较小。

(3)课税环节灵活。流转课税的课征对象是商品和劳务的流转额,因而与交易行为有着密切的联系。一种商品从投入流通到最后消费之前,往往要经过多次的转手交易行为。每经过一次交易行为,商品随之流转一次,同时也就发生了一次对卖者的商品流转额课征商品税的问题。由于交易中的商品种类和流通渠道复杂多样,所以流转课税的范围宽窄不一,课税环节灵活,可以确定在零售环节,也可以确定在批发或产制环节。税基既可以是商品和劳务的营业总额或周转额,也可以是扣除了某些项目的增值额,由此形成了流转课税的不同类型。

(4)流转课税在负担上具有累退性。流转课税一般采用比例税率,税负按消费商品的数量按比例负担。从表面上看,对一般消费品课税,消费数量大者多赋税,消费数量少者少赋税;同时,对奢侈品课征的高额消费税,常由富者承担。但是,由于个人消费总是有一定限度的,所以个人消费商品数量的多寡与个人收入并不是成比例的。一般来说,越是富裕的人,消费支出占其收入的比例越小;越是贫困的人,消费支出占其收入的比例越大。在此情况下,流转课税呈现出一定的累退性。收入愈少,税负相对愈重;收入愈多,税负相对愈轻。

流转课税的课征范围偏重于生活资料。受需求弹性大小不同的作用,课税引起的涨价速度,往往是生活必需品最快,日用品次之,奢侈品最慢。因此,流转课税的税负更多地落在低收入者的身上。

(5)征收管理具有简便性。流转课税采用从价定率或从量定额计征,与所得课税和财产课税相比,计算手续简单,并且容易征收;此外,流转课税的纳税人是为数较少的企业,数量较少,相对容易稽征和管理。

(6)能有效配合社会经济政策的实施。流转课税选择特定的商品和劳务课征,即使对全部或大部分商品和劳务课征,也往往采取差别税率。对某些有害于人体健康和社会利益的消费品,如烟、酒及易污染的产品或设施,政府通常要课以较重的税;对某些奢侈品更是课以重税。重税的目的往往不是着眼于取得公共收入,而是为了执行政府的社会经济政策。如限制某些产品的生产或进口,抑制社会的奢侈浪费之风等。

2. 增值税

从计税原理上说,增值税(value added tax,VAT)是对商品生产、流通、劳务服务中各环节的新增价值或商品的附加值征收的一种流转税。作为课征对象的增值额,一般指企业利用购进的商品和取得的劳务进行加工生产或经营而增加的价值额,即企业的商品销售额或营业额扣除规定的非增值项目后的余额。它大体相当于该企业在本期中劳动投入所创造的价值。就商品生产和流转的全过程看,一种商品从生产到流通的各个流转环节的增值之和,相当于该商品进入消费环节时的零售价格。

(1)增值税的类型

在理论上,增值税是以增值额为计税依据,但各国实际开征的增值税往往不是以这种理论上的增值额为依据,而是有所偏离。主要表现在对购进固定资产价款的处理上,据此可以将增值税分为生产型增值税、收入型增值税以及消费型增值税三种类型。

① 生产型增值税

生产型增值税指在计算应纳增值税时,只允许从当期销项税中扣除原材料等劳动对象的已纳税款,而不允许扣除固定资产所含税款的增值税。按照这种方法,作为计税基数的法定增值额除包括纳税人新创造价值外,还包括当期计入成本的外购固定资产价款部分,即法定增值额相当于当期工资、利息、租金及利润等理论增值额和折旧额之和。从整个国民经济来看,其课税依据相当于国内生产总值(GDP),故被称为生产型增值税。生产型增值税由于扣除范围不包括固定资产价值,所以其法定增值额大于理论增值额,对固定资产存在重复征税,而且越是资本有机构成高的行业,重复征税就越严重;而且,在计税时会遇到可扣除项目和不可扣除项目划分上的麻烦,也由此会给逃税、避税者制造良机。这种类型的增值税不利于鼓励投资,但却可以保证财政收入。

② 收入型增值税

收入型增值税指计算增值税时,对外购固定资产所含税款只允许扣除本期计入产品价值的折旧部分,作为其课税基数的法定增值额相当于当期工资、利息、租金和利润等各增值项目之和。从整个国民经济来看,其计税依据相当于国民收入部分,故被称为收入型增值税。此种类型的增值税,其法定增值额与理论增值额一致,从理论上讲是一种标准的增值税。但是,由于外购固定资产所含税款是以计提折旧的方式分期转入产品价值的,且转入部分没有合法的外购凭证,这就给应用凭发票扣税的计税方法带来困难,从而使收入型增值税无法被广泛采用。

③ 消费型增值税

消费型增值税指在计算应纳增值税时,对纳税人购入的固定资产已纳税款,允许一次性地从当期销项税额中全部扣除。作为课税基数的法定增值额相当于纳税人当期的全部销售额扣除外购的全部生产资料价款后的余额。这意味着不仅对企业购进的原材料不征税,而且对其购进固定资产部分也不征税,即从整个社会来说,对资本品不征税,只对消费品部分征税,故被称为消费型增值税。此种类型的增值税因在购进固定资产的当期扣除额大大增加,会减少财政收入。

比较三种类型的增值税:第一,税基大小不同。生产型增值税的税基最大,消费型增值税的税基最小;第二,对于购入固定资产价值在计算增值额时是否扣除以及如何扣除的处理原则不同,生产型增值税不予扣除;收入型增值税按使用年限分期扣减;而消费型增值税则实行当期一次扣除。

案例分析 7-1　三种类型的增值税比较

某企业 2005 年购进固定资产 1 000 万元,进项税款 170 万元,固定资产使用期为 5 年。销项税款每年为 250 万元,购买原材料进项税款每年为 30 万元。

若采用生产型增值税,则该企业每年应纳税额为:$250-30=220$(万元);5 年总计纳税为 $220×5=1 100$(万元);

若采用收入型增值税,则该企业每年应纳税额为:$250-30-(170÷5)=186$(万元);5 年总计纳税为 $186×5=930$(万元);

若采用消费型增值税,则该企业第一年应纳税额为:$250-170-30=50$ 万元;后四年应纳税额为:$250-30=220$(万元),5 年总计纳税为 $50+220×4=930$(万元)。

尽管以收入型增值税与消费型增值税计算时,企业纳税总额均为 930 万元,但显然采用消费型增值税时,企业纳税总额的现值相对较小。

一般来说,发达国家大都实行消费型增值税。自 2009 年 1 月 1 日起,我国也在全国范围内实施增值税转型改革,从原先实行的生产型增值税改为消费型增值税。

(2) 增值税的计税方法

① 税基列举法

亦称"加法",即把企业构成增值额的各个项目,如工资薪金、租金、利息、利润等直接相加,作为增值额。然后将增值额乘以税率,计算出应纳税额。其计算公式为:

增值额＝本期发生的工资薪金＋利息＋租金＋利润＋其他增值项目

应纳增值税额＝增值额×适用税率

② 税基相减法

亦称"减法",即从企业一定期间内的商品和劳务销售收入中减去同期应扣除的项目作为增值额。然后将增值额乘以税率,计算出应纳税额。其计算公式为:

增值额＝本期应税销售额－规定扣除的非增值额

应纳增值税额＝增值额×适用税率

③ 税额相减法

亦称"扣税法",即先以企业一定时期内的商品和劳务销售收入额乘以税率,计算出至本环节为止的累计税额,然后再从中减去同期各项外购项目已纳税额,得出应纳税额。其计算公式为:

应纳增值税额＝当期应税销售额×适用税率－当期外购项目已纳增值税额

实行增值税的国家大多采用第三种方法,即扣税法。

(3) 增值税的特点

增值税既有流转课税的一般特点,又有其独特的特点。

以增值额为课税对象,避免重复征税。即只就销售额中由本人或本单位创造、尚未征过税的新增价值征税,而对销售额中由其他人或其他单位创造的、已征过税的转移价值不再征税,可以避免重复课税,有利于社会化专业分工。

税源广泛、征税普遍。从实行增值税国家的实践情况看,发达国家一般就全部消费品征税,而发展中国家就包括消费品和资本品的全部商品征税,其在确保国家财政收入方面具有优越性。

道道课税,税不重征。就纳税环节而言,增值税实行多环节征税,即在生产、批发、零售等各个环节分别课征,但与一般营业税不同,增值税只对各个环节上的增值额征税,因而不会出现税负累积效应。

税收中性。增值税是中性税种,按针对增值额、多环节、税率相对单一的原则征收,减少了税收对经济的干预,可以从根本上解决因纳税人所在产业和部门不同等因素而发生的税负不公,对纳税人生产经营决策的影响较小。如果实行消费型的增值税,还有利于鼓励投资。

利于征管,防范偷漏税。实行扣税法的增值税,要求有健全的发票制度,并且将税款单独开列,以扣除前阶段已纳税款。这种计税方式具有相互牵制、自动审核的特点,便于税务机关查核,有利于防止偷漏税。

有利于发展对外贸易。增值税消除了重复征税因素,较易做到出口退税和进口征税。出口退税使本国产品以不含间接税的价格进入国际市场,有利于提高本国产品在国际市场的竞争力;而对进口货物复征,可以使进口产品与本国产品在国内市场上负担相同的税收,实现平等竞争。

(4) 我国现行增值税的主要内容

我国从 1979 年开始进行增值税试点;1984 年,增值税成为正式税种;1994 年实施的《中华人民共和国增值税暂行条例》确定了生产型增值税模式;2009 年开始实施增值税改革,逐步完善增值税制。

现行增值税的主要内容包括:

① 征税范围。包括货物的生产、批发、零售和进口四个环节。此外,加工和修理修配也属于增值税的征税范围。

② 纳税人。凡在我国境内销售货物或者提供加工、修理修配劳务以及进口货物的单位和个人,都是增值税的纳税人。按其经营规模大小和会计健全与否划分为一般纳税人和小规模纳税人。

从事货物生产或者提供应税劳务的纳税人,以及以从事货物生产或者提供应税劳务为主,并兼营货物批发或者零售的纳税人,年应征增值税销售额在 50 万元以下的;其余纳税人年应征增值税销售额在 80 万元以下的,可被认定为小规模纳税人;年应税销售额超过小规模纳税人标准的其他个人按小规模纳税人纳税;非企业性单位、不经常发生应税行为的企业可选择按小规模纳税人纳税。

③ 税率。我国增值税的基本税率为 17%,但对销售或者进口生活必需品(粮食、食用植物油、自来水、暖气、冷气、热水、煤气、石油液化气、天然气、沼气、居民用煤炭制品)、文化用品(图书、报纸、杂志)、农用生产资料(饲料、化肥、农药、农机、农

膜)以及国务院规定的其他货物的纳税人则按低税率 13% 计征增值税;而小规模纳税人增值税征收率为 3%。

④ 应纳税额的计算。纳税人销售货物或者提供应税劳务,应纳税额为当期销项税额抵扣当期进项税额后的余额。当期销项税额小于当期进项税额不足抵扣时,其不足部分可以结转下期继续抵扣。应纳税额计算公式为:

$$应纳税额 = 当期销项税额 - 当期进项税额$$

其中,销项税额是指纳税人销售货物或者应税劳务时按照销售额和税率计算并向购买方收取的增值税额;而纳税人购进货物或者接受应税劳务时支付或者负担的增值税额,为进项税额。

案例分析 7-2 应纳增值税额的计算

某冰箱厂出厂销售的冰箱每台出厂计税价 2 500 元;当月该企业对外销售 1 000 台,捐赠给老年福利院 10 台,以旧换新方式销售 100 台(每台收购旧冰箱折价 100 元),当月购入生产用原材料取得增值税发票注明增值税额 340 000 元,购入一批配件未取得增值税发票注明含税价 117 000 元。

则当期销项税额 = 2500 × (1 000 + 10 + 100) × 17% = 471 750(元)

当期进项税额 = 340 000(元)

应纳税额 = 当期销项税额 - 当期进项税额 = 471 750 - 340 000 = 131 750(元)

其中,捐赠视同为销售;以旧换新不得抵扣收购旧商品的价格;所购入配件未取得增值税发票,则不能在销项税额中予以扣除。

小规模纳税人销售货物或者应税劳务,实行按照销售额和征收率计算应纳税额的简易办法,并不得抵扣进项税额。应纳税额计算公式为:

$$应纳税额 = 销售额 × 征收率$$

纳税人进口货物,按照组成计税价格和税率计算应纳税额。组成计税价格和应纳税额计算公式为:

组成计税价格 = 关税完税价格 + 关税 + 消费税

　　　　　　 = (关税完税价格 + 关税)/(1 - 消费税税率)

应纳税额 = 组成计税价格 × 税率

案例分析 7-3 进口货物增值税应纳税额

某市日化厂为增值税一般纳税人,2005 年 8 月进口一批香水精,买价 85 万元,境外运费及保险费共计 5 万元,海关于 8 月 15 日开具了完税凭证,日化厂缴纳进口环节税金后海关放行,计算该日化厂进口环节应纳增值税(关税税率为 50%,消费税税率为 30%)。

则关税完税价格＝85＋5＝90（万元）

组成计税价格＝90×（1＋50％）÷（1－30％）＝192.86（万元）

进口环节缴纳增值税＝192.86×17％＝32.79（万元）

3. 消费税

消费税（consumer tax）是对消费品或消费行为课征的一种税收。根据课税范围的不同，消费税可以分为一般消费税和特别消费税。一般消费税是对全部消费品和消费行为征收的税种，特别消费税则只对部分消费品和消费行为课征。目前各国课征消费税的目的，除取得财政收入外，更主要的是借助消费税课征范围的选择和差别税率的安排，达到政府调节消费和收入的目的。因此，多数国家都征收特别消费税，课征范围没有涉及所有的消费品和消费行为。

消费税一般具有以下主要特点。

（1）征税范围具有选择性。根据各国征税范围的宽窄，可将消费税分为有限型、中间型、延伸型。有限型消费税征税范围不宽，征税对象主要是传统的消费品，税目一般在10～15种，如英国，仅对酒精、烟草等征收消费税。中间型消费税范围较宽，除有限型消费税征税范围包括内容外，还包括奢侈消费品及一些服务行业。世界上有30％左右国家采用这种形式。延伸型消费税已经接近于无选择的消费税，除了上述两类包括范围外，还将生产、生活资料列为消费税的征税对象。如韩国、意大利等。从实践上看，许多国家消费税征税范围逐步由有限型向中间型延伸。

我国现行消费税税目共计14种，归纳起来，包括① 有害消费品，如烟、酒及酒精、鞭炮、焰火等3个税目；② 奢侈消费品，包括化妆品、贵重首饰及珠宝玉石、高尔夫球及球具、高档手表和游艇等5个税目；③ 资源性消费品，包括木制一次性筷子和实木地板等两个税目；④ 高能耗消费品，包括小汽车、摩托车等两个税目；⑤ 不可再生和替代的石油类消费品，包括成品油一个税目；⑥ 具有一定财政意义的消费品，包括汽车轮胎一个税目。

（2）征收环节单一。同一般商品税多环节的特点相比，消费税是一种单环节征税的商品税。世界各国对消费税征收环节只是生产或销售的某一环节，而不是每个环节征税。这也使得消费税课征费用较低，征收效率相对较高。

在我国，金银首饰消费税由零售者在零售环节缴纳；进口的应税消费品在进口环节缴纳消费税；除此之外，均采取在生产环节纳税。

（3）税率具有差别性。由于消费税的征税对象的选择性和多样性，消费税的税率档次就不能同一般的增值税，对所有商品或劳务采用单一或少数几种税率。消费税税率的多样性保证了政府利用消费税调节消费多重目标的实现。一般来说，基本消费品税率低；非必需品税率高；奢侈品、危害人们身体健康或违反社会公德的商品税率较高；国内生产销售的消费品较进口的同类消费品税率低一些；供不

137

应求的消费品要比供过于求的消费品税率高一些。

根据我国现行的消费税税目与税率,不同的税目规定了不同的税率,同一个税目下不同子税目的税率也不尽相同。如小汽车的税率在1‰到40％不等,对于排气量在1.0升(含1.0升)以下的小汽车税率仅为1％,而排气量在4.0升以上的小汽车则征收的消费税率达到40％。

(4) 税负具有转嫁性。消费税一般向消费品制造商或经营商课征,而不是向消费者征税,但消费税额往往内含于消费品价格之中或者作为消费品价格附加,最终转嫁给消费者。

(5) 普遍采用间接消费税。消费税从性质看,可分为直接消费税和间接消费税。直接消费税是一种对个人消费支出征收的税,它实际属于所得税的性质;间接消费税是对消费物品征税,纳税人为经营和销售应税商品的人,其税收负担可以加于课税商品价格中,转移给消费者承担,是一种典型的间接税。目前,各国所开征的消费税均属于间接消费税。

(6) 征收方法具有多样性。为了适应不同应税消费品的情况,便于核算、计征,消费税往往会采取从价比例税率和从量定额税率两种方法对不同消费品进行征税。一般来说,对一部分价格变化较大且便于按价格核算的应税消费品,依消费品的价格实行从价定率征收;对一部分价格变动较小,品种、规格比较单一的大宗应税消费品,依消费品的数量实行从量定额征收。

我国消费税实行从价定率、从量定额或者从价定率和从量定额复合计税的办法计算应纳税额。应纳税额计算公式为:

$$实行从价定率办法计算的应纳税额 = 销售额 \times 比例税率$$

$$实行从量定额办法计算的应纳税额 = 销售数量 \times 定额税率$$

$$实行复合计税办法计算的应纳税额 = 销售额 \times 比例税率 + 销售数量 \times 定额税率$$

案例分析 7-4　消费税应纳税额

2009年6月某卷烟厂生产销售卷烟120标准箱,取得不含税收入180万元。销售雪茄烟取得不含税收入200万元,赠送有关客户白包卷烟1标准箱,价税合计共2.34万元。

则该卷烟厂应纳消费税额为:

应纳消费税额 $= (180 \times 36\% + 120 \times 5 \times 0.003) + (200 \times 36\%) +$

$\qquad [2.34 \div (1+17\%) \times 56\% + 1 \times 5 \times 0.003]$

$\qquad = 66.6 + 72 + 1.135 = 139.735(万元)$。

其中,根据我国2009年5月1日起执行的烟产品消费税政策,生产销售的120标准箱(1标准箱为5万支)取得不含税收入为180万元,折算每标准条(每条

200支)在70元以下,应按乙类卷烟36%的税率计征;雪茄烟消费税税率为36%;赠送有关客户的1标准箱白包卷烟,经折算,每标准条在70元以上,应按甲类卷烟56%的税率计征。

4. 营业税

营业税(business tax)是对企业的商品和劳务的营业收入额课征的一种税收。营业税一般着眼于营业行为,只要纳税人发生了营业行为,就要对其营业收入额课税。

营业税是流转课税的传统形式,其具有以下主要特点。

(1) 征税范围广、税源普遍

营业税的征税范围往往覆盖第三产业这一广泛领域,直接关系着城乡人民群众的日常生活,因而具有广泛性和普遍性;随着第三产业的不断发展,营业税的收入也将逐步增长。

我国现行营业税包括交通运输业、建筑业、金融保险业、邮电通信业、文化体育业、娱乐业、服务业、转让无形资产以及销售不动产等九个税目。

(2) 以营业额为计税依据,易于征管

营业税的计税依据为各种应税劳务收入的营业额、转让无形资产的转让额、销售不动产的销售额(三者统称为营业额),税收收入不受成本、费用高低影响,收入比较稳定。营业税实行比例税率,计征方法简便。

(3) 按行业设计税目税率

营业税与其他流转税税种不同,它不按商品或征税项目的种类、品种设置税目、税率,而是从应税劳务的综合性经营特点出发,按照不同经营行业设计不同的税目、税率,即行业相同,税目、税率相同;行业不同,税目、税率不同。因此,可以用它调节不同行业的盈利水平,体现国家的产业政策。

(4) 平均税率较低

我国现行营业税税率,除娱乐业外,其他税目按3%或5%两档税率征税,税率差距不大,税负均衡,体现了中性税收的特征。

营业税的缺点是存在重复课征和累积税负的问题。因此,在那些实行增值税的国家,营业税中的大部分都已经被增值税所取代,保留下来的营业税征收范围大大缩小,一般只对服务业的某些部门征收。对一项经济活动来说,如果课征了增值税,就不征营业税;反之亦然。

(三) 所得课税

1. 所得课税概述

(1) 所得的界定

所得是所得税的课税对象。从税法实践来看,各国所确定的应税所得不尽相同,但往往遵循以下基本原则:① 应税所得是交易收入扣除成本和周期亏损后的净所得;② 纳入征税范围的必须是合法所得;③ 对纳税人的各种公共福利性支出,如捐赠、购买公债支出、社会保险支出等,应允许在税前列支,在应税所得中扣除;④ 应税所得应为已实现的货币所得或可按市场价格折算的实物所得。

(2) 所得课税的特点

税负具有直接性,不易转嫁。所得课税一般以企业或个人作为纳税人,并由企业和个人最终承担税负。由于税负难以转嫁,所得课税的纳税人一般就是负税人,因此所得课税为直接税。

不存在重复征税问题。所得课税的对象是扣除了各项成本、费用开支之后的净所得额,征税环节单一,不会出现重复课征。

税收分配具有累进性,较能体现税收公平原则。所得课税往往按累进税率征收,纳税人的税收负担与负担能力成正比,体现"多得多征,少得少征,不得不征"的征收原则。这与不管纳税人盈利与否、只要发生市场交易行为就要纳税的流转课税相比,是完全不同的。因此,尽管所得课税在保证财政收入上可能不如流转课税,但它的课征是建立在真实可靠的税基之上的,能够更好地针对纳税人的实际纳税能力确定税负,并针对纳税人的贫富程度来调节社会上的居民和财富的分布状态,因而有利于体现税收的公平原则。

课税具有弹性。所得来源于经济资源的利用和剩余产品的增加,从长远来看,随着资源利用效率的提高,剩余产品也会不断增长,因而所得课税不仅税源可靠,而且可根据国家的需要灵活调整,以适应财政支出的增减。

税收管理具有复杂性。所得课税依纳税人的实际纳税能力征收,在确定应税所得额时往往要经过一系列复杂的程序。一般说来,公司所得税的课征存在成本核算和管理上的难度;个人所得税的课征则面临纳税户数量多、税额小、税源分散等问题。因此,所得课税客观上要求整个社会有较高水平的信息、核算和管理基础。

(3) 所得课税的税制类型

按照各国对所得课征方式的差异,所得课税的税制通常分为以下三种类型。

① 分类所得税制

亦称分类税制,是指将所得按来源划分为若干类别,对各种不同来源的所得,分别计征所得税。比如,可以将所得分为工资薪金所得、营业利润所得、股息利息所得、租金所得等若干类,对工资薪金或其他劳务报酬课以薪金报酬所得税,对股息利息所得课以利息所得税,对土地和房屋所得的租金课以不动产所得税等。

分类所得税的优点之一是它可以按不同性质的所得,分别采用不同的税率,实行差别待遇。

② 综合所得税制

亦称综合税制,是指对纳税人在一定期间内的各种所得,综合计算征收所得税。综合所得税的突出特征,就是不问收入来源于什么渠道,也不问收入采取何种形式,而将各种来源和各种形式的收入,加总求和,统一计税。

综合所得税制的指导思想是,既然所得税是一种对人税,课税依据就应当是人的总体负担能力,其应税所得额当然应当综合纳税人全年各种所得的总额,扣减各种法定的减免和扣除项目之后,按统一的累进税率课征。所以,综合所得税的突出优点,就是最能体现纳税人的实际负担水平,符合纳税能力原则。综合所得税已经为很多国家所接受,是当代所得税课征制度发展的一个主要方向。

③ 分类综合所得税制

亦称混合税制,是指将分类和综合两种所得税的优点兼收并蓄,实行分项课征和综合计税相结合。一般先对纳税人特定的所得项目,设计比例税率分类课征,然后再将纳税人取得的不同来源的全部所得汇总,对超过规定数额以上的部分,设计累进税率综合课征。

分类综合所得税制是当今世界上广泛采用的一种所得课税类型,其优点是既坚持按纳税能力课税的原则,对纳税人不同来源的所得实行综合计算征收,又坚持了对不同性质的收入实行区别对待的原则,对所列举的特定收入项目按特定办法和税率课征。此外,分类综合所得税制还具有稽征方便、有利于减少偷漏税等方面的优点。因而,它被认为是一种较好的所得课税类型。

2. 个人所得税

个人所得税是对个人的劳动和非劳动应税所得进行课征的一种税收。

(1) 个人所得税的特点

与其他税种相比,个人所得税具有如下优点:

① 有利于实现社会公平。所得是衡量纳税能力的较好标准,因此,征收个人所得税符合纳税能力原则。同时,个人所得税实行累进税率,可在一定程度上改善贫富悬殊的状态,有利于实现社会公平,缓和社会矛盾。

② 符合税收普遍原则。个人所得税具有普遍征收的性质,它的征税对象是自然人的所得,而大部分人都有所得,如工薪收入、劳务收入、动产和不动产收入等,这些所得都必须纳税。因此,在人均国民收入较高的国家,个人所得税税源充裕且广泛,能够满足政府财政收入的需要。

③ 具有自动稳定器的功能。个人所得税实行累进税率,在经济繁荣时期,税收增加速度超过个人所得增加的速度,可以遏制膨胀的趋势。而在经济萧条时期,税收减少的速度快于个人收入降低的速度,可以阻止紧缩的趋势。这样,累进个人所得税能够起到自动熨平经济波动的作用。此外,个人所得税的课征,影响着纳税人的消费、储蓄和投资行为,进而影响着社会总需求和总供给。

个人所得税也存在一些缺点。首先,如果对个人所得的课征较重,就会抑制个人投资、储蓄和消费的愿望,造成总需求减少,阻碍经济增长。其次,个人所得税计征手续繁琐,对征收手段和技术条件要求较高,同时要求税收稽征人员具有较高的素质。这一方面增加了个人所得税的征收成本,另一方面征税的复杂性,使得隐匿所得和逃漏税现象频繁发生。

(2) 我国现行个人所得税

① 纳税人

我国个人所得税的纳税人分为居民纳税人和非居民纳税人,分别承担不同的纳税义务。居民纳税人是指在我国境内有住所,或者无住所而在境内居住满一年的个人,其负有无限纳税义务。所取得的应纳税所得,无论是来源于我国境内还是境外任何地方,都要在我国缴纳个人所得税。非居民纳税人则是指在我国境内无住所又不居住或者无住所而在境内居住不满一年的个人,其承担有限纳税义务,即仅就其来源于我国境内的所得,向我国缴纳个人所得税。

② 征税对象

个人所得税的征税对象是个人(自然人)取得的各项应税所得。根据我国《个人所得税法》,应税所得包括工资,薪金所得,个体工商户的生产,经营所得,对企事业单位的承包经营、承租经营所得,劳务报酬所得,稿酬所得,特许权使用费所得,利息、股息、红利所得,财产租赁所得,财产转让所得,偶然所得,以及经国务院财政部门确定征税的其他所得等11项。

③ 税率

我国个人所得税采取分类定率、分项扣除、分项征收的模式,按所得项目不同,分别采用超额累进税率和比例税率形式。

对工资、薪金所得,采取九级超额累进税率,最低税率为5%,最高税率为45%(见表7-1)。

对个体工商户的生产、经营所得和对企事业单位的承包经营、承租经营所得适用5%~35%的五级超额累进税率(见表7-2)。

对劳务报酬所得,适用比例税率20%;一次收入畸高的,实行加成征收的办法,即个人一次取得劳务报酬,其应纳税所得额超过2万元。对应纳税所得额超过2万~5万元的部分,依照税法的规定计算应纳税额后再按照应纳税额加征五成;超过5万元的部分,加征十成。

稿酬所得,特许权使用费所得,利息、股息、红利所得,财产租赁所得,财产转让所得,偶然所得和其他所得,适用20%的比例税率。其中,稿酬所得按应纳税额减征30%;

表7-1　个人所得税税率表一

级　数	全月应纳税所得额	税率(%)
1	不超过500元的	5
2	超过500元至2 000元的部分	10
3	超过2 000元至5 000元的部分	15
4	超过5 000元至20 000元的部分	20
5	超过20 000元至40 000元的部分	25
6	超过40 000元至60 000元的部分	30
7	超过60 000元至80 000元的部分	35
8	超过80 000元至100 000元的部分	40
9	超过100 000元的部分	45

注:① 工资、薪金所得适用

② 本表所称全月应纳税所得额是指依照相关规定,以每月收入额减除费用2 000元后的余额或者减除附加减除费用后的余额。

表7-2　个人所得税税率表二

级　数	全年应纳税所得额	税率(%)
1	不超过5 000元的	5
2	超过5 000元至10 000元的部分	10
3	超过10 000元至30 000元的部分	20
4	超过30 000元至50 000元的部分	30
5	超过50 000元的部分	35

注:① 个体工商户的生产、经营所得和对企事业单位的承包经营、承租经营所得适用

② 本表所称全年应纳税所得额是指依照相关规定,以每一纳税年度的收入总额,减除成本、费用以及损失后的余额。

④ 计税依据

计算个人应纳税所得额,需按不同应税项目分项计算,以某项应税项目的收入额减去税法规定的该项费用减除标准后的余额为该项应纳税所得额。

工资、薪金所得,以每月收入额减除费用2 000元后的余额,为应纳税所得额;

个体工商户的生产、经营所得,以每一纳税年度的收入总额,减除成本、费用以及损失后的余额,为应纳税所得额;

对企事业单位的承包经营、承租经营所得,以每一纳税年度的收入总额,减除必要费用后(标准为2 800元)的余额,为应纳税所得额;

劳务报酬所得、稿酬所得、特许权使用费所得、财产租赁所得,每次收入不超过 4 000 元的,减除费用 800 元;4 000 元以上的,减除 20% 的费用,其余额为应纳税所得额;

财产转让所得,以转让财产的收入额减除财产原值和合理费用后的余额,为应纳税所得额;

利息、股息、红利所得,偶然所得和其他所得,以每次收入额为应纳税所得额;

⑤ 课征方式

个人所得税的课征方法有从源征收和申报清缴两种方法。从源征收是指在支付收入时代扣代缴个人所得税。通常的情况是,在支付工资、薪金、利息或股息时,支付单位依据税法负责对所支付之收入项目扣缴税款,然后汇总缴纳。这种方法的优点在于:第一、可以节约税务机关的人力、物力消耗,简化征收管理手续;第二、可以避免或减少偷漏税,及时组织税款入库;第三、由于纳税人从未真正全部占有其收入,可以大大减轻纳税人的心理税收负担。

申报清缴就是分期预缴和年终汇算相结合,由纳税人在纳税年度申报全年估算的总收入额,并按估算额分期预缴税款。到年度终了时,再按实际收入额提交申报表,依据全年实际应纳所得税额,对税款多退少补。这种方法的主要优点是对税务机关和纳税人都方便易行。在我国,对采掘业、远洋运输业、远洋捕捞业等特定行业的工资、薪金所得应纳的税款,可以实行按年计算、分月预缴的方式计征;对个体工商户的生产、经营所得应纳的税款,同样按年计算,分月预缴,年度终了汇算清缴,多退少补。此外,具有以下情形之一的纳税人,应办理纳税申报,即年所得 12 万元以上的;从中国境内两处或两处以上取得工资、薪金所得的;从中国境外取得所得的;取得应税所得,没有扣缴义务人的;或国务院规定的其他情形。

案例分析 7-5 个人所得税

张某是某设计院的高级职员,2009 年全年收入如下:① 每月领取工资 8 000 元;② 利用休假时间为国内某单位进行工程设计取得收入 60 000 元;③ 出版专著一本,获得稿酬 50 000 元;④ 为 A 国一企业提供一项专利技术的使用权,一次取得收入 150 000 元,已按收入来源国税法在该国缴纳了个人所得税 20 000 元;⑤ 购买国债,获得利息收入 10 000 元;⑥ 支出 1 000 元购买体育彩票,获得奖金 100 000 元,将奖金中的 20 000 元通过教育部门捐给农村小学;⑦ 到 B 国讲学,获得收入 80 000 元,已按收入来源国税法在该国缴纳了个人所得税 20 000 元。

分析如下:

① 每月工资所得应纳税额:每月工资额扣除 2 000 元后的应纳税所得适用于

20％的税率,并减去速算扣除数 375 元;应纳所得税额＝(8 000－2 000)×20％－375＝825(元);

② 工程设计报酬应纳税额:工程设计收入 60 000 元已超过 4 000 元,因此计算应纳税所得额时应减除费用 20％。应纳税所得额＝60 000×(1－20％)＝48 000(元);应纳所得税额＝48 000×30％＝14 400(元);

③ 稿酬所得应纳税额:稿酬收入 50 000 元已超过 4 000 元,因此计算应纳税所得额时应减除费用 20％。应纳税所得额＝50 000×(1－20％)＝40 000(元);稿酬所得税按应纳税额减征 30％,则,应纳所得税额＝40 000×20％×(1－30％)＝5 600(元);

④ 专利技术使用权转让收入应纳税额:从 A 国取得专利技术使用费 150 000 元已超过 4 000 元,按我国税法规定计算应纳税所得额时应减除费用 20％。应纳税所得额＝150 000×(1－20％)＝120 000(元);按 20％税率计征,则应纳所得税额＝120 000×20％＝24 000(元);因其已在国外交纳个人所得税 20 000 元,因此应补税 4 000 元;

⑤ 国债利息收入免纳个人所得税;

⑥ 偶然所得应纳税额:因为有 20 000 元是通过教育部门对农村义务教育的捐赠,因此可以全额扣除。应纳税所得额＝100 000－20 000＝80 000(元),按 20％税率计征,则应纳所得税额＝80 000×20％＝16 000(元);

⑦ 国外讲学所得应纳税额:在 B 国取得讲学收入 80 000 元已超过 4 000 元,因此计算应纳税所得额时应减除费用 20％。应纳税所得额＝80 000×(1－20％)＝64 000(元)。由于劳务报酬应纳税所得额超过 2 万元至 5 万元的部分,依照税法规定计算应纳税额后再按照应纳税额加征五成;超过 5 万元的部分,加征十成;则应纳所得税额＝[20 000＋30 000×(1＋50％)＋14 000×(1＋100％)]×20％＝18 600(元)或应纳所得税额＝64 000×40％－7 000＝18 600(元)。按我国税法规定,其取得的讲学劳务报酬所得应纳税 18 600 元,因已在国外交纳 20 000 元,因此无须补税,也无须退税。

3. 企业所得税

企业所得税是对企业和其他取得收入的组织生产、经营所得和其他所得课征的一种税收。其征税对象是净所得,即收入总额减去准予扣除项目后的应纳税所得额。

(1) 企业所得税的课征范围

企业所得税的课征范围由各国行使的税收管辖权决定。一般将企业分为居民企业和非居民企业。居民企业负无限纳税义务,就其来源于全世界范围的所得在本国缴纳企业所得税;非居民企业负有限纳税义务,就其来源于本国的所得缴纳企业所得税。也就是说,企业所得税的课征范围是,居民企业取得的来源于全世界范围的所得以及非居民企业取得的来源于该国领土范围内的所得。

我国企业所得税的纳税人同样分为居民企业和非居民企业,其中居民企业是指依法在我国境内成立,或者依照外国(地区)法律成立但实际管理机构在我国境内的企业;非居民企业是指依照外国(地区)法律成立且实际管理机构不在我国境内,但在我国境内设立机构、场所的,或者在我国境内未设立机构、场所,但有来源于我国境内所得的企业。需要特别指出的是,对个人独资企业、合伙企业,征收个人所得税,而不征收企业所得税。

(2) 企业所得税的适用税率

各国企业所得税大多采用单一的比例税率,即使是实行累进税率的国家,其累进程度也较为缓和。

我国现行企业所得税税率为 25％;非居民企业在我国境内未设立机构、场所的,或者虽设立机构、场所但取得的所得与其所设机构、场所没有实际联系的,适用税率为 20％,现在减按 10％的税率征收;企业从事农、林、牧、渔业项目所得,可以免征、减征企业所得税;符合条件的小型微利企业,减按 20％的税率征收企业所得税;国家需要重点扶持的高新技术企业,减按 15％的税率征收企业所得税。

我国现行的企业所得税不再区分内资与外资企业,这有利于为各类企业创造一个公平竞争的税收法制环境。

(3) 企业所得税的课征方式

各国对公司所得税的课征一般采取申报纳税方法。通常的情形是,纳税年度由企业根据其营业年度确定,一经确定就不能随意变更。一般在年初填送预计申报表,年终填送实际申报表,税款实行分季预缴,年终清算,多退少补。

我国企业所得税采取分月或者分季预缴的方式,企业应当自月份或者季度终了之日起十五日内,向税务机关报送预缴企业所得税纳税申报表,预缴税款;自年度终了之日起五个月内,向税务机关报送年度企业所得税纳税申报表,并汇算清缴,结清应缴应退税款。

(4) 企业所得税的计税依据和计算公式

计税依据又称应纳税所得额,其计算公式为:

应纳税所得额＝收入总额－不征税收入－免税收入－

准予扣除项目金额－允许弥补的以前年度亏损

应纳所得税额＝应纳税所得额×税率－减免税额－抵免税额

其中,收入总额是指企业以货币形式和非货币形式从各种来源取得的收入,包括:① 销售货物收入;② 提供劳务收入;③ 转让财产收入;④ 股息、红利等权益性投资收益;⑤ 利息收入;⑥ 租金收入;⑦ 特许权使用费收入;⑧ 接受捐赠收入;⑨ 其他收入。

不征税收入包括:① 财政拨款;② 依法收取并纳入财政管理的行政事业性收

费、政府性基金;③ 国务院规定的其他不征税收入。

免税收入包括:① 国债利息收入;② 符合条件的居民企业之间的股息、红利等权益性投资收益;③ 在中国境内设立机构、场所的非居民企业从居民企业取得与该机构、场所有实际联系的股息、红利等权益性投资收益;④ 符合条件的非营利组织的收入。

准予扣除项目金额是指企业实际发生的与取得收入有关的、合理的支出,包括成本、费用、税金、损失和其他支出,准予在计算应纳税所得额时扣除。

允许弥补的以前年度亏损是指企业纳税年度发生的亏损,准予向以后年度结转,用以后年度的所得弥补,但结转年限最长不得超过五年。

减免税额和抵免税额,是指依照企业所得税法和国务院的税收优惠规定减征、免征和抵免的应纳税额。

(四) 财产课税

财产课税是以纳税人拥有或支配的财产为征税对象的税类,主要包括一般财产税、特种财产税和财产转让税(如遗产税和赠与税)等。在各国的税收体系中,财产税一直是地方政府财政收入的主要来源。多数国家征收财产税,以作为所得课税和流转课税的补充。

1. 财产课税的特点与类型

(1) 税负不易转嫁。财产课税中的多数税种具有直接税的性质,财产持有者在财产使用上一般不与他人发生经济交易关系,因而较难转嫁。

(2) 具有对人课税的性质。财产课税与所得课税虽然都具有对人课税的性质,但两者之间有着显著的区别:财产课税是对财富的存量进行课税;而所得课税的对象则是财富的流量。

(3) 符合纳税能力的原则。财产可以作为衡量个人纳税能力的尺度,有财产者必有纳税能力。

(4) 收入较为稳定。财产课税的对象是财产价值,税源比较充分,并且相对稳定,不易受经济变动因素的影响,因而是财政收入的稳定来源。

(5) 具有收入分配的职能。财产课税实行有财产者纳税,无财产者不纳税,财产多者多纳税,财产少者少纳税的征税原则。这在一定程度上有助于避免社会财富分配不均。

当然,财产课税也存在有明显的缺陷,这主要表现在:① 税负存在一定的不公平。这主要是因为课征手段和评估技术上往往存在着种种弊端。财产中的动产,常常成为隐匿对象;不动产的估价也较难,在征管上难以掌握。因此容易导致税负的不公平。② 收入弹性较小。作为财产征税对象的财产价值一般不易发生变动,因此财产课税收入不易随财政的需要而变动。③ 在一定程度上会有碍资本的形成。财产课税会减少投资者的资本收益,降低投资者的投资积极性。在经济不够发达的时期,财产课税可能将不利于资本的形成。

以征税对象为标准,可将财产课税分为静态财产税和动态财产税。前者是就一定时点的财产占有额,依其数量或价值进行课征,如一般财产税和特种财产税;后者是就财产所有权的转移或变动进行课征,如遗产税和赠与税。

2. 一般财产税

一般财产税,是以财产所有者某一时点所拥有的全部财产价值为课税对象,实行综合课征,税率多采用比例税率。

从各国税收实践来看,一般财产税大体可分为两种类型:一为有选择的财产税,即以列举的几种财产估征价值(不规定扣除项目)为课税对象,如美国的财产税制;二是财产净值税,即以应税财产总额减去负债后的净值额为课税对象,并有免税项目的规定(生活费宽免等),如德国的财产税制。

就美国而言,一般财产税是美国地方政府税收收入的主要来源,约占其全部税收收入的 75% 左右;课税对象主要是房地产、企业设备、存货、牲畜、机动车等有选择地几类财产;实行差别比例税率,各州高低不一,名义税率从 3% 到 10% 不等。

就德国而言,净值税是德国州政府税收的一个来源,但在其收入总额中的比重不大,仅为 0.5%~4% 之间,具有补充所得税的性质;课税对象是纳税人的全部财产净值,即纳税人的全部财产价值扣除其负债后的余额,在财产净值额的基础上再扣除一定的生活费用减免即为计税依据,但对法人则是以其全部财产价值额为课税对象,并规定以 1 万马克为起征点;个人适用税率为 0.7%,法人为 1%,并规定允许将已缴纳的所得税额予以扣除。

3. 特别财产税

特别财产税的主要形式有:土地税、房屋税或房产税,对土地和房屋合并课征的房地产税,对车、船、金融资产等动产征税等。

(1) 土地税

即以土地为课税对象的税收,是世界上比较普遍的一种特别财产税。尽管各国土地税的具体名称各异,但根据税基不同,大致可以分为两类:

一类是财产性质的土地税,以土地的数量或价值为税基。具体税种有实行从量计征的地亩税,以及实行从价计征的地价税。目前世界各国普遍采用的是地价税。

另一类是收益性质的土地税,以土地的收益额(或所得额)为税基。又可以分为两种情况:一种是以土地每年的总收入减除种子、耕作及其他农业投入品等生产费用、管理费用后的总收入为税基,按比例税率计税;其费用采用定率扣除方法。另一种是对转让所有权或使用权的土地,以土地销售价与进价之间的差额,或租赁的实际收入为计税依据,在有些国家被称为土地增值税。

（2）**房产税**

即以附着于土地上的房屋及有关建筑物为课税对象的一种税收。由于房屋与土地关系密切，难以单独估价，因此许多国家是同土地合并课征房地产税。

按课税标准的不同，房产税可以分为三类：

财产税性质的房产税，是以房屋的数量或价值为课税标准，按规定税率征收的一种税；有从量和从价税两种形式。早期的房产税多是从量税，且多以房屋的外部标志为课征标准，如灶税、窗户税等，不易漏征，也简便易行。但从量税也有不能确切反映纳税人的纳税能力的弱点，因此现代各国房屋税的课征多采用从价税，即以房屋的账面价值或市场价值作为课税依据。

所得税性质的房产税，以房屋的租金或出租所得扣除折旧和修理等费用后的纯收益为课税标准，较好地反映了纳税人的纳税能力，也相对公平合理。

消费税性质的房产税，以房屋的消费使用行为作为征税对象，纳税人是房屋居住人。

4．财产转让税

财产转让税是对财产所有权变更进行课征的一种税收，主要包括遗产税、赠与税等。

（1）**遗产税**

遗产税是以财产所有人死亡后遗留下来的财产为征税对象进行课征的税收。按纳税人和征税对象的不同，遗产税大致可分为三种类型：

① 总遗产税制，以财产所有人死亡后遗留的财产总额为课税对象，以遗嘱执行人或遗嘱管理人为纳税人，一般采取"先税后分"的方式，即先征遗产税，然后才能将税后遗产分配给继承人或受遗赠人，并设有起征点，采取累进税率。目前采用这一税制类型的国家主要有美国、英国、韩国等。

② 分遗产税制，又称继承税制，是对各继承人分得的遗产份额课征的制度；一般采取"先分后税"的方式，即先分配遗产，然后就各继承人分得的遗产分别征税；往往采用累积税率，并根据继承人与被继承人之间的亲疏关系，采取差别税率。目前采用这一税制类型的国家主要有日本、德国等。

③ 总分遗产税制，也称混合遗产税制，是对死亡者留下的遗产先课征一次遗产税，然后在税后遗产分配给各继承人时，再就各继承人的继承份额课征继承税，表现为"先税后分再税"的方式。采用这一税制类型的国家包括意大利、加拿大等。

遗产税的功能是对继承遗产加以调节，防止贫富过分悬殊；同时，可以通过遗产税的减免税优惠政策，鼓励公民向慈善事业捐赠的社会风尚。目前全世界大约有三分之二的国家开征了遗产税。

（2）**赠与税**

赠与税是以赠送的财产价值为征税对象而向赠与人或受赠人征收的税收，它是遗产税的补充税种。凡课征遗产税的国家大多同时课征赠与税,实行遗产税与赠与税并用的税制。

与遗产税课征制度相配合,各国的赠与税也分为总赠与税和分赠与税两种:总赠与税,又称赠与人税,是对财产赠与人一定时期内赠与他人财产的总额课征的制度;分赠与税,又称受赠人税制,是对受赠人一定时期内所获得的受赠财产总额课征的制度。前者以赠与人为纳税人,后者则以受赠人为纳税人。

(五) 其他课税

1. 资源税

资源税是对在我国境内开采应税矿产品以及生产盐的单位和个人,因其资源条件差异所形成的级差收入征收的一种税。资源税具有以下特点:

(1) 只对特定资源征税。我国现行资源税只对矿产资源和盐资源征税。在具体确定征税范围时,对矿产资源采取了列举品目的办法。凡列入资源税税目税额表的矿种及产区,都属于征税范围。对未列入税目税额表的矿种及产区,主要是一些税源不大、不具代表性的矿种,如何征收资源税,其权限下放给地方政府,中央未作统一规定。

(2) 具有收益税的性质。我国资源税既是国家凭借政治权力征收的,同时也是根据资源有偿开采和使用的原则征收的,对收益多的多征,收益少的少征。从这一点看,资源税具有收益税的特点,而不像其他税种那样是无偿地征收。

(3) 具有级差收入税的特点。现行资源税通过对同一资源实行高低不同的差别税率,可以直接调节因资源条件不同而产生的级差收入。可见,资源税实际上是一种级差收入税。

(4) 实行从量定额征收。资源税是对各种应税资源分品种、分产地、分等级并根据各种资源的计量单位确定其单位税额,实行从量定额征税。税额的多少只同资源的开采量或销售量有关,同企业成本及产品价格无关。

2. 行为税

行为税是指以纳税人的某种特定行为作为课税对象所征收的一类税。主要税种有印花税、屠宰税等。与其他类税相比,行为税具有如下特点:

(1) 特定目的性。行为税是根据政府宏观调控或其他目的的需要,规定在相对长的一定时期内,对某些特定行为进行课征的一类税。其开征与停征在很大程度上与政府的政策紧密相连,如固定资产投资方向调节税。因此,行为税具有鲜明的目的性。

(2) 调节力度较强。各级政府在不同时期对不同行为进行调节,通过行为税起到其他手段不可替代的作用。同时,行为税对特定行为的调节符合人们的习惯,比较容易为人们所接受。因此,其调节力度较强,往往具有"寓禁于征"的明显特点,如:筵席税、固定资产投资方向调节税等。

（3）分散性和灵活性。由于行为税是针对特定目的开征的税,同时,地方政府又可以根据本地情况因地制宜地决定开征或停征,可能会因政府调节经济的需要进行课征,也可能会因政府的调控目的达到或不必要而停征,所以,其收入占税收收入总额的比重较少,且具有不稳定的特点。

第二节　公债

一、公债概述

公债是一国政府根据借贷原则,以信用形式从社会上吸收资金,以弥补财政赤字或满足其他财政支出需要的一种手段。在现代经济中,公债既是政府增加收入的一种特殊形式,也是宏观财政管理的一种重要手段。

公债的发行是以国家或政府的信用为基础的。公债的产生有两个基本条件:一是国家财政支出的需要,当政府职能日益扩大,仅凭税收不能满足财政支出甚至出现财政赤字时,就必须进行举债;二是社会上要有充足的闲置资金,可供政府借贷。

与经常性的税收收入相比,公债有其明显的特征:① 自愿性。公债的发行和认购建立在认购者自愿的基础上。是否认购,认购多少,完全由认购人自主决定;而税收则具有强制性,只要税法规定其为纳税人,无论是否愿意,都要照章纳税,否则就要受到法律制裁。② 有偿性。政府举借公债,到期必须还本付息;而税收则具有无偿性,它既无须偿还,也无须付出任何报酬。③ 灵活性。公债的发行与否、采用何种方式发行、发行多少,一般由政府视具体情况而定,既不具有时间上的连续性,也不具有发行数额上的固定性;而税收则按照法律规定的标准征收,在征税前就预先规定了征税对象和征税比率。

债务可分为公债和私债。公债的主体是政府部门,一般将中央政府举借的债务称为国债,地方政府举借的债务称为地方债。与此相对应,个人和企业等私人部门举借的债务称为私债。尽管公债与私债均为借贷行为,但公债作为政府的债务,在发行规定及资金运行上,表现出与私债相区别的特点。①在债券发行方面,公债由政府直接或间接运用其权力募集,公债利率的高低、偿还的方式和期限等均由政府单方面决定;而私债则一般由债权人和债务人双方协商决定。由于政府的信誉较高,公债风险较小,所以一般无须借方出具担保。此外,公债的期限可以较长,甚至有永不还本的永久公债。②在资金运行方面,首先,公债创造借贷资本的能力比私债大得多。尽管私人借贷在一定程度上会创造借贷资本,比如,债权人可将他对债务人开出的汇票,向银行贴现或以此为抵押请求放款,商业银行也同样可以拿这些票据向中央银行要求贴现或贷款,这在一定程度上创造了借贷资本,但就其规模来说,远不能和公债相比。其次,公债发行吸收了社会上原有的借贷资本,引起银行信用的扩大,扩大了的借贷资本又可能更多地投入公债,创造出更多的借贷资本。

一般说来,公债负担可以从债务人负担、纳税人负担和代际负担等三个角度进行理解。

债务人负担是指公债到期还本付息的负担。政府借债是有偿的,这就要求政府在安排预算时要有一定数量的资金用于还本付息。特别是随着未偿债务余额的增加,利息支付负担越来越大。由于用于偿债的财政支出份额越大,用于其他项目的支出份额就越小,所以,政府举债要考虑自身的偿债能力。

纳税人负担是指政府还本付息的资金最终来自于纳税人缴纳的税收。与税收的情况相反,通过举债为提供公共服务筹集资金,在财政支出发生时一般不会给纳税人带来实际负担,只是在未来还本付息时才构成纳税人的负担。

代际负担是指当代人的债务负担转移给后代人,或者说当代人把应当承担的公共产品的成本转移给后代人承担。公债的发行是否引起代际负担,应当视政府会采取哪一类型的筹资来源和投资方向而定,不能一概而论。假如公债资金来源于私人部门的投资资金,同时政府又将公债资金用于消费支出,这将使未来的所得和消费减少。此时,公债的发行构成未来的负担。假如政府将公债资金用于公共投资,那么在公共投资的收益不低于该笔资金用于私人投资收益的情形下,公债对未来并不构成负担,反之则构成负担。当然,假如公债资金来源于私人部门的消费资金,而政府又将公债资金用于提供公共产品,则会增加现在和未来的实物供给能力,也就不存在向未来转移负担的问题,后代人或许还会得到净收益。

由于公债存在负担问题,所以公债的发行总有一定的限度。公债的限度一般指公债规模的最高额度或公债的适度规模问题。由于受各种因素的制约,单纯从公债规模的绝对数尚无法明确表明公债规模是否合理,只有采用相对指标才更具有普遍意义。公债规模的评价指标主要有:

(1) 债务依存度。指当年公债发行额占财政支出的比重,反映财政支出依靠债务收入来安排的程度。用公式表示为:

$$债务依存度 = \frac{当年公债发行额}{财政支出} \times 100\%$$

一般来说,债务依存度不超过 25%～35%,是安全的。

(2) 偿债率。指当年还本付息额占当年财政收入的比重,可直接反映政府的偿债能力。用公式表示为:

$$偿债率 = \frac{当年还本付息额}{财政收入} \times 100\%$$

偿债率的警戒线一般为 10% 左右。

（3）公债负担率。该指标从国民经济的总体来考察和把握公债的数量界限，指当年公债累积余额占 GDP 的比重，即：

$$公债负担率 = \frac{公债累计余额}{GDP} \times 100\%$$

一般来说，公债负担率不应超过 60%。

二、公债理论

20 世纪 30 年代以前，以亚当·斯密为代表的古典经济学家反对政府以举债的方式来筹措财政资金。他们认为政府举债是将生产性资本用于非生产性的用途，大量举债的结果必然会引起经济发展的停滞，失业的大量增加。与这一理论相适应，这一段时期西方国家发行公债是比较有节制的，其主要用于弥补战争引起的财政赤字。

20 世纪 30 年代大萧条以来，凯恩斯为代表的经济学批驳了公债非生产性的观点，认为公债是稳定经济、提高就业水平的有效措施。在凯恩斯政府干预思想的推动下，西方国家纷纷实行赤字政策，大量发行公债。美国联邦政府公债余额从 1929 年的 169 亿美元增加到 1986 年的 20 082 亿美元，公债占 GDP 的比重则达到 50% 以上。

然而自 20 世纪 70 年代西方国家普遍发生滞涨以来，凯恩斯学派以扩张性财政政策实现充分就业的主张受到了越来越多的批评，强调财政赤字及公债发行对经济负面影响的呼声日益高涨。与此相呼应的是，西方各国开始大规模削减财政支出，控制公债发行，公债发行规模逐年下降。

（一）李嘉图等价定理

李嘉图在其代表作《政治经济学及赋税原理》中提出了这样一个观点：在某些条件下，政府无论采取征税方式还是举债方式，其效果都是相同的或者等价的，对人们经济行为的影响是无差别的；为政府支出筹措资金采取何种方式，征税还是发行公债是无关紧要的。

李嘉图指出："如果为了一年的战费支出而以发行公债的方式征集 2 000 万镑，就是从国家的生产资本中取去了 2 000 万镑，每年为偿付这种公债利息而课征的 100 万镑，只不过由付这 100 万镑的人手中转移到收这 100 万镑的人手中，也就是由纳税人手中转移到公债债权人手中。实际的开支是那 2 000 万镑，而不是为那 2 000 万镑必须支付的利息。付不付利息都不会使国家增富或变穷。政府可以通过赋税的方式一次性征收 2 000 万镑；在这种情形下，就不必每年课征 100 万镑。但这样做，并不会改变这一问题的性质。"

李嘉图等价定理(ricardian equivalence theorem)的核心观点是公债仅仅是延迟的税收,当前为弥补财政赤字发行的公债本息在将来必须通过征税偿还,而且税收的现值与当前的财政赤字相等。根据李嘉图学派的观点,消费者具有完全理性,能完全预见未来的消费者知道,政府今天通过发行公债弥补财政赤字意味着未来更高的税收。通过发行公债而不是征税为政府支出筹资并没有减少消费者生命周期内的总的税收负担;它仅仅是重新安排税收,唯一改变的是税收的时间安排。

李嘉图等价定理的提出引来诸多争议,其理论前提与现实经济实践的背离制约了定理的有效性。

首先,李嘉图等价定理的核心假设是理性预期。根据理性预期假说,人们不会犯系统的错误,这不是因为他们确切地知道真实的经济模型,而是因为对于明显的错误具有理性预期行为的人们会调整他们的行为直至他们按照真实模型来行事。在这一假设前提下,理性的消费者能够预见现在政府举债意味着将来要增加税收。但根据曼昆的观点,人的理性是有限的,甚至人们在作出消费和储蓄决策时是短视的,债务融资的减税效应将导致人们误以为永久收入增加(其实并没有增加),从而导致其增加消费。另一方面,理性预期假设隐含着个人具有完全的预见能力和充分信息。实际上,未来的税负和收入都是不确定的,例如,商品税更多地取决于人们的行为。对于个人而言,现在减税增加的收入与未来为偿还公债的本息而向此人征收的税收并不必然相等。

其次,李嘉图等价定理假设人们总是遗留给后代一定规模的遗产。事实上并不总是这样。有些父母知道他们的孩子可能生活得比自己更好,毕竟社会在不断进步。因此,这些父母想把一个负遗产(如债务)留给后代。这在正常情况下很难实现,但财政赤字正好可以帮这些父母达到目的:把债务转移给后代,从而享受现时减税的好处。

第三,公债发行对资本市场的扭曲效应。李嘉图等价定理中并没有考虑到资本市场因素。实际上,由于政府拥有征税权和货币发行的垄断权利,公债的违约风险相对较小,由此导致公债利率往往大大低于私人债务的利率。政府减税产生的财政赤字则相当于为私人提供了成本更低的资金。

第四,李嘉图等价定理假定税收是总额税,认为用公债替代税收只会产生税收总额的变化,而且这一变化以可完全由公债数量的变化抵消。但是,大多数税收并非总额税,而是针对经济行为开征的,因此税收由于公债替代而产生的变化,会使经济行为改变,使等价定理不能成立。

尽管在理论上提出了许多理由反对李嘉图等价定理。但是,判断李嘉图等价定理是否真正成立在很大程度上还是一个实证性的问题。大量的实证研究有着截然相反的结论,一些研究支持李嘉图等价定理,而反对李嘉图等价的实证研究也为数不少。

（二）公债的经济效应

公债的经济效应，是指公债运行对社会经济生活产生的影响。这种影响是通过对公债功能的运用来实现的。根据公债效应产生的不同侧面，我们把公债效应归纳为公债的分配效应和公债的调节效应。

1. 公债的分配效应

公债的发行、流通和偿还都会对国民财富的分配产生影响，这种影响就是公债的分配效应。公债的分配效应体现在公债发行、使用和偿还等各个环节。

（1）公债发行的分配效应

发行公债实质上是一个国民收入再分配过程。不论政府借债的目的是为弥补财政赤字，还是筹集建设资金，这种再分配的结果都可使国民收入从认购者手中转向国家，在增加政府可支配财力的同时，减少了个人、企业作为认购者可支配的财力。这种国民收入分配结构的改变，在不同的经济条件下可能产生不同的影响。

在政府正常收入不能随国民收入增长而增长、财政财力匮乏的情况下，发行适量公债可以在不影响认购者正常支出的同时增加政府财政支出，起到优化国民收入分配主体结构的作用；同时，政府支出的扩大为政府职能的实现创造了财力前提，这也有利于经济的稳定增长。反之，如果国民收入分配中政府集中度已经过高，居民个人和企业的财力在满足了必要的消费和生产发展后所余不多，则公债发行余地已十分有限，此时若强制性摊销公债，势必给人民生活和经济发展带来消极影响。

（2）公债使用的分配效应

在国家以发行公债的方式集中了社会闲散资金之后，还要将这部分资金按照实现政府职能的要求去安排和使用。公债对国民收入使用方向产生何种再分配效应，主要取决于购买公债的资金性质和公债的使用方向两个因素。可能出现的情况有以下几种：

一是公债的积累效应。如果公债由消费者个人购买，或由企业用消费基金购买，并用于生产建设方面，则公债再分配是将消费基金转化为积累基金，产生对国民收入分配的积累效应。

二是公债的消费效应。如果公债由企业积累基金购买，或由个人投资者购买，并用于政府消费性支出，则公债再分配是将积累基金转化为消费基金，产生对国民收入分配的消费效应，或称对积累的"挤出"效应。这种情况会缩小积累规模，减缓经济增长速度。加之公债因用于非生产性消耗而难以产生自身的偿还能力，因而，对经济发展和公债的偿还都将带来不利影响。

三是公债的内转效应。它是指由于发行公债而引起国民收入在积累基金内部或消费基金内部相互转化的效应。它主要表现为两种情况：一是当公债由居民或企业以消费基金购买,政府又将公债用于消费性的开支时,公债实现的国民收入再分配只表现为消费基金内部结构的调整,是居民或企业的消费转化为政府的消费。二是当公债由居民或企业以投资基金购买,政府又将公债用于积累性支出,则公债再分配所引起的只是国民收入中积累基金内部比例重组,是市场机制实现的积累转由政府分配机制实现。这种积累内部的转化效应往往对减少一般性建设规模、扩大重点建设和基础设施建设规模有重要意义。它是优化投资结构、协调产业比例的重要手段。

(3) 公债偿还的分配效应

公债的偿还也是国民收入再分配的重要手段。根据政府偿债资金的不同来源,公债偿还所产生的分配效应表现为以下几种情况:

一是公债投资收益在政府与公债投资者之间进行分配。如果政府将公债用于经济建设投资,则公债再投资后产生的收益可作为还本付息的资金来源。在这种情况下,公债偿还不会形成债务人(政府)或纳税人的经济负担,债权人所得到的是公债投资收益的一部分,它产生的是一种良性的分配效应。

二是偿债期提高税负,还债负担由纳税人承担。在政府使用公债并未获得应有的收益,或者公债再投资产生的效益低于筹资成本时,如果政府采取提高税负的办法来筹资偿债,则偿债所引起的是收入从纳税人手中通过政府转移给债权人,从而形成纳税人的公债负担。

三是借新债还旧债,信用关系的延续或替代。在债务偿还期,政府往往采用借新债的办法来偿还旧债。这种方法产生了一种新旧债权主体的替代效应,并延长了政府对公债的使用时间。在分配上,是国民收入通过政府在新旧债权主体之间的转移。

2. 公债的调节效应

公债的调节效应,是指公债作为国家宏观调控的重要手段,对社会经济运行产生的影响。这种影响可以从以下几个方面来分析。

(1) 公债对经济发展速度的调节效应

在社会总需求小于社会总供给、经济发展处于"疲软"状态时,发行公债可以动员社会闲置资金参与经济建设,从而推动经济的发展。在社会总需求大于社会总供给、经济发展处于"过热"状态时,发行公债又可以回笼流通中的货币资金,起到收缩社会总需求、稳定经济增长的作用。公债对社会总需求的这种双向调节效应,是税收等其他手段所难以替代的。

(2) 公债对社会经济结构的调节效应

社会经济结构协调是社会经济持续稳定发展的重要前提。由于发行公债是非政府财力向政府财政财力转化,它在增加政府投资能力的同时,会减弱非政府渠道的投资能力。这种投资主体的转化,意味着投资结构的改变,即由政府负责的社会公益设施、基础设施及重点建设投资的比重必然加大，而由企业及个人投资的一般性产业投资比重则相应降低。表现在国民经济结构中，会引起生产性产业与非生产性产业、基础产业与加工产业等的比例结构的相应变化。

（3）公债对货币流通量的调节效应

一般认为，政府发行公债只是货币购买力从认购者向政府转移，对流通中的货币量没有影响。实际上，公债对货币流通量是否产生影响，还要取决于它的认购者及认购公债的资金来源及其与中央银行货币发行的关系。这可能表现为以下几种情况：

一是居民购买公债对货币流通量的影响。居民购买公债的资金主要是手持现金和储蓄存款。从资金运动的角度看，居民购买公债表现为居民手持现金和银行储蓄存款减少、财政财力增加、中央银行的财政性存款增加。在这种情况下，如果中央银行将财政性存款安排给商业银行贷款，则可能引起货币流通量的增加；如果中央银行将其专供财政使用，则不会增加流通中的货币量，甚至会因商业银行储蓄存款减少，相应的派生存款减少，流通中的货币量也相对减少；如果国家实行财政、货币"双紧"政策，将公债扣留国库不用，则会使流通中的货币量绝对减少。

二是企业购买公债对货币流通量的影响。企业购买公债是企业资金向财政资金转化。如果企业将闲置不用的资金购买公债，这种转化不会增加流通中的货币量。如果企业用生产或消费的资金购买公债，则可能增加其对银行的贷款需求，商业银行贷款增加。如果没有引起中央银行的货币发行，则对流通中货币量的影响也不大。如果商业银行自身难以满足企业贷款需求，并且不得不因此而增加其对中央银行的借款，中央银行又不得不以货币发行来扩大资金来源，满足商业银行的借款需求，则会增加流通中的货币量。

三是商业银行认购公债对货币流通量的影响。在公债由商业银行认购的情况下，如果商业银行正常的资金来源充裕，或能以压缩其他贷款需求来满足政府财政的需求，都不会增加流通中的货币量。如果商业银行原来的资金来源和运用缺乏调节余地，则只能通过向中央银行申请贷款来满足购买公债所扩大的资金运用。这可能成为中央银行增加货币发行的诱因，也可能使流通中的货币量增加。如果中央银行并未因此而发行货币，则流通中的货币量也没有改变。

三、公债制度

（一）公债的种类

按照不同的标准，可以对公债进行不同的分类：

（1）国内公债和国外公债。国内公债是政府在本国境内发行的公债，其认购主体是国内法人和本国公民，债权人为金融机构、机关团体、企业和居民个人，其发行与偿还一般以本国货币为计量单位。国外公债是本国政府在境外举借的债务。债权人可以是外国政府、国际金融组织、外国银行、外国企业、团体组织和个人,通常以债权国通货为计量单位,也可以双方同意的第三国通货作为计量单位。

(2) 短期、中期和长期公债。短期公债多指 1 年以内到期的公债,其特点是周期短、流动性强,近似货币。中期公债一般指 1 年以上、10 年以内的债券。它与短期和长期公债相配合,有利于吸收资金,既可以用来弥补财政赤字,又可以作为重点建设资金的来源。长期公债是指期限在 10 年以上的公债,一般用于特大的经济建设项目或应付突发事件。

(3) 可转让公债和不可转让公债。可转让公债,也称上市公债,是指能够在证券市场上自由流通买卖的公债。认购者可以根据资金需求和市场行情随时兑现公债或转让给他人,从而满足投资者的流动性要求,降低其机会成本。不可转让公债是指不能在证券市场上自由买卖的公债,只能由政府到期还本付息,由于其流动性差,投资的机会成本比较高。

(二) 公债的发行

公债的发行指公债由政府售出或被投资者认购的过程。它是公债运行的起点和基础环节,其核心是确定公债的发行条件和公债的发行方式。

1. 公债发行的条件

公债的发行条件是指政府对发行公债及与发行有关的诸方面所作的规定。它直接影响政府的偿债能力和投资者收益,直接关系到公债能否顺利推销、政府有关政策能否顺利实施等一系列问题。公债的发行条件主要包括:发行期限、公债利率、发行价格等。

公债的发行期限一般根据财政对长短期资金的需求、已发公债的偿还时间、未来市场利率水平的变化趋势等因素确定。公债期限设计要有长远规划,逐步形成长、中、短期限分布的合理结构。

公债利率指公债利息与本金的比率。对债权人来说,公债利率就是其投资收益率,是投资者参与公债发行市场投资收益的重要指标。对债务人而言,利率的高低直接影响其债务负担的轻重。公债利率的高低,通常取决于物价水平、市场利率水平、国家的信用状况、社会资金的供应量、公债期限的长短、付息方式、公债发行的紧迫程度和发行方式等诸多因素。

公债的发行价格是指公债的出售价格或购买价格。在一般情况下,公债发行价格与公债利息率成正比,同市场利率成反比。依据发行价格与票面金额之间的关系,通常将公债发行价格分为平价发行、溢价发行和折价发行。平价发行以票面金额出售,到期也按票面金额还本;溢价发行以高于票面金额的价格出售,到期按票面金额还本;折价发行以低于票面金额的价格出售,到期按票面金额还本。

2. 公债发行的方式

公债的发行主要有四种方式,即固定收益出售、公募拍卖、连续经销和直接推销。

(1)固定收益出售。这是一种在金融市场上按预先确定的发行条件推销公债的方式。其特点是:认购期较短、发行条件固定、推销机构不限,主要适用于可以转让的中长期债券的推销。在金融市场利率稳定的情况下,采用固定收益出售方式是比较有利的,政府可以确定公债的收益条件和发行数量,灵活选择有利的推销时间。但在金融市场利率易变的情况下,政府不易把握金融市场行情,采用这种方式就会遇到困难。此时,政府往往辅以销售担保措施,即采用财团包销的方式。

(2)公募拍卖。这是一种由发行人在金融市场上通过公开招标推销公债的方式,也称投标竞标方式。其特点是:发行条件通过投标决定,拍卖过程由财政部门直接负责组织;主要适用于中短期公债,特别是国库券的推销。根据竞标的不同,分为价格投标和利率投标。其优点是避免了因市场利率不稳定、公债发行条件与市场行情脱钩所引起的不能完成发行任务的情况,但可能出现价格过低或利率过高的情况,所以,政府往往采取最低标价和最高利率的限制措施。

(3)连续经销。这是一种推销机构受发行人委托在金融市场上设专门柜台经销,并拥有较大灵活性的公债发行方式。其特点是:经销期限不定,发行条件不定,主要通过金融机构和中央银行以及证券经纪人经销,随行就市,主要适用于不可转让债券,特别是对居民个人发行的储蓄债券的推销。它的主要优点是可灵活确定公债的发行条件及推销时间,确保发行任务的完成;缺点是它会排挤民间的筹资活动。因此,很少有国家采用这种方式发行公债。

(4)直接推销。这是一种由财政部门直接与认购者通过谈判出售公债的发行方式。其特点是:发行机构只限于财政部门,不通过任何中介或代理机构;认购者限于机构投资者,个人投资者不能以此种方式认购公债;发行条件通过直接谈判确定;主要适用于某些特殊类型的公债的推销。这种发行方式的优点在于它可以充分把握各方面的社会资金潜力,可以向各类认购者设计发行条件不同的公债。缺点是工作量巨大、任务繁重,只限于在有限的范围内实行。

一般说来,西方国家的政府在发行公债时并不单纯使用上述的任何一种方式,而是将一些发行方式综合起来加以运用,取其所长、补其所短,采用组合方式发行。比如,在英国,公债发行往往采取先拍卖后连续经销的方式,先将公债以拍卖方式出售,拍卖后的余额由英格兰中央银行负责购入,然后再以连续经销方式继续出售,直到全部售完。

(三)公债的偿还

公债的偿还是政府根据发行条件的规定,对到期公债支付本金和利息的过程,它是公债运行的终点。

1. 公债的偿还方式

尽管偿还公债时本金和利息都是公债发行时预先规定好的,但何时偿还,以何种方式偿还,政府有一定的选择余地。公债的偿还方式主要有以下几种。

(1)一次偿还法。是指政府对发行的公债实行到期后按票面额一次全部兑付本息的方法。其优点是公债偿还管理工作简单易行。缺点是在缺乏保值措施的情况下,债券持有人容易受到通货膨胀影响;并且集中一次性还本付息,会造成政府支出的急剧膨胀,给财政造成很大压力。我国自 1985 年以来向个人发行的债券大部分采用这种方式偿还。

(2)分次偿还法。指政府对所发行的公债采取分期分批的方式偿还本息。依据对偿还时间的决定方式不同,分次偿还法可以分为以下两种:一种是分期偿还法,即对一种公债规定几个偿还期,每年按一定比例分期偿还公债。其优点是有利于分散公债偿还对财政的压力,缺点是工作量大,管理费用高。另一种是抽签偿还法,政府控制每年公债还本付息的总额,但对具体债券的偿还则以公债债券号码抽签来确定,直到全部债券中签偿清为止。这种偿还方式的利弊与分期偿还法类似。我国 1954～1958 年发行的国家经济建设公债,采取的是分次抽签法;1981～1984 年发行的四期国库券,采用的是一次抽签偿还法。

(3)市场劝销法。又称购销偿还法,指政府根据公债市场行情,适时购进公债券,使债券期满时,已全部或大部分为政府所持有的逐步清偿方式。这种方式的优点是给投资者提供了中途变现的可能性,并有利于稳定证券市场,维护公债市场价格;缺点是对从业人员有较高的素质要求。这种方式适用于可流通公债,尤其是短期公债。

以上各种偿还方式各有利弊,应根据财政状况和宏观经济形势的需要,灵活运用,相机抉择,不必拘泥于一种方式。

2. 公债偿还的资金来源

偿还公债的资金来源一般有以下几种。

(1)偿债基金。指政府预算设置一种专项基金,专门用于偿还公债,即每年从财政收入中拨出一笔专款设立基金,交由特定机关管理,专做偿还之用。建立偿债基金的优点是能够保证公债的及时偿还,保证债权人的利益,提高公债信誉,减轻债务成本,使债务偿还具有计划性,从长远角度看还可以起到均衡偿还作用。缺点是限制了公债的调控功能,容易被挪用而变得形同虚设。

(2)预算盈余。指政府用上年预算收支的结余部分来偿还公债的本息。这种方法增大了政府还债的灵活性,可以增强政府预算的弹性。但是,纵观当今世界各国,许多国家出现赤字,即使有盈余,数额也不多。所以,预算盈余只能作为偿还公债的部分来源,不能成为主要来源。

（3）举借新债。指政府通过发行新的公债筹集资金偿还到期债务。采用这种方法，能够推迟政府实际偿还时间，延缓偿债负担，暂时渡过偿债高峰；缺点是很难减轻债务，同时还要有良好的信用和比较发达的金融市场等社会经济环境。

四、公债市场

（一）公债市场的含义

公债市场是政府通过证券市场进行公债交易的场所，是证券市场的构成部分。按照公债交易的层次或阶段，可以将公债市场划分为公债发行市场和公债流通市场。

公债发行市场以发行公债的方式筹集资金的场所，又称公债一级市场或初级市场，是公债交易的初始环节。在这一市场上，具体决定公债的发行时间、发行金额和发行条件，并引导投资者认购及办理认购手续、缴纳款项等。公债发行市场并没有集中的具体场所，是无形的观念性市场。公债发行市场由作为筹资人的政府、投资者和中介机构组成。公债可以直接发行，即由政府自行办理公债的发行手续；也可以间接发行，即由政府委托中介机构办理公债的发行手续。公债发行市场的中介机构主要有投资银行、承购公司和受托公司等证券承销机构，它们分别代表政府和投资者处理一切有关债券发行的实际业务和事务性工作。

公债流通市场是买卖已发行的公债的场所，又称公债二级市场或转让市场。公债流通市场一般是有形市场，具有明确的交易场所。在公债流通市场上进行的交易一般是承销机构与认购者之间的交易，也包括公债持有者与政府、公债认购者之间的交易。可分为证券交易所交易和场外交易两类。前者是指在指定的证券交易所营业厅内进行的交易，后者指不在指定的证券交易所营业厅内进行的交易。公债的发行市场与流通市场是相互依存、互为作用的。发行市场是流通市场的基础和前提，只有具备了一定规模和质量的发行市场，流通市场的交易才有可能进行；发行市场上债券的发行条件、发行方式等对流通市场上债券的价格及流动性都有重要的影响。流通市场又能促进发行市场的发展，流通市场为发行市场发行的债券提供了变现的场所，使债券的流动性有了实现的可能，有利于提高投资者的投资兴趣，使新债券的发行成为可能；同时，流通市场的流动性以及形成的债券价格，是决定发行市场上新发债券的发行规模、条件、期限等的重要因素。

（二）公债市场的功能

公债市场一般具有四个方面的功能。

为公债的发行和流通提供一个有效的渠道。一方面，政府可以在公债市场上完成发行公债和偿还公债的任务；另一方面，公债投资者可以通过公债市场买入或转让公债,从而实现获利或者改换投资方向的目的。

引导资金的流向,调节资金的运行,从而达到社会资金的优化配置。无论是公债的发行还是公债的流通,都是社会资金的再分配过程,借助这种再分配过程,社会资金的配置逐步趋于合理。

它是连接财政当局与货币当局,综合运用财政政策和货币政策对宏观经济发挥调节作用的市场渠道。中央银行通过公开市场业务,买入、卖出公债,可以调节货币的供给与需求,实现宏观经济目标。当市场上的货币供应量超过预定指标,物价上涨,需要紧缩银根时,中央银行便向市场抛售政府债券,回收货币,提升货币市场利率,从而达到收缩信用的目的;当市场货币供应量未达到预定指标,生产出现萎缩现象,需要放松银根时,中央银行则从市场购进大批政府债券,投放货币,促进货币市场利率下跌,从而达到扩大信用的目的。中央银行在进行公开市场业务的操作时,必须能够自主地随时买卖任何数量的某些金融资产,以便使交易顺利进行而不致中断,这就要求由中央银行买卖的这些资产要具有较高的信誉和较强的流动性。最为符合这些条件的资产就是政府债券。因此,中央银行的公开市场业务绝大部分是买卖公债,特别是短期公债。

提供和传播经济信息。公债市场的买卖、行市和收益等均受客观规律的影响,对其变化情况进行分析和研究,可以从不同角度了解社会经济现象。这样,既可以为政府提供决策所需信息,也可以为广大投资者提供分析投资环境的信息。

第三节　规费与使用费

一、规费

规费是公共经济部门的行政、司法机构向个人或单位提供某种特定服务或实施行政、司法管理时所收取的手续费和工本费。规费的收取范围处于市场完全失灵的领域,是在政府提供纯公共产品的过程中收取的费用,属于广义的政府收费的范畴。

(一)规费的分类

规费按照收费主体不同可分为两大类。

(1)行政规费。即政府行政管理部门在实施行政管理过程中,向特定的受益者收取的费用。行政规费的名目很多、范围也广,一般包括内务规费,如户籍费;外事规费,如护照费;经济规费,如商标登记费、商品检验费、度量衡检验费等;教育规费,如毕业证书费;以及其他行政规费,如会计师、律师、医师执照费、驾驶执照费等。

（2）司法规费。即司法机构向享受司法服务的单位或个人收取的费用。主要包括两类：一是诉讼规费，具体包括民事诉讼规费和刑事诉讼规费两类；二是非诉讼规费，如结婚登记费、出生登记费、财产转让登记费、继承登记费和遗产管理登记费等。

（二）规费的收费标准

由于规费的收费主体是行政、司法机构，而行政、司法机构的经费是由财政拨付的，因而一般规费的收取不带有任何盈利目的，甚至成本的补偿也处于次要地位。行政司法机构收取规费主要是为了促使单位和个人更为合理地使用政府提供的行政司法服务，从而便于行政司法机构更有效地实施行政司法管理，维护正常的社会经济秩序。因此，规费的收费标准的确定通常以行政司法机构提供特定服务的直接费用作为依据。

二、使用费

使用费是政府公共经济部门的企、事业单位向特定公共服务或公共设施的使用者收取的费用。

（一）使用费和规费的区别

使用费和规费同属于广义的政府收费的范畴，但二者的区别是显而易见的：首先，二者的收费主体不同。规费的收费主体是行政、司法机构；使用费的收费主体是政府公共部门的企、事业单位。其次，二者的收费目的不同。规费的收费目的主要在于促使个人或单位合理有效地使用行政、司法机构提供的公共服务，而不是弥补行政、司法机构提供公共服务的成本开支，其成本开支主要是通过税收来弥补的。因为行政、司法服务属于纯公共产品的范畴。而使用费的收费目的主要在于弥补企、事业单位提供服务或设施的成本开支，可以是部分弥补，也可以是全部弥补，甚至可以取得一定盈利。再次，二者的收费标准不同。规费的收费标准通常是以提供公共服务的直接成本为依据，因而收费标准一般较低，而使用费的收费标准通常以公共服务或设施的全部或部分成本作为依据，因而收费标准相对较高。最后，二者的收费范围存在区别。规费的收费范围是市场完全失灵的领域，而使用费的收费范围则是市场部分失灵的领域。

（二）使用费的分类

按照使用费的收费主体不同，可将使用费分为两大类。

（1）事业性收费。事业性收费是科、教、文、卫、体等事业单位按照国家的有关规定向服务对象收取的费用。如学校、医院、科研机构、文化馆、体育馆、博物馆、剧院、出版社等单位向服务对象收取的费用。由于事业单位提供的服务总体上讲属于准公共产品的范畴,其收费范围是市场部分失灵的领域,所以事业性收费和市场交易行为是有严格区别的。后者遵循等交换原则,而事业性收费大多是不等价的,其收费通常只是对服务成本的部分补偿。

(2)企业性收费。企业性收费是处于政府公共经济部门的国有企业在提供服务或设施时向特定的受益者收取的费用,如交通运输费、邮电费、通讯费、水费、电费等。企业性收费的范围也处于市场部分失灵的领域,但市场失灵的程度比事业性收费范围的市场失灵程度低。因为这些企业单位提供的准公共产品更多地具有私人产品的属性,所以其与事业性收费还是有区别的,除收费主体不同外,企业性收费的标准通常比事业性收费的标准高,其不仅要弥补生产成本,甚至要取得一定盈利。企业性收费与市场交易行为也有区别,但不如事业性收费与市场交易行为的区别那样严格。市场交易行为遵循等价交换原则,且以盈利为目标,企业性收费强调成本得到弥补,且有时也追求一定的盈利,但盈利不是其唯一目标。

(三)使用费的收费标准

1. 事业性收费的标准

由于事业性收费的主体通常都不同程度地享受财政拨款或补贴,所以事业性收费标准的确定应以弥补财政拨款或补贴的不足部分为基本依据,而不能以盈利为目标。事业性收费通常以事业单位向社会提供某种特定服务的直接和间接费用作为收费标准。

具体到某一事业单位的收费标准,则应根据该事业单位向社会提供的服务所具有的公共产品属性的多少来灵活确定。比如教育事业单位中的基础教育单位、科研事业单位中的基础科研单位、卫生事业单位中防疫单位等提供的服务更多地具有公共产品的属性,通常财政对这些单位的拨款较为充足,因而相应地,其收费标准应该很低,甚至免费提供。而分别与上述单位相对应的高等教育单位、应用科研单位以及一般医疗单位,由于所提供的服务更多地具有私人产品的属性,故财政对这些单位的拨款或补贴相对较少,所以其收费标准相应应该提高。因此,事业单位收费标准的高低应该与其提供的产品所具有的公共产品属性的多少及其得到的财政拨款或补贴的多少成反比。

2. 企业性收费的标准

政府公共经济部门的国有企业向社会提供公共服务或公共设施,通常带有一定的垄断性,不是任何单位和个人都可以从事的,因而对其收费标准的确定,国家通常是要加以控制和管理的,以防止企业凭借自然垄断地位攫取超额利润,损害公共利益。这些企业通常自收自支,因而其收费标准的确定应该保证成本费用的收回,而且为了满足扩大再生产的需要,还应该使企业有一定的经营利润,但政府应该控制其盈利水平。考虑到自然垄断行业的平均成本呈下降趋势,为了扩大产量、降低成本,政府可按企业的边际成本与需求曲线的交点确定收费标准,但由此而产生的亏损则应由财政补贴。总之,企业性收费标准的确定也不是完全放开的,而是受政府控制的。这也是这些企业从属于公共经济部门,而不是属于私人经济部门的原因。

本章小结

税收是政府为了实现其职能,按照法律事先规定的标准,对私人部门强制课征所取得的收入,具有强制性、无偿性和固定性;税收制度由纳税人、征税对象、税目、税率、纳税环节、纳税期限、附加或减免、违章处理等基本要素构成。

税收的公平原则强调税收应有助于实现收入的公平分配,可以概括为受益原则和纳税能力原则。受益原则要求每个人所承担的税负应当与他从公共产品中的受益相一致;纳税能力原则就是根据每个人纳税能力的大小来确定其应当承担的税收。税收的效率原则要求税制的设计应有助于实现资源的有效配置,应遵循税收的充分与弹性原则,遵循税收的中性原则,遵循税务行政效率原则,发挥税收市场失灵的校正功能。

税收的转嫁是指税法规定的法定纳税人将税收负担全部或部分转移给他人的过程;税收的归宿则是税收负担经过转嫁后最终的着落点,表明税收负担最终是由谁来承担的。税收转嫁的形式包括前转、后转、混转、消转,税收资本化则是后转的一种特殊形式。税收的转嫁与向谁征税无关,而与供需弹性有关。

流转税是以商品和劳务流转额为征税对象征收的税。其具有税源普遍、税负容易转嫁、课税环节灵活、税负具有累退性、征收管理具有简便性等特点,并能有效配合社会经济政策的实施。主要包括增值税、消费税、营业税等。

所得课税以所得为课税对象,主要包括个人所得税和企业所得税。对所得课税,其税负具有直接性,不易转嫁;不存在重复征税问题;税收分配具有累进性,较能体现税收公平原则;课税具有弹性;税收管理具有复杂性。按照各国对所得课征方式的差异,所得课税的税制通常分为分类所得税制、综合所得税制和分类综合所得税制三种类型。

财产课税是以纳税人拥有或支配的财产为征税对象的税类,主要包括一般财产税、特种财产税和财产转让税(如遗产税和赠与税)等。其税负不易转嫁,具有对人课税的性质,符合纳税能力的原则,且收入较为稳定,并具有收入分配的职能。

公债是一国政府根据借贷原则,以信用形式从社会上吸收资金,以弥补财政赤字或满足其他财政支出需要的一种手段。与经常性的税收收入相比,公债具有自愿性、有偿性、灵活性等特征。李嘉图等价定理指出,在某些条件下,政府无论采取征税方式还是举债方式,其效果都是相同的或者等价的,对人们经济行为的影响是无差别的;为政府支出筹措资金采取何种方式,征税还是发行公债是无关紧要的。

公债具有分配效应和调节效应。公债的发行是公债运行的起点和基础环节,其核心是确定公债的发行条件和公债的发行方式;公债的偿还主要有一次偿还法、分次偿还法与市场劝销法等方式;公债偿还资金主要来源于偿债基金、预算盈余和举借新债。公债市场的存在能够为公债的发行和流通提供有效渠道,调节资金运行,作为宏观调控的市场渠道,以及提供和传播经济信息等功能。

使用费和规费同属于广义的政府收费的范畴,但两者的收费主体不同,收费目的不同、收费标准不同,收费范围也存在区别,规费的收费范围是市场完全失灵的领域,而使用费的收费范围则是市场部分失灵的领域。

思考与练习

一、基本概念

纳税人	征税对象	税基
税目	税率	全额累进税率
超额累进税率	纳税环节	横向公平
纵向公平	均等绝对牺牲	均等比例牺牲
均等边际牺牲	税收的超额负担	中性税收
税收转嫁	税收归宿	税收的资本化
单一税制	复合税制	直接税
间接税	拉弗曲线	增值税
分类所得税制	综合所得税制	分类综合所得税制
公债	代际负担	债务依存度
公债负担率	规费	使用费

二、简答

1. 简述税收制度的基本要素。
2. 如何理解现代税收的基本原则?
3. 收入、消费和财产作为税基各有哪些优缺点?
4. 如何认识和理解公债的负担?
5. 简述李嘉图等价定理。
6. 试比较说明流转课税、所得课税与财产课税的特点。

三、计算

1. 某企业 2008 年购进固定资产 800 万元,进项税款 120 万元,固定资产使用期为 5 年。销项税款每年为 200 万元,购买原材料进项税款每年为 25 万元。试计算并比较该企业三种类型增值税的应纳税额。

2. 张教授是 A 大学的教师,同时也是 B 公司的高级职员,在两处获取工资。某月,张教授在 A 大学获得工资 3 000 元,在 B 公司获得工资 2 800 元;为某企业进行机械设计获报酬 8 000 元;从事技术咨询获得 10 000 元。试计算他当月应缴纳的个人所得税。

3. 2010 年初,某国有企业向税务机关报送 2009 年度企业所得税纳税申报表,其中,表中填报的产品销售收入 700 万元,减除成本、费用、税金后,利润总额为 −15 万元,应纳税所得额也是 −15 万元。税务机关经查账核实以下几项支出:

(1) 企业职工总数 70 人,全年工资总额 86 万元,已经列支,该省规定的计税工资标准为每人每月平均 800 元;

(2) 企业按工资总额提取的职工福利费、教育经费、工会经费共 15.05 万元,已列支;

(3) 企业通过希望工程基金会向贫困地区希望小学捐赠款 20 万元,已列支;

(4) 企业全年发生业务招待费 8 万元,已列支。

请计算企业的应纳所得税额。

四、论述分析

搜集数据,分析我国税收结构的变动状况。

第八章　国家预算

学习目的与要求

本章主要阐述国家预算与国家预算制度。通过本章的学习,应掌握国家预算的内涵、分类及其原则;了解西方国家预算制度的发展过程;掌握我国国家预算的编制、审批、执行与决算过程。

国家预算是政府集中和分配资金、调节社会经济生活的主要财政机制,是由各级政府编制的、经立法机关审批,反映政府一个财政年度内收支状况的计划。国家预算的功能首先是反映政府的财政收支状况,通过预算的编制、审批、执行和决算程度,能够反映国家和政府活动的范围、方向和政策,并体现为国家权力机构和全体公民对政府财政活动的监督。

第一节　国家预算概述

一、国家预算的概念

国家预算(national budget)是指在一个国家范围内由各级政府编制的、经立法机关审批,反映政府一个财政年度内的收支状况的计划。它是各级政府的基本财政收支计划。它的功能首先是反映政府的财政收支状况。

从形式上看,国家预算就是按一定标准将财政收入和支出分门别类地列入特定的表格,可以使人们清楚地了解政府的收支活动,成为反映政府财政活动的一面镜子。

从实际经济内容来看,国家预算的编制是政府对财政收支的计划安排,预算的执行是财政资金的筹措和使用过程,国家决算则是国家预算执行的总结。

从作用上看,国家预算反映的是政府集中支配的财力的来源、规模和使用方向,通过国家预算所确定的财政收支规模与结构,又从财力上决定了政府活动的范围、方向和国家政策。同时,由于国家预算要通过国家权力机关的审批方才生效,所以又是国家的重要立法文件,体现了国家权力机构和全体公民对政府活动的制约和监督。

二、国家预算的分类

（一）中央预算与地方预算

以预算分级管理的要求为依据对国家预算进行分类,国家预算可分为中央预算与地方预算。所谓中央预算(central budget),是指中央政府的财政收支计划。它是由中央各部门(含直属单位)的预算及地方向中央的上缴收入、中央对地方的返还或补助数额组成。中央预算在国家预算中占主导地位。地方预算(local budget),是指地方政府的财政收支计划,包括本级各部门(含直属单位)的预算及下级政府向上级政府上缴收入,上级政府对下级政府的返还或补助的数额。地方预算负有组织实现大部分国家预算收入的重要任务,在国家预算中居于基础地位。

（二）单式预算与复式预算

以形式差别为依据对国家预算进行分类,国家预算可分为单式预算和复式预算。单式预算(single budget),是指国家财政收支计划通过统一的一个计划表格来反映。20世纪30年代世界经济危机之前,世界各国都通过一个收支预算表反映财政收支,即采用单式预算。单式预算采用的国家最多,使用时间也最长。其优点是符合预算完整性的要求;便于立法机构审议批准及社会公众了解国家预算的全貌;将全部收入项目列入"收入"栏内,将全部支出项目列入"支出"栏内,使人一目了然;便于监督和控制财政收支。其缺点则是没有将全部财政收支按经济性质分列和分别汇集,不便于经济分析和有选择地进行宏观经济控制;不能充分反映财政资金的使用效果。20世纪30年代以后,为调控经济,单式预算不能适应要求,因此产生了复式预算。

所谓复式预算(multiple budget),是指国家财政收支计划通过两个或两个以上的计划表格来反映,通常包括经常预算和资本预算。经常预算是指财政经常性收支计划,由政府以社会管理者身份取得的收入(如税收)和用于维持政府机关活动、维护社会秩序、保障国家安全、发展教科文卫及社会公益事业的支出组成。资本预算是财政投资性收支计划,由政府投资性支出和各种专门收入来源组成。在资本预算中,经常预算结余和债务收入是其重要的收入来源。

单式预算不利于对复杂的财政活动进行深入的分析与管理,特别是随着市场经济的发展与财政活动的日趋复杂,单式预算弊病愈益明显;它提供假象,不能反映政府赤字的内容、原因和本质,不利于宏观经济的正确决策,容易将临时性收入作经常性支出安排,人为地抬高支出基数,加剧供求不平衡的矛盾。而实行复式预算则可克服上述弊端,客观地反映财政收支对比状况,表明财政的承受能力,为国家实行正确的宏观决策提供可靠的依据,有利于控制投资规模、提高投资效益等。

我国长期以来实行的是单式预算,自 1992 年起,中央和省一级政府预算开始采用复式预算形式进行编制,其做法就是将国家预算按经常性预算和建设性预算分别进行编制。自 1994 年起,各级预算均采用复式预算形式进行编制。

（三）增量预算与零基预算

以内容上的差别为依据对国家预算进行分类,国家预算可分为增量预算和零基预算。

所谓增量预算(incremental budget),是指财政收支计划指标是在以前财政年度的基础上,按新的财政年度的经济发展情况加以调整之后确定的。因此,增量预算与以前财政年度财政收支的执行情况及新的财政年度国家经济发展趋势密切相关,从其总的收支走势看是逐年上升的。

零基预算(zero-based budget),是指财政收支计划指标的确定只以对社会经济发展的预测为依据,不考虑以前年度的财政收支状况,而是以“零”为基础。零基预算不受现行财政收支执行情况的约束,使政府可以根据需要确定优先安排的项目,有利于提高预算支出的经济效率、减轻国家为满足不断增加的财政支出而增加税收和扩大债务所带来的压力。从各国的实践来看,零基预算事实上还未成为确定的编制预算的一般方法,通常只用于具体收支项目上。世界各国的预算,无论是单式预算还是复式预算,仍主要采用增量预算法。

三、国家预算的原则

从各国实践来看,预算的编制执行有以下五大原则。

1. 公开性

由于国家预算是政府活动的全面反映,与每个国民相关,所以国家预算及其执行情况必须以一定形式公之于众,不仅要置于立法机关的监督之下,而且要置于全体国民的监督之下。

2. 可靠性

国家预算是一种法律文件,是按法定程序形成的国家收支计划。因此,国家预算内每一项收支数字不得假定、估算,更不能任意编造。

3. 完整性

前文的定义已经指出,预算是国家一切公共收支计划的总和,无论是中央还是各级地方政府的一切公共收支均要反映在预算中,不可打埋伏,造假账。法律允许的预算外收支,也应在预算中有所反应。

4. 统一性

各级政府的财政部门是国家预算的主管机关,无论哪一级财政部门均要按统一设定的科目、统一的口径和计算程序来填列预算。

5. 年度性

国家预算通常按年度编制和执行,因此有"财政年度"或"预算年度"的概念。依据起止时间的不同,财政年度有历年制和跨年制两种。历年制的财政年度的起止时间同公历年度的起止时间相同,即从 1 月 1 日起到同年的 12 月 31 日止。按照《中华人民共和国预算法》规定,我国的财政年度采用历年制。跨年制的财政年度跨两个日历年度,例如美国,采用跨年制,即从当年的 10 月 1 日到次年的 9 月 30 日止;日本和英国的跨年制预算则是从当年的 4 月 1 日到次年的 3 月 31 日止。之所以起讫日期不同,是因为各国税收缴纳时间和立法机关召开会议的时间不一样。

第二节　西方国家预算制度的发展

西方国家现代预算制度的发展历程,往往以 1921 年美国《预算与会计法》的颁布为溯源。在此之前,美国联邦政府预算的编制由国会负责,参议院与众议院内各委员会均拥有管辖拨款案的权力,国会每年通过无数零散且互不相关的拨款案,而非单一的预算案。这种国会编制预算的制度缺乏有效的支出控制,对于政府支出并无一套完整的分类。因此,到了 20 世纪,随着政府支出的剧增,美国政府于 1921 年实施了第一个预算改革,即授权总统负责编制与执行预算,形成了"行政预算制度"。

一、行政预算制度

行政预算制度(executive budgeting system)的基本假设是行政首长最清楚他们机关的预算,他们可以采用预算控制支出、配置资源、规划新政策以及管制成果,使政府机关的运作达到效率。行政首长可将预算按工作计划、功能、机关差别和支出目的予以划分,预算代表一个个完全定义并有财务支持的工作计划,如此将使政府的施政更符合国家与社会的需要。可以说,美国政府预算改革的想法是从如何强化行政首长的预算权责开始的。

二、细目预算制度

行政预算制度区分预算与拨款是以基金、机关项目和支出目的为主,过度强调项目的支出控制,因而对工作计划和方案的绩效缺乏关注。对于行政预算制度有关的批评可归纳为:它偏重投入面(金钱、人员和物质),忽视成果或产出,缺乏计划导向,未明示计划的目标、成本和成效。由于是属于对政府不信任时代的产物,它基本的设计是为了控制支出,所以并不适合于福利国家的大规模政府计划。

进一步的预算改革提出了行政预算制度的其他缺点:预算偏重于每一支出项目的边际改变,而非定期的检讨所有计划的效率。即使有些预算与长期计划和政策有关,亦不易显示出来。预算作业方式经常忽视了目前决策对未来施政计划和财政负担的影响。由于无适当的绩效指标及测量制度,对于政府工作计划和方案的有效性难以分析。总之,传统行政预算制度成为一个无法合理、有效率配置资金的工具。因而在 20 世纪 30 年代形成了"细目预算制度"(line-item budgeting system),或称为"项目列举预算"。

所谓细目预算制度即预算按收支项目逐列编制,最后予以汇总。例如,支出项目可按支出用途予以列举(如人事费、材料费及资本支出等);这些项目又可再细分为个别费用表,如人事费可再细分为固定薪资、临时薪资、加班费与津贴等。项目预算编制方式是控制支出和资源管理的利器,集中在支出项目而非宽松的计划成本估计,规定每一个机关必须为所通过的预算负责。此传统预算编制方式能沿用至今,即在于它是控制支出的主要工具。此后的预算制度改革只是在这一制度的基础上进行增减或修正,而非完全取代它。

三、功能预算制度

大萧条的爆发使得此前坚持平衡预算的政策实践受到了极大的挑战。凯恩斯政府干预主义学说倡导国家应以财政预算为工具,实行公共投资,并运用货币政策、降低市场利率、诱导投资活动,以增加就业机会、提高消费倾向、促进经济繁荣。1933 年美国罗斯福总统推行新政,即运用上述功能预算的原理,增加通货、扩张政府支出、引导社会有效需要、提高消费倾向、刺激投资意愿、促进生产、创造充分就业。自此政府预算的编制开始强调其推动经济稳定发展的功能,注重政府支出的功能为预算的基础。

功能预算将政府支出按目的或功能予以归类,而非仅考虑机关差别或支出项目。依此分类,决策者至少可粗略地了解某些政府功能的成本,例如,卫生、教育、交通和福利及其相对的优先次序。

美国预算局于 20 世纪 40 年代试行了一套非正式制度,用以显示按功能划分的政府成本。由于成果相当令人满意,于是在 1949 年,一套有关预算功能划分的制度被正式采用。该制度将功能相关的预算予以归类,而不论是由哪一个机关负责。实行理由是采用此种新的预算划分方式,提供国会及全体民众一个有用的预算摘要,让他们更了解政府在做什么或预期做什么,以及什么是政府施政计划所设计达成的最终目的。1950 年代起,美国的州与地方政府以及世界上许多国家也陆续采用功能预算制度(functional budgeting system)。

四、绩效预算制度

美国政府为突出预算的计划性与绩效性，于 1950 年开始推行绩效预算制度（performance budgeting system），强调绩效预算能显示需要资金的目的和目标，以及达成这些目标的计划成本与每一计划所完成工作的数量。

绩效预算的优点在于，可以利用绩效预算作为有效控制的工具，以加强管理与监督。根据预算执行考核工作绩效，促进员工对成本的警觉性，提高工作绩效。业务或工作若存在不合理或浪费的现象时，也较易发觉，并能适时纠正；对为达到同一目标而设计的各项计划或方法，也较易选择取舍。由于绩效预算往往较为精确，则可以减少或限制许多无谓的追加预算，便于立法、审计机关或预算审议委员会审议预算及经费。

绩效预算的缺点在于其过分重视绩效，不能主动推行政策。各行政机关往往会尽量制定易见绩效的业务计划，从而会忽视极具价值的长远计划。各行政机关将尽量减低其预计工作量，以显示其绩效；同时夸张其计划所需成本，以求获得较多的经费预算，造成计划的制定与实际业务情况发生脱节。同时，绩效预算制度被证实是相当耗费时间的，而且行政机构的部门绩效往往难以客观衡量；为了收集绩效信息，则会给公务员增加沉重的公文作业，增加行政成本；对绩效的要求也可能导致虚假呈报，扭曲绩效预算的原意。

尽管如此，绩效预算并未因为上述缺点和障碍而消失；相反的，它的原则和精神仍旧影响着许多国家的预算过程与预算改革。

五、计划—规划—预算制度

1965 年，美国联邦政府预算局推行"计划—规划—预算"制度（PPBS），其包含了以下四个要素：① 编制各机关的计划机构，将各机关的支出按目标或目的予以归类。这个步骤是建立投入与产出关系所必需的，借此可更清楚地了解政府资金将如何支用，即将购买何种财货或服务。② 规定各机关的计划备忘录需送达预算局，该备忘录具备下述三项特征：便于审查各机关的计划，甚至可能重新界定计划的目标；陈述完成该目标的替代办法；粗略估计每一替代方案的成本与效益。③ 订定财务计划书，该计划书能显示出各机关所负责计划的过去支出状况、当年度预算数及未来支出预估数，并尽可能说明每一计划的产出。④ 分析性的研究，依据不同机关的计划备忘录，对各替代政策进行评估，以在政策层面上决定哪些行动可能被实行。

"计划—规划—预算"制度在执行过程中存在着目标设计、产出量化、资料收集以及计划选择等种种困难。其实施的时间较短，但影响却较为深远，它所强调的许多概念或做法仍流传至今。如依据经济的和计划性的分析基础来配置资源，以达到不同目的和目标;重视政府中长期计划的目的和目标;对不同方案的成本和效益进行比较;将计划与多年度和每年度预算结合等,这些理念仍在很大程度上影响着现行的预算实践。

六、零基预算制度

在编制 1979 财政年度预算时,美国开始推行零基预算制度(zero-based budgeting system)。零基预算是指不考虑过去的预算项目和收支水平,以零为基点编制的预算。零基预算的基本特征是不受以往预算安排和预算执行情况的影响,一切预算收支都建立在成本-效益分析的基础上,根据需要和可能来编制预算。

一般地说,零基预算主要实施步骤包括:① 定义基本"决策单元"。决策单元是零基预算的基本构成,是零基预算的起点,由此延伸,构成零基预算的体系。它可以是一个项目、一个机构下属单位或一个工程。在编制程序上,经常性的预算,由基层组织提出,如属重大的预算项目,则由地位较高的部门提出。② 建立项目的"决策包"。决策包描述了项目的活动和目标,计划者在追求这些目标时要考虑实现目标的不同方式和活动的不同层次的情况,就可能制定不同的决策包。决策包有最低标准的决策包、按以前年度的支出水平确定的决策包或者在以前年度上明显增加的决策包等。③ 对决策包进行排序。部门官员应用成本-效益分析方法,按照优先顺序对决策包进行排队,并在预算合并后统一排序。在较高层次上,官员们将各个部门提交的名单顺序合并成为政府的总体排序。高层单位将各代替方案与原拟的方案加以比较后,选出最佳的方法。④ 有序地分配资金。对应于按顺序排列的项目,决策者实施资金分配直到现有资源用完为止。排列在较高级别的项目会早于低级别项目收到项目资金。使用资金的单位,应对其所耗用的成本和绩效负责。

零基预算有利于对整个组织进行全面审核,克服机构臃肿,避免组织内部各种随意性的支出;可以提高主管人员计划、预算、控制与决策的水平;有利于把组织的长远目标、当前目标、实现的效益三者有机地结合起来。但其在实践中的评价并不理想。以零为基础的计划审查并不适用于大范围的和以前未发生的新事件;以往预算分析着重于对不同边际支出水平的递增投入和产出,而零基预算并未能对现有活动发展出替代方案;而且零基预算产生的工作量负荷的增加亦是相当可观的,这也导致零基预算制度很快被废止。尽管如此,其强调优先排列与总体预算控制的原则,仍对许多国家的预算体制产生了重大影响。特别是当政府面临支出快速扩张、预算赤字节节上升的时候,人们总会再一次想起零基预算的概念。

七、企业化预算

由于二次石油危机,经济合作与发展组织会员国的经济增长率普遍趋缓,失业率上升,导致政府支出增加,而在税收长期无法随着支出比例增加的同时,预算开始出现赤字,财政面临困窘,并于 20 世纪 80 年代出现了严重的预算危机,政府公共支出无法有效地运用,从而造成资源的更大浪费。1970 年至 1980 年间欧盟政府支出占 GDP 比率平均数从 35% 升至 40%,经济增长率则由 3.3% 降至 2.3%,而预算赤字占 GDP 比率在 1980 年为 4.3%。因此,各国政府纷纷朝向企业化精神进行预算制度的改革。就整体而言,OECD 国家于 20 世纪 90 年代预算改革的重心是使政府的预算制度更具绩效导向,朝向以结果为基础的责任形态。奥斯本与盖伯勒(Osborne & Gaebler,1992)所推行的企业化预算(entrepreneurial budgeting system)则逐步渗透到各国预算实践中。

　　企业化预算具有三项主要特征:① 是一种任务导向预算(mission-driven budgeting),强调政府施政的结果或成果,而非只是根据投入或过程来作为预算资源分配的依据,改正以往不问结果的消极心态。② 重视绩效衡量和绩效评估,主张建立可以测量的目的和绩效指标来考核政府的施政成果,并加强对业务主管机关的课责工作。③ 企业化预算制度又可以称为支出控制预算,主张以弹性自主的预算执行方式,在必要时可以合并预算科目来增加经费流用的弹性,代替传统上细分项目的预算控制形态,或者将今年未用尽的预算保留至下年度,来减少消化预算的行为。

　　企业化预算制度又被称为“新绩效预算制度”(new entrepreneurial budgeting),或“支出控制预算制度”(expenditure-control budgeting)或“使命导向预算制度”(mission-driven budgeting),是指政府部门预算引进私人部门企业经营的观念,以降低预算赤字、强化支出控制及提高支出效能为目的,而强调授权与课责,重视分权与诱因,运用私人部门创新求变的弹性管理方法,达到有效筹措财源及资源最佳配置,并提高财政收支管理效率的制度。归纳西方国家企业化预算的具体做法,主要包括:① 总额度制,即中央对地方政府或所属机关,在年度内授予一定预算额度;② 补助制度,建立中央对地方或所属机关的拨款规定,包含拨款额度、审查及结案的程序;③ 多年度预算,即为筹措财源将预算分年编制及执行,以达到资源最佳配置的目的;④ 选择性评估方案,针对少数特定的计划方案进行评估;⑤ 业务委外,即政府将行政业务或公共设施委托民间经营;⑥ 绩效衡量,对于产出或活动建立评估标准,以测量其是否达到其预期目标。

第三节　国家预算的编制、审批、执行与决算

　　一般来说,有一级政府即有一级财政收支活动主体,也就应有一级预算。在现代社会,大多数国家都实行多级预算,从而产生了国家预算的级次和组成的问题。我国国家预算组成体系是按照一级政权设立一级预算的原则建立的。

我国预算法明确规定:国家实行一级政府一级预算,共五级预算(见图 8-1)。

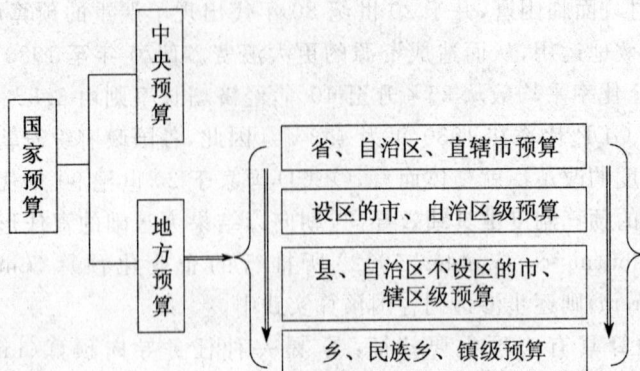

图 8-1 我国国家预算体系

预算程序指预算的周期过程,它起始于一个财政年度开始以前,而讫止于一个财政年度结束之后。世界各国的预算程序分为预算编制、预算审批、预算执行和国家决算四个阶段(见图 8-2)。以下对我国预算的编制、审批、执行与决算进行说明。

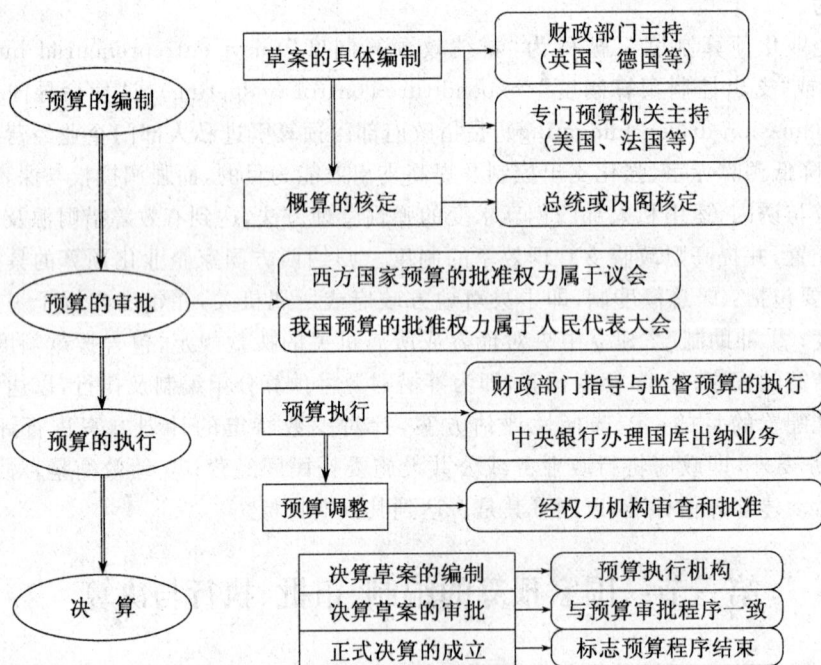

图 8-2 国家预算的主要程序

一、预算的编制

预算编制是整个预算工作程序的开始。我国国家预算的编制程序,一般是自下而上和自上而下相结合。在编制预算前,先由各省(自治区、直辖市)和中央各部门提出预算收支建议数,报送财政部。然后财政部根据党的方针、政策和国民经济发展指标,参照中央各部门和地方各省(自治区、直辖市)的预算收支建议数,拟定预算收支指标,经国务院批准下达。中央各部门和地方各省(自治区、直辖市)根据下达的收支指标,结合本部门和本地区的国民经济发展情况,参照所属单位和地区的预算收支建议数,经过切实的预算,拟定预算和财务收支指标,逐级下达。中央各部门所属企业、事业单位根据上级下达的指标,自上而下地编制单位预算草案,报经主管部门审查汇编后,送财政部。各省(自治区、直辖市)所属各单位和各市(州)、县(市)总预算根据省(自治区、直辖市)下达指标,自下而上地逐级汇编单位预算草案和总预算草案,报经省(自治区、直辖市)审查汇编后,送财政部。

财政部首先对中央各部门的单位预算草案和各省(自治区、直辖市)的总预算草案进行审核,然后汇总成政府预算草案,报经国务院审查,最后提请全国人民代表大会审查批准。

国家预算按照自下而上和自上而下相结合的程序逐级汇编,但由于编制涉及面广、内容多,在程序与时间上常常发生矛盾。为解决这一矛盾,在实际工作中,一般采取分别进行的办法,即第一阶段是测算预算指标,第二阶段是编制预算草案。各省(自治区、直辖市)在接到国务院关于编制预算建议指标的指示后,即向所属各部门、各地区转发中央指示,并结合省(自治区、直辖市)的情况提出具体要求;同时由财政部门根据中央指示精神、各省(自治区、直辖市)的计划安排以及有关综合情况,会同各主管部门,拟编全省(自治区、直辖市)的总预算建议指标,经本级人民政府审查后上报财政部。省以下各级预算也参照同样办法,一面转发上级指示,对下级布置预算建议指标的编制事宜,一面根据上级指示结合本地区情况,编制地区总预算收支建议指标上报。

财政部拟定预算收支指标,经国务院批准下达后,各省(自治区、直辖市)根据国务院分配的预算收支指标,对下分配预算指标,布置预算草案编制的有关事宜;同时由财政部门根据中央分配指标结合全省(自治区、直辖市)的国民经济和社会发展计划各项指标及有关综合情况,会同各主管部门编制省(自治区、直辖市)总预算(草案),经人民政府审查后上报财政部。省(自治区、直辖市)以下各级预算采用同样的办法。这样,单位预算和总预算之间,下级地方总预算和上级地方总预算之间,可能会有出入,待预算正式批准,对下逐级核定预算时,再进行统一平衡,使各部门、各地方预算之间保持协调一致的关系。

二、预算的审批

预算的审批是国家预算编制中的一个重要环节。我国的预算审批分两个层次:一是财政机构对预算草案的审核。在预算编制过程中,各级财政部门对本级单位预算和下级总预算草案予以认真审核。审核的内容主要有:预算收支的安排,是否贯彻党和国家的各项方针、政策以及国务院关于编制预算草案的指示精神,是否符合国民经济和社会发展计划指标及国家分配的预算指标的要求,是否符合预算管理体制的要求;预算编制的内容是否符合要求、材料是否完整,有无技术和数字上的错误等。财政部在对中央各部门的单位预算和省(自治区、直辖市)总预算草案进行审核后,汇编成国家预算草案。二是国家预算的审查和批准。预算层层审核汇编,最后由财政部汇编成国家预算草案,并附以文字说明,上报国务院。经国务院审查通过后,提请全国人民代表大会审查批准。

国家预算草案经全国人民代表大会审查批准以后,即成为具有法律效力的国家预算。我国宪法规定全国人民代表大会有审查和批准国民经济和社会发展计划、国家的预算和决算的职权。全国人民代表大会审查批准国家预算的过程,一般是首先由财政部长代表国务院向全国人民代表大会作关于上年决算和本年度预算草案的报告;再由全国人民代表大会财经委员会对国家预算和决算进行全面审查,并向全国人民代表大会报告审查结果,作关于审查国家预算、决算的报告,提请大会讨论和审查。经大会讨论、审查通过后,作出批准国家预算和决算的决议。

国务院根据全国人民代表大会批准预算的决议,对国家预算进行修订,并分别核定中央预算和地方总预算。中央各主管部门根据核定的预算,核定所属单位预算。省(自治区、直辖市)人民政府根据国务院核定的预算,修改地方预算草案,并报请同级人民代表大会审查批准后,再分别核定本级各主管部门的单位预算和所属市(州)、县(市)总预算。市(州)、县(市)总预算的审批程序与上述省(自治区、直辖市)总预算基本相同。

三、预算的执行

国家预算的执行是指各级政府依照立法机构批准的预算方案,组织筹集预算收入、安排和使用预算支出的活动与过程。预算执行是预算目标的实现过程,也是整个预算工作程序的重要环节。其内容包括:组织收入、拨付支出及预算调整等多项内容。这些都必须按照法律和有关规定的程序进行。在我国,各级预算由本级政府组织执行,具体工作由本级财政部门负责。

(一) 组织预算收入

预算收入的执行是预算收入的实现过程。在我国,税务机关、财政机关和海关等部门是国家预算收入的征收部门,因而也是预算收入的主要执行部门。在收入征收的过程中,执行部门必须依据国家相关的法律法规及时、足额地征收应征收的预算收入,不得随意增收或减收,并将所征得的收入及时、足额地缴入国库,不得截留、占用或挪用预算收入。另一方面,有预算收入上缴任务的部门和单位,必须依照法规的规定,将上缴的预算资金及时、足额地上缴国库。

国库部门对组织的财政收入要及时收纳、划分和报解,按规定办理收入退库。县级以上各级预算必须设立国库,具备条件的乡(民族乡、镇)也应设立国库。中央金库业务由中国人民银行办理,地方国库业务依照国务院的有关规定办理。

(二) 拨付预算支出

预算支出的执行是支出目标的实现过程。预算管理部门和政府所属的相关公共部门是支出执行的主体。财政部门要按预算计划、规定用途、工作进度和交易合同发出支付命令,国库要根据财政部门支付命令及时、足额拨款,以保证政府部门履行其职能。

(三) 预算调整

预算调整,是指经过批准的各级政府预算,在执行过程中因实际情况发生变化需要改变原预算安排的行为。政府财政预算毕竟是一个收支计划,在实际执行的过程中,各种情况的变化会影响预算的平衡,为实现预算执行过程中的平衡,或者为了保证预算执行的平稳运行,财政部门要不断地按规定进行预算调整。预算调整是预算执行中的一项重要程序。预算调整根据其调整的幅度不同分为全面调整和局部调整。

1. 全面调整

全面调整,是在国家对原定的国民经济和社会发展计划作出较大调整时,财政预算相应进行的大调整,它实际上是重新编制预算。显然,国家预算的全面调整并不是经常和随意的,我国《预算法》对此作了严格的规定,要求各级政府对于必须进行的预算调整,包括全面调整和局部调整,应当编制预算调整方案。中央预算调整方案必须提请全国人民代表大会常务委员会审查批准。县级以上各级地方政府预算的调整方案必须提请本级人民代表大会常务委员会审查批准;乡(民族乡、镇)政府预算的调整方案必须提请本级人民代表大会审查批准。未经批准,不得调整预算。

2. 局部调整

局部调整,是对预算收支某些项目的调整。在预算执行过程中,局部调整是经常发生的。预算局部调整通常有以下四种情况。

(1) 预算的追加和追减。在原来核定的预算总额的基础上,增加预算收入或支出数额,称为追加预算;在原来核定的预算总额的基础上,减少预算收入或支出数额,称为追减预算。在预算执行过程中,由于国家的政策、法令、制度的调整,或者出现国民经济和社会发展计划的修订等情况,而必须增加或减少原来核定的收入和支出预算时,可以按照一定的程序办理预算的追加或追减。但是,由于这样会引起预算收支总额的调整且影响预算的平衡。所以,在正常情况下,追加的支出必须有相应的资金来源;追减的收入,必须有相应的追减支出。

(2)经费流用。经费流用也称"科目流用",是指在不变动原定预算支出总额的情况下,在预算科目之间相互调剂经费,局部地改变资金的用途。在预算执行过程中,各个科目之间往往会发生有的科目资金有余,有的科目资金不足的情况。为了充分发挥资金的使用效能和保证完成各项工作计划,在不改变原定预算支出总额的情况下,可以在某些科目之间进行必要的调整。但这种调整,必须遵守规定的流用范围,并且经过一定的报批程序。

我国《预算法》对此规定,各部门、各单位的预算支出,不同科目间需要调整使用的,必须按照财政部的规定报经批准。

(3)动用预算后备基金。动用预算后备基金包括预备费和预算周转金。预备费是各级总预算中预留的不规定具体用途、专门用于解决某些意外支出需要的资金;预算周转金是为了平衡预算收支季节性差异、应付资金周转需要而用历年预算结余设置的专项资金。在预算执行过程中,如果发生原来没有列入本年度预算计划但是又必须解决的开支,可以动用预备费。但是,按照国家的有关规定,各级政府预备费的动用,一般应当控制在下半年,并且需要经过一定的批准程序。例如,我国规定,各级政府预备费的动用,由本级政府职能部门提出方案,报经本级政府批准;各级政府的预算周转金由本级政府财政部门管理,用于预算执行中的资金周转,不准挪作他用。我国《预算法》规定,各级政府预算应当按照本级政府预算支出额的 1‰~3‰ 设置预备费,按照国务院的规定设置预算周转金。

(4)预算划转。预算划转是指由于行政区划或企事业单位隶属关系的改变,导致预算单位隶属关系的改变而将其预算划转至新的领导部门或接管单位的调整方法。企事业单位隶属关系改变以后,其应当上缴的各项收入以及应当拨给的各项拨款和经费,一律按照预算年度划转全年的预算,并且年度过程中已经执行了的预算部分同时划转。

四、决算

决算是预算执行的总结。当国家预算执行进入终结阶段时,要根据年度执行的最终结果编制国家决算。它反映年度国家预算收支的最终结果,是国家经济活动在财政上的集中反映。决算是指经过法定程序批准的年度预算执行结果的会计报告,包括报表和文字说明两部分。尚未经过法定程序批准之前的年度预算执行结果的会计报告称为决算草案。

决算草案由各级政府、各部门、各单位,在每一预算年度终了后,按照国务院规定的时间编制,具体事项由财政部门部署安排。决算草案编制完毕后,需报经本级政府审定,经过本级政府审定后,由政府提请本级人民代表大会及其常务委员会审查批准。各级政府决算草案经过立法机构审查批准后,各级政府的财政部门要向本级各个部门批复决算,地方各级政府还应将经过立法机构批准的决算,报上一级政府备案。决算是整个预算工作程序的总结和终结。

本章小结

国家预算是指在一个国家范围内由各级政府编制的、经立法机关审批、反映政府一个财政年度内的收支状况的计划。国家预算反映的是政府集中支配的财力的来源、规模和使用方向;体现了国家权力机构和全体公民对政府活动的制约和监督。

以预算分级管理的要求为依据,国家预算可分为中央预算与地方预算;以形式差别为依据,国家预算可分为单式预算和复式预算;以内容上的差别为依据,国家预算可分为增量预算和零基预算。

国家预算应遵循公开性、可靠性、完整性、统一性、年度性等基本原则。

西方国家现代预算制度经历了行政预算制度、细目预算制度、功能预算制度、绩效预算制度、计划—规划—预算制度、零基预算制度以及企业化预算制度等发展过程。

预算程序分为预算编制、预算审批、预算执行和国家决算等四个阶段。

思考与练习

一、基本概念

国家预算　　　　单式预算　　　　　复式预算　　　　增量预算
零基预算　　　　企业化预算制度　　决算

二、简答

1. 简要说明国家预算的内涵。
2. 试述国家预算的主要原则。
3. 简要说明单式预算与复式预算的区别。
4. 简述西方国家预算制度的发展过程。
5. 试述我国国家预算的主要过程。

第九章　财政平衡与财政政策

学习目的与要求

　　本章主要阐述了财政平衡与财政赤字的内涵、财政政策的主要内容及其与经济增长的关系。通过本章的学习，应理解财政平衡与财政赤字的内涵；了解财政政策的目标、工具、类型及其效应；并掌握不同增长理论提出的财政政策主张，尤其是内生增长理论的财政政策启示。

第一节　财政平衡与财政赤字

一、财政平衡

　　财政收支矛盾是财政分配的基本矛盾。任何国家在任何经济发展阶段的财政都面临财政收支总量关系的处理问题。如果一个国家在一定时期（通常为一年）财政收支大致相等，我们就说这个国家的财政是平衡的。

　　在判定一个国家或一级政府的财政是否平衡的时候，通常不把债务收入统计在收入范围之内，与此对应，也不把债务的还本支出统计在支出范围之内。按照这种统计口径，财政实现平衡是相对的，财政不平衡是绝对的。因为一个国家在一个财政年度内让财政收入和支出一分不差几乎是不可能的，通常总会有一定数量的盈余或赤字。但是，如果把债务收入视作正常收入，把盈余也视作支出，那么财政收支平衡就是绝对的，不平衡就是相对的。这种财政收支平衡关系绝对性和相对性之间的转化，表明财政收支平衡还是不平衡的区分是相对的。可以从以下几个方面理解财政平衡。

（一）从周期平衡的角度来理解财政平衡

　　财政周期平衡是指财政收支在一个经济周期内由经济繁荣时的盈余来抵补经济衰退时的赤字，从而在一个经济周期内实现收支平衡。

经济运行的非均衡性表明实现财政收支周期平衡具有必要性。社会总供求的均衡是实现经济持续、稳定增长的前提条件。而在市场机制的自发作用下，社会总供求的失衡是经常的现象。为了实现社会总供求的均衡，客观上需要通过财政收支差额来调节供求总量。由于经济波动的周期通常超过一年，因而财政收支平衡的实现也只能是长期的。如果我们仍然强调财政收支的年度平衡，则不但不能熨平经济波动，而且可能加大经济波动的幅度。

实现财政收支的周期平衡也具有可能性。这种可能性表现在两个方面。第一，财政分配的国家主体性表明其是一特殊的分配范畴，其收入的筹集和支出的安排必然要体现政府的意志，执行国家的宏观经济政策。由于保持经济的稳定增长是政府的职能目标之一，因而以政府为主体的财政分配不可能选择年度平衡，而只能是在发挥财政调节作用的过程中实现财政收支的周期平衡。第二，经济波动往往表现为经济过热和经济衰退的交替，因而事实上存在由经济过热时的财政盈余来抵补经济衰退时的财政赤字，从而实现周期平衡的可能性。

（二）从动态平衡的角度来理解财政平衡

财政是政府促进经济发展的重要手段，在经济发展早期，财政为促进经济发展而产生的赤字通过经济发展进入中期和成熟期后的盈余来弥补，就可以实现财政收支的动态平衡。

财政收支的动态平衡有理论依据。第一，经济发展阶段论是实现财政收支动态平衡的理论依据。马斯格雷夫和罗斯托认为，在经济发展的早期阶段，政府投资在社会总投资中占有较高的比重。公共部门要为经济发展提供社会基础设施以及其他用于人力资本的投资等。这些投资对于处于经济发展早期阶段的国家步入"起飞"，以至于进入发展的中期阶段是必不可少的。在发展的中期阶段，政府投资还应继续进行，但这时的政府投资只是对私人投资的补充。考察一下经济发展的不同阶段对财政收支的影响，则不难得出财政收支应保持动态平衡的结论。因为经济发展的早期，财政收入量较少，而财政却必须安排相当数量的投资，因而财政收不抵支是必然的。而在经济发展进入中期阶段以后，私人经济得到了发展，政府投资支出压力减小，尽管支出总量仍呈扩张趋势，但收入增长速度会更快，财政收支相抵会有盈余，因而经济发展早期阶段的赤字可由经济发展步入中期阶段以后的盈余来弥补。这就实现了财政收支的动态平衡。显然，财政收支要实现动态平衡是基于财政是促进经济发展的手段这一认识前提。

贫穷的恶性循环理论也是财政收支要实现动态平衡的理论依据。在发展经济学和经济增长理论中，资本形成被认为是经济发展或增长的重要因素。因为它是扩大再生产和提高劳动效率的手段。在发展中国家，贫穷既是这些国家资本形成率低下的原因，也是其结果，此谓"贫穷的恶性循环"。要打破这种恶性循环，单纯依靠市场机制的作用需要漫长的发展历程。这就需要靠政府干预的力量来加速资本的形成,即经济发展需要政府的"第一推动力"。这样,一定数量的财政赤字和债务积累都难以避免。但在经济发展进入中期及成熟阶段后,随着财政收入的增加,政府可逐步清偿债务,从而实现财政收支的动态平衡。

实现财政收支的动态平衡在我国也具有实践基础。我国"放权让利"的渐进式改革思路,一方面使财政收入占国民收入的比重下降,另一方面,也使财政支出压力加大,于是财政连年出现赤字,且赤字额呈加大趋势。这表明我国财政为改革的起步和走向深入作出了极大贡献,承担了相当的改革成本。而改革的成功所带来的经济快速增长和收入的增加,最终会使财政收入增加而支出压力相对减小,由此而形成的结余可以偿还累积的债务,从而实现财政收支的动态平衡。

(三) 从整体平衡的角度来理解财政平衡

财政收支的整体平衡是指全部的财政收入与全部的财政支出在数量上大致相等,而不是部分财政收支的大致相等。之所以要从整体平衡的角度来理解财政平衡,一是财政机制自身的要求。财政收支需保持周期平衡起因于财政是实现经济稳定的手段,财政收支需保持动态平衡起因于财政是促进经济增长的手段,而财政收支需保持整体平衡则是起因于财政作为一分配范畴自身所固有的规定性。财政分配是一个完整的体系,其收入的筹集和支出的安排之间平衡与否,显然应从整体的角度来考察,如果收入和支出的核算范围可以任意调整,则考察财政收支是否平衡就丧失了一个起码的标准。二是预算完整性原则的要求。预算的完整性原则要求一切财政收支要反映在预算中,不得打埋伏、造假账,预算之外另列预算。财政收支和预算收支反映的内容应是相同的。这意味着财政收支平衡自然应是包含所有预算收支在内的整体平衡。三是系统论管理方法的要求。系统论是管理工作最基本的方法论之一,财政管理工作也不例外。系统论是通过分析系统的构成要素、功能及其与外部环境的关系来揭示系统的特征及其运行规律的理论。它的一个基本特征是要求管理者必须把管理对象视作一个整体,从整体的角度来研究问题的解决办法。财政收支平衡作为财政管理工作追求的目标,自然也就体现为在财政系统的整体中实现收入要素与支出要素之间的整体平衡。

(四) 从综合平衡的角度理解财政平衡

财政平衡是社会总供求平衡的一个组成部分,必须从国民经济综合平衡的角度来研究财政平衡。国民经济综合平衡的目标是社会总供求平衡,相对于社会总供求平衡,财政平衡本身不是目的,而是手段,所以财政收支的综合平衡是指财政收支的安排应该有利于实现经济的综合平衡,而不是仅仅局限于实现财政收支本身的平衡。

财政平衡是社会总供求平衡中的一个组成部分，从国民经济整体平衡的角度考察财政平衡是完全必要的。社会总供求能否平衡，取决于居民（家庭）、企业、政府和对外部门需求的总和能否与社会总供给相适应。在市场经济条件下，社会总需求是由各部门的货币收支运动形成的，各部门的需求（包括投资需求和消费需求）都是以货币表示的有支付能力的购买力。而各部门的货币收支从整体上看，居民（家庭）的货币收入大于货币支出，是盈余部门；企业的货币收入通常不能满足货币支出的需要，是短缺部门；对外部门在发展中国家一般表现为国外资金的净流入，也属于短缺部门；而政府财政收支可以是平衡的、也可以是盈余的或短缺的。既然各部门的货币收支并不相等，客观上也就要求在各部门之间调剂货币的余缺，以实现经济的综合平衡。通过上述分析，不难看出，财政收支平衡仅是经济综合平衡中的一个局部平衡。实现了局部平衡，综合平衡未必能实现，而要实现综合平衡，有时需要牺牲局部平衡。局部平衡相对于综合平衡只是手段，而不是目的。实现财政收支的综合平衡实质就是在国民经济综合平衡中实现财政收支平衡。脱离国民经济的综合平衡，将财政孤立出来，即便能实现单独平衡，也只能是一种消极平衡。当然，有时为实现国民经济综合平衡，要付出财政收支失衡的代价，但这是暂时的。从长远看，国民经济综合平衡的实现有利于财政收支平衡的实现，因而从根本上讲二者是一致的。这说明实现财政收支的综合平衡具有必要性。

财政收支是政府的经济行为，是政府进行宏观调控的重要手段，这意味着实现财政收支的综合平衡也完全具有可能性。在市场经济条件下，居民（家庭）、企业和对外部门的经济行为，主要是接受市场的调节。它们的货币收支活动都是为了实现特定的目标。居民要实现效用最大化，企业和对外部门要实现利润最大化。而国民经济的综合平衡虽然从长远看与它们所追求的目标是一致的，但由于思考问题的角度不同、认识能力的局限以及眼前利益和长远利益的矛盾，使它们很难按照实现经济综合平衡的目标来调整自己的行为。一句话，国民经济的综合平衡是难以在市场机制的自发作用下实现的。而财政收支作为政府的经济行为，必然要调整自身的收支来实现经济的综合平衡，这是由财政分配主体的特殊性决定的。

二、财政赤字

财政赤字是财政支出大于财政收入而形成的差额，由于会计核算中用红字处理，所以称为财政赤字。财政赤字是财政收支未能实现平衡的一种表现，是一种世界性的财政现象。

（一）财政赤字的分类

财政赤字可以采用不同的标准进行分类，每一种标准对应一种分类的结果。采用多种标准对其进行分类，便于我们加深对财政赤字及其对经济生活所产生影响的认识和理解。

(1) 按照财政收支统计口径的不同,赤字有硬赤字和软赤字之分。所谓硬赤字是指用债务收入弥补收支差额以后仍然存在的赤字,即其统计口径是:(经常收入＋债务收入)—(经常支出＋债务支出)。显然,对于硬赤字财政只能通过向中央银行透支来弥补。所谓软赤字是指未经债务收入弥补的赤字,即其统计口径是:经常收入—经常支出(包括债务付息支出)。软赤字可以通过发行公债来弥补。由于债务收入是一种需要偿还的特殊收入形式,所以软赤字更为准确地反映了财政收支的对比关系,没有人为缩小赤字规模,所以世界上多数国家采用软赤字的统计口径。我国自1993年起,财政部公布的赤字为软赤字。

(2) 按照赤字的起因不同,可将赤字分为主动赤字和被动赤字。财政部门有意识地使支出大于收入而形成的赤字为主动赤字。这通常是政府推行赤字财政政策扩张经济的必然结果。被动赤字是由于客观原因,而非人为因素,出现财政收入不能抵补支出的情况而形成的赤字。

(3) 按照赤字在财政年度出现时间的早晚,可分为预算赤字和决算赤字。预算赤字是指预算编制时就因支出大于收入而存在的赤字;决算赤字是预算执行的结果收不抵支而出现的赤字。

(4) 按照赤字的出现和经济周期的关系,可将其分为周期性赤字和充分就业赤字。如果赤字的出现是经济周期波动的反映,是由于经济周期的波动而自动地产生与变化的,这部分赤字被称为周期性赤字;而充分就业赤字(或称结构性赤字)是指在已给定的充分就业水平条件下形成的赤字,是由政府财政政策的变量决定的,体现财政政策变量对经济的影响。

(二) 财政赤字的弥补方式

财政赤字出现后,必须解决赤字的弥补问题,否则大于收入的支出将无法安排。通常有以下几种弥补赤字的方法:

(1) 增收减支。能够通过增加收入或削减支出来解决赤字问题当然是理想的选择。但是,通常增加收入会遭到纳税人的抵制,而且变动税法所需的时间也较长,不能迅速解决问题;而削减支出则会受到支出刚性的制约。因此,这种方法的使用通常没有多大的余地。另外,对于财政部门主动减收增支所形成的赤字,这种方法显然是不适用的。

(2) 动用结余。用以前年度财政收大于支而形成的节余来弥补当前的赤字也是十分理想的方法。但前提条件是财政必须有结余才存在动用的可能。这对于连年赤字的财政显然是不适用的。另外,由于中央银行往往代理国家金库业务,所以财政结余通常会作为信贷资金来源被运用。因此动用财政结余弥补赤字还必须考虑财政、信贷的综合平衡问题,否则可能影响货币正常流通而导致通货膨胀。

（3）向中央银行透支或借款。由于中央银行通常代理国家金库业务，所以向中央银行透支对财政部门来说是操作起来非常简单的一种弥补赤字的方法。但是这种方法实际上相当于赤字货币化，即通过货币发行，增加基础货币为财政赤字融资，因而对货币流通的影响很大。不少国家甚至通过有关法律直接规定，财政不能通过向中央银行透支或借款来弥补赤字。

（4）发行公债。政府可以通过发行公债为财政赤字融资，这是一种赤字债务化的形式。发行公债来弥补赤字通常只是购买力的转移，不会凭空增加购买力，所以一般被认为是最为理想的弥补财政赤字的方法。但是，任何事情都不是绝对的，公债因为认购者的不同，也会对货币流通，进而对社会总供求关系产生不同的影响，因而认为公债弥补赤字是绝对安全的主张是靠不住的。在什么情况下，通过发债弥补赤字可以不对经济产生消极影响或产生的消极影响相对较小，需要具体问题具体分析，不可一概而论。

第二节 财政政策概述

财政政策是一国政府为实现一定的宏观经济目标而调整财政收支规模和收支平衡的指导原则及其相应措施的总称。财政政策体现在财政收支、预算平衡以及国家公债等财政工作的各个方面，因此，财政政策实际上是由税收政策、国债政策、支出政策以及收支平衡政策等构成的一个完整的政策体系。

一、财政政策的目标

与宏观调控的目标相一致，财政政策的目标也是分层次的。从短期来讲，主要是通过对总需求和总供给的调节，实现经济的稳定增长；从中长期来看，财政政策的调节应促进资源的优化配置；同时，解决收入分配方面的矛盾，促进公平目标的实现也是财政政策不可推卸的职责和目标。从长期来看，财政政策的目标是通过促进经济的可持续发展，推动社会的全面发展。

（一）经济稳定

经济稳定增长是指一定时期的经济增长与资源供给条件相适应，保持持续、稳定、健康的状态。它是财政政策要实现的首要目标，也是最重要的目标之一。在宏观经济理论中，经济稳定分为内部稳定和外部稳定。内部经济稳定的含义有二：一是价格的稳定，二是产量或所得的稳定。价格的稳定与否，主要取决于社会总需求和货币量的变动；产量或所得的稳定与否，则视整个经济发展的情形而定。产量的变动与生产要素的投入具有直接的函数关系，故产量的稳定就是充分就业的实现。外部经济稳定是指对外均衡，即本国对外国商品和劳务的需求与外国对本国商品和劳务的需求保持平衡,故外部经济稳定主要是指国际收支的平衡。

1. 价格稳定

价格稳定一般是指价格总水平的稳定。价格总水平是用物价指数来衡量的。由于物价指数是经济中所有价格系列的总和,故它可分为消费物价指数(CPI)、批发物价指数(PPI)和国内生产总值平减指数(GDP Deflator)。价格稳定并不意味着价格绝对不变,而是相对稳定,价格波动的幅度较小。这种状态说明社会供求总量基本是相互适应的,经济运行也处于稳步增长的状态。反之,如果某一时期物价总水平急剧波动,大幅度上涨不停,说明出现了通货膨胀。这意味着货币购买力降低,经济发展处于膨胀或过热的状态。如果物价总指数大幅度下跌不止,说明发生了通货紧缩。这意味着货币购买力增加,经济运行处于萧条和不景气的状态。两种情况都说明商品供求之间出现了失衡。

无论是通货膨胀还是通货紧缩,都会对经济生活带来严重的影响。通货膨胀会引起收入和财富的再分配,使依靠工资和其他固定收入的人群实际收入水平下降,使债权人遭受损失,使纳税人的税收负担随着物价水平的升高而加重,产生"档次爬升"现象。而且,由于不同商品的价格上涨速度并不一致,通货膨胀还会因改变商品相对价格而扭曲资源配置,降低整个经济的效率。正因如此,世界各国纷纷将通货膨胀视为经济稳定的大敌。当然,通货紧缩也并非益事,它会严重挫伤经营者的信心,抑制企业的投资积极性,降低经济效率。所以,客观上要求政府利用财政分配与总供求的内在联系,既要防止通货膨胀,又要防止通货紧缩。

2. 充分就业

充分就业一般指一切生产要素都有机会以自己愿意接受的报酬参加生产的状态。在充分就业的情况下,生产总量是该社会当时所能生产的最大产量。但是,要测量各种经济资源的利用程度非常困难,其中困难程度较轻的是劳动力的就业程度。西方经济学家通常以劳动力的失业率作为衡量充分就业与否的标准,而充分就业意味着较低的失业率。例如美国规定5%的失业率为充分就业率。

失业率就是未被雇佣的人数占劳动力总数的比率。其中劳动力总数是指就业人数加上没有工作但却在积极寻找工作的人数。失业率的大小表示实际就业与充分就业的差距。理论上一般把失业划分为三类:① 摩擦性失业。是指在短时期内,由于劳动力的流动,如人们放弃原来的工作寻找新工作产生的供大于求的状况。② 结构性失业。这是指劳动力的供给与劳动力的需求在职业、技能、地区分布等结构上的长期不协调所引起的失业。这种失业率的高低取决于经济结构的变化程度和劳动力供给结构调整的速度。③ 季节性失业。是指某些部门间歇性的需求不足(不是总需求)所造成的失业。它通常是由劳动力供给扩大(如学生寻找暑期工作)或是由对劳动力需求的缩小(如收获季节结束)所引起的。

以上这些失业类型都属于非自愿性失业,是经济学家和政府当局瞩目的焦点。

因为无论何种类型的失业,其代价都是很大的。首先,失业使劳动力资源造成浪费,致使社会生产量下降。其次,失业普遍存在会带来一系列社会问题,加剧社会动荡。高失业时期,一般都伴随着高犯罪率、高离婚率、高死亡率以及其他各种社会问题。因此,失业问题不仅是经济问题,也是一个重要的政治问题。所以,控制失业率是政府政策的目标之一。

3. 国际收支平衡

国际收支是指一国与世界其他各国之间在一定时期(通常是一年)内全部经济往来的系统记录。国际收支平衡表一般包括四个部分:经常性项目、资本性项目、统计误差和官方储备。在国际收支平衡表中,借方表示外国对本国货币或外汇持有额的索取权增加,主要由进口和资本外流所引起;贷方表示本国对外国的本国货币或其他货币持有额的索取权增加,主要由出口和资本流入所引起。如果贷方大于借方,其差额称为顺差,表明本国对外国的索取权净增加,从而加强了本国的储备地位;如果借方大于贷方,其差额成为逆差,表明外国对本国储备的索取权增加,从而加重了对本国储备的压力。从现实经济来看,借贷双方绝对相等的情况几乎是不存在的,所以少量的逆差或顺差都可以视为国际收支的平衡。

从国际收支造成的经济影响来看,各国更关心的是国际收支赤字。长期的国际收支赤字会导致国际储备不断减少,本币地位不断降低,国家被迫大量举借外债,利息的偿付导致本国资源的大量流出,不仅进一步恶化国际收支,而且还会削弱国家在世界经济中的地位。国际收支逆差倾向于降低一国进口水平,而对于扩大生产能力来说,适当的进口可能是至关重要的。而国际收支平衡的实现在很大程度上依赖于政府财政的税收、公债、补贴等手段的运用。因此,财政政策不仅要把国际收支均衡作为一个战略性目标,而且,各国在实现国际收支均衡时要进行财政政策措施的相互协调,否则,世界经济就不会顺利发展。

（二）资源优化配置

资源的短缺是人类社会生存和发展的一个重大难题,每一个经济制度的基本问题,都是如何使资源的配置产生最大的效果,即资源配置的最优化。资源配置最优化有两个方面的含义和要求:一是资源利用总量的充分化。这要求一定时期的经济资源被尽可能充分地调动起来,闲置资源最少;同时要求资源必须分配给生产能力最强的企业,使有限的经济资源能对社会经济发展产生最大可能力推动作用。二是社会经济资源配置比例的合理化。这要求资源必须用于生产最符合消费者需要的产品,而避免生产消费者不需要的产品;同时要求资源配置比例符合一定时期社会生产各部均衡发展的要求,有利于形成协调的产业结构,促进经济稳定、协调地发展。

在市场经济体制下,市场是资源配置的基础环节,但也会由于其固有的缺陷如垄断等,而出现市场失灵的问题,这就要求在尊重市场规律的前提下,通过制定和实施适当的财政政策,对资源配置过程进行适当的引导和规范,以实现资源合理配置的宏观调控目标。

(三) 经济增长

经济增长是指一个国家的产品和劳务数量的增加,准确地说,是人均实际产量的增加。它可以用 GDP 或人均 GDP 的增长率来表示。经济增长的源泉在于劳动供给增长率、资本存量增长率,以及这些要素的生产率。在当代,经济增长比历史上任何时期更多地依赖技术进步与创新的速度。

经济增长是发展一切事业的根本。只有经济增长才有国富民强,才有力量发展各项事业,才能提高国家综合竞争力,提升国家在世界经济中的地位。不过,片面追求增长速度,效果可能适得其反,我国的"大跃进"就是最好的例证。所以,政府财政政策的实施,必须既要防止经济停滞,又要防止经济过快增长,引导经济实现适度增长。

同时,经济增长的过程不是直线进行的,而是在周期性波动中前进的。这种波动通过 GDP、工业生产指数以及就业和收入等综合经济活动指标的波动而显示出来。经济周期一般分为繁荣、衰退、萧条和复苏四个阶段。经济的周期性波动对经济的稳定增长有阻碍作用。企业在衰退期将出清存货,对设备和厂房等固定资产的投资急剧下降,削弱经济增长的动力;对劳动力的"引致需求"减少,失业率上升;企业利润迅速下降,破产倒闭企业增加。经济繁荣期间情况相反,但可能引发较高的通货膨胀率。所以,财政政策在促进经济增长的过程中,还需要通过财政收支的调节,削弱经济周期性波动的振幅,减轻波动的不利影响。

(四) 收入公平分配

如前所述,通过市场机制进行收入分配,是以社会成员为社会提供生产要素(包括资本和劳动)的数量和质量为标准的。受竞争条件、就业机会、劳动能力及财产占有量等因素的影响,由市场机制决定的收入分配尽管能体现效率原则,但却难以兼顾公平。这就会带来社会矛盾和问题,并且在一定程度上会引起社会需求与供给之间的矛盾,既不利于社会稳定,也有碍经济的稳定增长。由于财政是政府参与国民收入分配的重要手段,税收和转移支付的调节都可以使收入分配向均等化的方向发展,所以,财政政策作为政府调节市场分配结果的重要手段,自然应当将公平分配作为自己的目标之一。不过,财政调控的目的,只是弥补市场分配的缺陷和不足,防止收入差距拉大,其范围应被限制在市场机制难以作用或不能充分作用的领域。

（五）社会全面发展

社会全面发展是指整个社会的精神风貌、物质文明程度、各项社会事业、国民整体素质等得到极大发展，社会生产力水平得到极大提高。其中，经济发展是社会发展的基础。根据发展经济学的理论，经济发展是指伴随经济结构、社会结构和政治结构变革的经济增长，它不仅包括量的扩大，也包括质的提高。在经济结构方面表现为农业等第一产业的比重降低，以服务业为中心的第三产业的扩大；以及随之而来的城市化水平的提高等。作为政府直接掌握的经济政策，财政政策在确保国家职能的实现、促进经济发展的同时，还应该灵活地运用税收、补贴等手段，在保护生态环境，发展科技、文化、教育、卫生、体育等各项事业，缩小城乡差别、地区差别等方面发挥重要作用，以提高全民福利水平，实现物质文明与精神文明的协调发展。

二、财政政策工具

与任何经济政策工具一样，财政政策工具也是各种财政变量的集合，它具体包括三个方面。

（一）财政支出类政策工具

1. 购买性支出

购买性支出是政府用在购买商品和劳务方面的支出，包括政府投资和政府消费。由于政府购买是形成总需求的渠道之一，购买性支出的规模和结构不仅能够直接影响总需求的总量和结构，而且能够间接影响总供给的规模和结构。同时，购买性支出还是政府直接配置资源的活动，对就业水平也会产生较大的影响。政府投资可以扩张总需求，在经济运行低迷时通过乘数效应迅速带动经济增长，例如我国自 1998 年以来以财政投资填补了民间投资的不足，保证了较高的经济增长速度；政府投资还可以起到较强的示范作用，引导社会投资的流向，从而改善产业结构、资源结构、技术结构以及地区结构等，我国西部大开发就是典型的例子。政府消费性支出的增加，例如为公务人员加薪，则能够直接带动个人收入水平的提高，进而通过乘数效应，有效推动国民收入的增加，促进经济增长。

另外，政府的投资和消费也是平抑经济周期的有效手段。在经济繁荣时期，缩减购买性支出的可以为过热的经济"降温"；在萧条和衰退时期，政府扩大购买性支出则可能起到雪里送炭的效果。

2. 转移性支出

转移性支出是政府财政资金单方向的、无偿的流动，包括资金在政府间的纵向流动和资金从政府向居民和企业的横向流动。其中横向转移主要包括财政补贴和社会保障支出。根据本书财政支出部分的论述,财政补贴的增减有着与增减税收相反的调节效果。对居民个人的补贴可以直接增加其可支配收入,对企业的补贴则可直接增加其投资需求。而且财政贴息还可以带动庞大的社会资金转化为现实的投资需求。因此财政补贴不但影响社会需求而且调节社会供给,所以是促进经济稳定和优化资源配置的重要政策工具。社会保障支出则是低收入和无收入人群的"保护伞",在他们遭受年老、失业、疾病、各种不可抗拒的灾害时为其提供最基本的生活保障。因此,转移性支出对实现收入的公平分配也能起到较好的调节作用。

(二)财政收入政策工具

1. 税收

税收作为主要的财政变量,通过控制社会资金的流动,对社会供求总量和结构都有直接或间接的影响。增加税收将相应减少企业和个人的收入,从而抑制社会需求;反之,则对社会需求产生相反的影响。开征消费税会加大消费成本,抑制消费需求;停征投资方向调节税,可以降低投资成本,刺激投资倾向,进而调节供求结构。

对经济稳定增长的作用:经济稳定增长是以社会总供求大体均衡为基本前提的。在社会需求膨胀、供给相对不足、经济发展速度过快时,增加税收可以提高财政收入占国民收入的比重,相应地降低纳税人收入的增长幅度,起到收缩社会需求,抑制经济过快增长的效应;反之则起到刺激经济增长的效果。

对优化资源配置的作用:如前所述,优化资源配置包括资源充分利用和资源配置比例协调两方面的含义。前者寓于经济稳定增长的目标之中,后者则以社会供求结构的协调为前提和标志。税收是一种对物质利益有广泛调节作用的财政政策工具,它对资源配置有着重要影响:首先,对不同产品、行业实行差别税率或开征调节税种,可以调节不同产品、行业的利益结构,影响其价格水平和竞争条件,从而引导资源流向,改善投资结构,实现资源合理配置;其次,通过对投资方向调节税的开征或停征,可以影响建设项目的投资成本和投资者的比较利益,进而使投资流向与国家产业政策的要求相吻合;再次,税收可以为国家筹集资金,为政府直接配置资源创造条件,使基础产业及政府公共部门得到必要的资源投入,促使资源在私人产品与公共产品之间保持适当的配置比例。

对收入公平分配的作用:公平征税是政府公平收入分配的重要方式。在税收征缴过程中,税收公平包括纵向公平和横向公平两方面的涵义。纵向公平以累进征收为主要手段,体现量力负担的原则;横向公平是对相同性质和数额的收入征收同样比例的税收,以体现等量征收的原则,形成纳税人之间公平竞争的税收环境。

对平衡国际收支的作用:国家通过对出口商品的低税、零税率政策,可以降低出口商品价格中的税金含量,增强出口商品的竞争能力,增加出口收入;同时,对进口商品实行适当的关税保护政策,可以限制盲目进口,减少外汇支出;对外国有倾销行为的进口商品征收反倾销税,可以利用 WTO 的相关条款,合法地保护国内产业的发展。这种由税收增减引起的国际收支对比关系变化,无疑有利于实现国际收支平衡的宏观调控目标。

2. 公债

公债作为凭借国家信用的筹资手段,既可以从分配领域调节社会供求结构,实现供求结构的相互协调,也可以从流通领域调节货币流通量及商品供给量,进而调节社会供求总量,实现供求均衡的总量目标,所以是一种非常灵活有效的政策工具。公债的发行不但可以在社会需求不足时,将社会闲置资源调动起来,从而增加社会有效需求,刺激经济增长,也可以在社会需求膨胀、经济发展过热时,增加政府对社会需求的控制程度,发挥稳定经济的作用。公债还是中央银行进行公开市场操作、灵活调节货币供给量,进而调节需求总量的有效手段。

相对于社会需求总量的调节,公债对社会需求结构的调节作用更加直接。由于发行公债的结果是改变国民收入的分配结构,使私人部门的购买力向政府部门转移。这种转移本身就是对需求结构的重新调整,意味着资源配置方向的改变。这种改变是按照政府的调节意图进行的,因而在正常情况下是政府实现资源优化配置目标的重要手段。

一般认为,由于公债是一种政府的信用工具,它形成的是一种平等的债权债务关系,所以,公债对收入差距的调节作用是极其有限、也容易被人忽视的。实际上,公债对收入差距的这种调节作用是客观存在的,只不过其表现的形式比较间接和迂回。认识这一点对我们更好地利用公债手段有重要意义。公债调节收入差距的功能要从以下两方面发挥出来:一是由于公债的购买额比较灵活,既可以是亿万之巨,也可以是数元之微,所以,发行公债为中低收入者提供了一种预期收益率稳定的投资渠道,使他们也可以凭借对资金的所有权参与收入的分配,其效应是增加中低收入者的收入、缩小社会成员之间的收入差距。二是发行公债意味着偿还期税收的增加,由于支付公债利息的资金主要来自政府税收,税收又主要来自高收入者,这就产生了通过税收的债息支付过程将高收入者的一部分收入转移给中低收入债权人的再分配效应。

政府外债的一个重要功能就是平衡短期国际收支逆差,因此,公债在平衡国际收支方面的作用也是其他政策工具难以替代的。

(三) 政府预算政策工具

政府预算是政府的年度财政收支计划,其调节功能主要体现在财政收支差额的类型上。预算政策不外乎三种类型:赤字预算体现的是一种扩张性政策,在有效需求不足时,政府通过对国民收入的超额分配扩张总需求,起到刺激经济增长的作用;盈余预算体现的是一种紧缩政策,在需求过旺时可以起到抑制总需求的效果;平衡预算是一种维持性政策,在社会总量大致平衡时可以维持经济的稳定增长。

三、财政政策的类型

根据财政政策在调控经济活动上所起的作用不同,其类型可以从两个角度来划分:一是根据财政政策调节经济周期的作用;二是根据财政政策在调节国民经济总量方面的不同功能。

(一) 自动稳定的财政政策和相机抉择的财政政策

按照财政政策调节经济周期的作用来划分,它包括自动稳定的财政政策和相机抉择的财政政策。

自动稳定的财政政策是指通过财政制度的合理安排,在经济产生周期性波动时,能够自动调节社会总需求以稳定经济的政策,它无需借助外力就可直接产生调控效果。

财政政策的自动稳定性主要表现在两个方面:累进征收的所得税和与个人收入挂钩的政府转移性支付。前者将纳税人的收入与适用税率累进挂钩,收入越多,税率越高,从而根据经济发展状况自动调节纳税人的收入水平及相应的需求总量。后者则以失业救济金、失业保险金、最低生活保障等形式将政府转移性支出与社会成员收入累退挂钩,收入越少,补贴越多,从而可以随经济发展兴衰自动减增补贴数额,产生自动调节需求总量的作用。自动稳定财政政策的运用须具备一定的条件,即以累进征收为税收制度的主要形式;具有较健全的社会保障和福利制度。因为只有在累进税制条件下,财政收入才能与经济发展保持正向关联;也只有在完善的社会保障和福利制度下,才能建立起个人收入水平与政府转移支付的反向关联,进而使转移支付对经济发展的自动稳定功能得以正常发挥。

相机抉择的财政政策,是指政府根据一定时期社会总供求矛盾的具体表现,为消除经济波动,灵活选择适当的财政政策,以实现经济稳定增长、总供求平衡和充分就业等宏观经济目标。其特点是不能自动地对社会总供求关系实施调节,其作用的发挥须借助于人们对客观经济形势的分析判断和适时选择。一般来说,这种政策是政府根据当时的经济形势,采取不同的财政措施,以消除经济过热或经济萧条,是政府利用国家财力有意识干预经济运行的行为。

(二) 扩张性政策、紧缩性政策和中性政策

按照财政政策在调节国民经济总量方面的不同功能,把财政政策分为扩张性政策、紧缩性政策和中性政策。

1. 扩张性财政政策

亦称"松"的财政政策,是指通过财政分配活动来增加和刺激社会总需求。其政策实施表现为通过减税(降低税率)和增加财政支出规模,扩大投资需求和消费需求,以此来弥补社会有效需求小于社会有效供给的缺口,达到启动闲置资源、促使经济增长的财政政策目标得以实现。由于扩张性财政政策的出发点是刺激社会需求、促进经济增长,所以,这种政策只能在社会需求不足、供给相对过剩的条件下使用。

实施扩张性财政政策所采取的具体手段主要有:降低税率、发行公债和增加政府预算支出。降低税率可以相对增加企业和个人的收入,在社会需求不足时,使企业和个人的投资需求和消费需求得以维持,刺激经济增长。发行公债可以在社会有效需求不足时动员社会闲置资金,使其转化为现实的支付手段,从而增加流通中的货币量,扩大现实需求,推动经济增长。增加政府预算支出,可以刺激消费需求,增加对消费品的购买力;增加政府建设性支出,可以刺激投资需求,推动经济增长。

2. 紧缩性财政政策

亦称"紧"的财政政策,是指通过财政分配活动来减少和抑制总需求。其政策实施表现为通过增加税收(提高税率),减少政府财政支出规模;抑制投资需求和消费需求,以缓解社会需求膨胀的压力,实现社会总供求平衡。紧缩性财政政策的出发点是抑制社会需求、缓解供求矛盾,使经济稳定增长。因此,它适宜于在社会需求膨胀、社会供给相对不足以及经济趋于过热的条件下使用。

实施紧缩性财政政策所采用的具体手段主要有:增加税负、发行公债和缩减政府预算开支。增加税负可以相对减少企业和个人的实际收入,增强国家对社会需求的控制能力,从而在经济过热时抑制企业和个人的需求,以调节经济增长速度,使其保持适度。在经济过热时发行公债可以将企业或个人的收入转移到政府手中,推迟即期需求的实现时间,收缩现实购买力,起到与增税同样的调控效果。在社会需求膨胀时,缩减政府预算开支可以直接减少流通中的支付手段,抑制社会需求,缓解或消除社会供求之间的矛盾,实现经济稳定增长的财政政策目标。

3. 中性财政政策

亦称平衡性财政政策,是指财政的分配活动对社会总需求的影响保持中性,即通过财政收支的大体均等,以保持社会供求同步增长,维持社会供求基本平衡的政策。其政策功能在于保持社会总供求的同步增长,以维持社会总供求对比的既定格局。政策实施表现为规定财政收支规模,使其在数量上基本一致。政策实施的结果是政府支配的国民收入大体等于其分配到的物质价值量。因此,中性财政政策对社会总供求关系只起维持作用而不起调节作用。该类政策适宜在现实社会总供求矛盾不突出或社会总供求处于基本平衡的经济条件下使用。

四、财政政策效应

(一) 财政政策的乘数效应

财政政策乘数效应就是指财政政策变量变动作用于社会总需求,从而引起国民收入扩张或收缩的倍数。

根据凯恩斯理论,国民收入的决定模型为:

$$\begin{cases} Y = C + I + G \\ C = \alpha + \beta Y_d \\ Y_d = Y - T \end{cases} \quad (9.1)$$

其中,Y、Y_d、C、I、G、T 分别表示国民收入、可支配收入、消费支出、私人投资支出、政府购买性支出以及税收收入;α、β 分别为自发性消费、边际消费倾向。则根据国民收入的决定模型,可以推导出均衡的国民收入为

$$Y = \frac{\alpha + I + G - \beta T}{1 - \beta} \quad (9.2)$$

1. 政府购买性支出乘数

政府购买性支出乘数是指政府购买性支出变化额与由此引起的国民收入变化额之间的比例。根据均衡国民收入公式,对 G 求导,即可得到政府购买性支出乘数:

$$K_G = \frac{1}{1 - \beta} \quad (9.3)$$

上式表明,政府购买性支出乘数的大小取决于边际消费倾向,边际消费倾向越大,乘数越大,对经济的刺激作用越大。

2. 税收乘数

税收乘数反映税收的变动(包括税率、税收收入等)对国民产出的影响程度。根据均衡国民收入公式,对 T 求导,即可得到税收乘数:

$$K_T = \frac{-\beta}{1 - \beta} \quad (9.4)$$

上式表明,税收乘数是负值,说明税收的增减与国民产出呈反方向变动。与政府购买性支出乘数相比较,税收乘数的绝对值小于政府购买性支出乘数,这也说明增加财政支出政策对经济增长的作用大于减税政策。

3. 平衡预算乘数

政府在增加税收的同时,等量增加购买性支出,维持财政收支的平衡,这种变化对国民产出的影响可以用平衡预算乘数反映。

$$K_B = K_G + K_T = \frac{1}{1 - \beta} + \frac{-\beta}{1 - \beta} = 1 \quad (9.5)$$

上式表明，即使增加税收会减少国民收入，但如果同时等量增加支出，国民产出也会等量增加。也就是说，即使实行平衡预算政策，仍具有扩张效应，其乘数效应为1。

（二）财政政策的挤出效应

上述财政政策效应的分析仅仅考虑了商品市场的均衡，没有考虑货币市场的变化。

图9-1为IS-LM图。当政府实施扩张性财政政策时，通过政府支出的增加或税收的降低，IS曲线就会向右上方移动。当IS曲线从IS_0上移到IS_1，则均衡点则会从E_0点移动至E_1。此时，不仅均衡收入会发生变动，利率同样会发生变动，从r_0提高至r_1。由于投资是利率的减函数，利率的上升就会减少部分对利率敏感的私人部门投资，产生所谓的挤出效应，从而使扩张性的财政政策的乘数效应受到影响。图9-1显示，政府支出乘数效应会使均衡国民收入从Y_0提高至Y_1，即增加$\frac{1}{1-\beta}\Delta G$；但由于挤出效应的存在，实际财政政策的乘数效应仅使均衡国民收入从Y_0提高至Y_2，即增加$\frac{h}{dk+(1-\beta)h}\Delta G$。

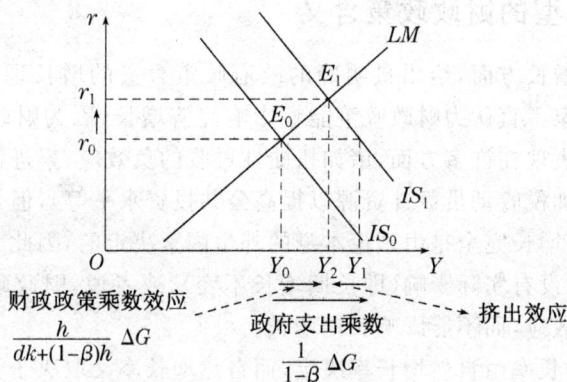

图9-1　财政政策的乘数效应

第三节　财政政策与经济增长

不同的增长理论所暗示或明确提出的财政政策主张是不同的。

一、哈罗德-多马模型的财政政策含义

哈罗德增长模型反映出的政府政策作用比较积极。如果有保证的增长率不等

于自然增长率,这种情况因资本-产出比率固定而持续存在,经济可能会陷入困境。倘若有保证的增长率低于自然增长率,那么,就会存在着失业,原因在于投资不足,没有能力雇用全部可利用的劳动力。由于发展中国家的储蓄率较低而人口自然增长率较高,所以,这一特征在发展中国家比在发达国家表现得更为突出。在这种情况下,政府试图努力提高有保证的增长率。在资本-产出比率固定的情况下,政府通过影响储蓄率而改变有保证的增长率。为了提高有保证的增长率,就必须要提高储蓄率。政府实现这一目标的最简单方法是:政府蓄意实行预算盈余政策,因为这等同于政府的净储蓄。从当期消费中取得资源,然后把这些资源用于投资。因此,增加税收的政策也许是一种可行的方法。

在哈罗德-多马模型中,相反的情形是有保证的增长率高于自然增长率。实际增长率有可能低于有保证的增长率,因为劳动力短缺不能适应投资水平所产生的经济能力。这种超额能力将引起企业降低其投资水平,继而降低总需求水平,产生更大的超额能力,再次引起企业削减投资。在这种情况下,政府需要降低有保证的增长率,最简单的方法是通过预算赤字降低储蓄率。因此,这时,适当的政策反应可能是削减征税水平。当然,这正是凯恩斯主义宏观经济政策对超额能力状态的反应。

二、索洛模型的财政政策含义

在促进经济增长方面,给出最明确的政府政策含义的增长理论是索洛模型。尽管财政经济学家一直认为财政政策能够影响经济增长(因为财政政策与经济增长间的内在联系表现在许多方面,诸如扭曲性税收的负效应、累进税对储蓄倾向的不利影响以及增加税收动员额外资源以提高公共投资水平等),但是新古典增长论却认为,长期经济增长完全是由理论本身的外生因素决定的,因此无论采取什么政策,对长期增长率没有实际影响(即长期增长不变),或者说,财政政策对经济增长充其量只有短期效应,而不能影响长期增长。

具体来说,增长率由自然增长率决定,而自然增长率又取决于劳动供给增长和技术进步,政府政策起不了什么作用。要说政府政策有作用的话,也可能是在于保证市场的正常运行和尽可能使价格迅速调整。这表明,有保证的增长率一旦偏离自然增长率,通过资本-产出比率的必要变化能立即得到矫正。因此,这种政策趋向于政府干预水平越低越好。

三、内生增长理论的财政政策含义

内生增长理论的政策含义主要来源于正外部性在增长过程中的重要性。内生增长论认为,一国的长期增长是由一系列内生变量决定的,这些内生变量对政策(特别是财政政策)是敏感的,并受政策的影响。因为无论是知识的积累(包括人力资本增加、新产品的生产以及产品质量的提高），还是研究与开发活动，不仅具有外溢效应或技术外部性，而且知识本身还具有共用品的某些特征，都需要政府采取积极的财政政策措施，以扶持、鼓励这类活动。倘若全部依赖市场，那么，正外部性就会使生产达不到最优水平。对于这种情况，标准的政府反应就是对具有正外部性的产品予以补助。按照新增长理论的主张，这类补助的对象主要是研究与开发、人力资本（教育）甚至是整个投资领域。同时，辅之以一般性税收融资的公共投资。这种补助的理想程度是使补助额等于正外部性价值，从而使企业在社会边际成本等于社会边际收益的水平上生产商品和服务。诚然，这种政策也有问题，主要在于增长外部性的不可预测性和不确定性。即要想确定理想的补助数额极其困难。尽管如此，许多国家事实上已经这样做了，诸如提供免费教育或补助教育，进行大量公共投资，从事研究与开发活动等。

在税收制度的设计方面，内生增长理论认为应当注意投资所带来的正外部性。这意味着对储蓄和利润的征税水平要低于其他所得税，因为储蓄和利润的增加会促进投资。因此，有人主张实行这样一种税制，即只对支出征税，这是实现上述目标的明显方法。

下面，我们具体分析内生增长理论的财政政策含义。

针对新古典增长模型关于物质资本（即可以积累的生产要素）的收益率递减使人均增长停滞不前，而且财政政策并不影响长期经济增长率这种论点，内生增长理论则通过克服可以积累的生产要素收益递减性质而使经济增长率内生化，并通过财政政策解决人力资本积累外部性、技术外部性和知识外部性等问题。

（一）线性生产函数

内生增长理论克服可积累的生产要素收益递减性质的一个最简单的方法是假定宏观经济生产函数与人均资本是线性关系，即

$$y(t) = \alpha k(t) \tag{9.6}$$

式中，α 表示技术系数，且 $\alpha > 0$。假定人口不变，典型个人的目标是使无限时间期界的效用流量折现值最大化，则增长率 g 的决定方程式是：

$$g = (\alpha - r)/\sigma \tag{9.7}$$

式中，r 代表时间偏好率，σ 代表不变边际效用弹性。从中可以看出，只要 $\alpha > r$，人均增长率就是正的。因此，技术系数 α 决定了增长率，而且能够影响该系数的任何财政政策都会影响增长率（Rebelo，1991）。

（二）外溢效应

解决资本收益递减问题的另一种方法是假定物质资本投资对人力资本存量或知识具有外溢效应，而后者对物质资本的边际产量又具有正效应，避免物质资本的

边际产量趋向于零。

这种方法可以追溯到阿罗的思想,他认为,知识的取得(即学习)与经验紧密相关,而经验的衡量指标是总投资积累额(Arrow,1962)。用比较正规的方法来说,即典型企业的生产函数可以写成:

$$Y(t)=F(K(t),A(t)L(t)) \tag{9.8}$$

式中,$A(t)$代表知识或人力资本存量,是一个效率参数,对在时期 t 雇用的劳动力数量($L(t)$)的影响是正的。因此,技术变化是一种增加劳动力的技术变化。必须注意的是,知识存量将提高每一工人的效率,但知识存量一旦形成,它就成为一种共用品,因为所有工人的效率都可能同等提高。

此外,根据阿罗的观点,知识存量是经验的函数,而经验又是过去积累的总投资 $E(t)$,所以,该函数的形式是:

$$A(t)=E(t)^{\mu} \tag{9.9}$$

式中,$0<\mu\leqslant1$。如果采用柯布-道格拉斯生产函数形式,则典型企业的边际资本产量的决定方程式是:

$$(1-\alpha)K(t)^{-\alpha}A(t)L(t)^{\alpha}=(1-\alpha)K(t)^{-\alpha(1-\mu)}L(t)^{\alpha} \tag{9.10}$$

而对于作为整个社会的计划者——政府——来说,由于要考虑物质资本投资的外溢效应,则边际资本产量是:$[1-\alpha(1-\mu)]K(t)^{-\alpha(1-\mu)}L(t)^{\alpha}$。

该模型表明私人边际产量与社会边际产量不一致,因为私人企业没有考虑其投资决策的正外溢效应,而政府则考虑了。因此,这是政府干预的一个原因:必须要提供刺激,以便经济中的投资水平趋近于政府选定的水平。

由于政府考虑了产生新知识的投资具有正的外部效应,而在竞争性经济中企业只是考虑了比较小的知识的私人收益。所以,根据罗默模型,同社会最优状态相比,在竞争性经济中,在任何时点的消费量太高,而研究数量太低。因此,引导私人资源从消费转移到投资的财政政策都会使福利提高。此外,消费增长率在社会最优状态下总的来看也将提高,因为,"在较低的初始消费水平情况下提高初始投资率,最终会导致消费水平提高"。为了达到社会最适状态,政府必须选择能使知识的税后私人边际产量等于社会边际产量的税种(如一次总付税)和投资补贴。

(三)生产性公共资本

过去,经济学中存在着一种普遍看法,即政府支出是非生产性的,而内生增长理论则改变了这种看法,特别是认为公共投资具有很强的生产性。阿罗和库兹最先把公共资本存量纳入宏观经济生产函数。他们建立的生产函数形式是:

$$Y(t)=F(K(t),G(t),L(t)e^{\eta}) \tag{9.11}$$

式中,$K(t)$代表私人资本存量,$G(t)$代表公共资本存量(这是纯公共产品),γ代增加劳动力的技术进步(这是外生给定的)。公共资本存量也存在于家庭的效用函数中,因为这个变量具有双重作用。例如,教育既有对生产率的正效应,也具有直接的效用收益;又如公路,企业在其生产活动中可以利用,个人也可以利用。

巴罗(Barro,1990)也采纳了公共服务对经济中的生产机会具有正效应的思想。但不同的是,巴罗将公共投资的流量而非公共资本的存量直接纳入宏观经济生产函数中。他的生产函数形式是:

$$Y(t) = F(K(t), IG(t)) = K(t)^{1-\alpha} IG(t)^{\alpha} \tag{9.12}$$

式中,$IG(t)$代表公共投资的流量,α代表产出对公共投资的弹性。为了给公共投资融资,政府按税率τ对家庭的所得征税。假定预算是平衡的,则公共投资的流量由下列方程式决定:

$$IG(t) = \tau K(t)^{1-\alpha} IG(t)^{\alpha} \tag{9.13}$$

利用政府预算限制,增长率的决定方程式是:

$$C'/C = [(1-\tau)(1-\alpha)\tau^{\alpha/(1-\alpha)} - \gamma]/\sigma \tag{9.14}$$

该方程式表明,与罗默模型一样,物质资本的边际产量在长期不会趋向于零,但不同的是,这里是公共投资对私人资本具有正效应。为了找到使经济增长最大化的所得税率,需要求C'/C对τ的微分,并令该结果等于零。最后的结果表明,实现最大增长率的条件是$\tau = \alpha$。

巴罗等考虑到如下两种情况对该模型进行了扩展:政府提供具有竞争性和排他性的私用品以及具有拥挤性的共用品(Barro and Sala-i-Martin,1992)。结果他们发现,在第一种情况下,一次总付税优于所得税;而在第二种情况下,所得税的作用如同使用者付费而可能优于一次总付税。这是因为在一次总付税情况下,对投资的刺激太高,其原因在于它们没有考虑到共用品的拥挤效应。

(四) 人力资本投资

索伦森(Sorensen,1993)利用并扩展了卢卡斯模型(Lucas,1988),明确地分析了财政政策含义。他假定政府征收资本所得税、劳动所得税以及一次总付税,同时政府对教育收费或补贴,这两者与花费时间提高技能水平而放弃的收入数量成比例;此外,政府提供诸如学校建筑物或师资等基础设施,这是人力资本形成的必要条件。

他的分析结果是:提高对资本所得征税只影响利率,因此在长期将降低生产的资本密集度;但是,如果政府提高学费,对劳动所得征税会降低平衡增长率,而如果政府补贴教育,对劳动所得征税会提高平衡增长率。然而,对资本所得征税仍然没有显示出对增长率有什么影响。在社会最优状态下,对资本所得征收的最优税收不等于零,因为政府通过扶持人力资本的形成而提供生产性服务。因此,正如包含公共投资而直接影响生产函数的巴罗模型所得到的结果一样,对资本课征的最优税收不等于零,这与传统的新古典经济增长模型所持的观点完全不同。此外,索伦森还阐明,人力资本的外部效应大小决定了对劳动所得的课税是正的还是负的,这也同样适用于教育学费或补贴。如果这种外部效应非常大,且教育过程的效率很高,那么,政府就应当给予教育补贴;如果这种外部效应非常小,且教育过程的效率很低,那么,政府就应当对家庭收取学费。

(五)研究与开发投资

罗默建立的模型包含了三个生产部门,即家庭可以用来消费或投资的最终产品的生产部门、研究与开发部门、中间资本品的生产部门。格鲁斯曼和赫尔普曼(Grossman and Helpman,1991)建立的以技术进步为基础的内生增长模型依据罗默模型证实,由于研究与开发部门具有外溢效应,竞争性均衡增长率低于社会最优增长率(因为企业在其决策过程中没有考虑外溢效应的存在,所以其研究与开发水平太低),政府就必须通过补贴研究与开发活动来提高增长率。

综上所述,根据内生增长理论的政策含义,我们按照内生增长的因素概括出促进经济增长的财政政策措施。

第一,增加人力资本投资的政策措施:政府直接增加人力资本投资;政府提供税收刺激或财政补贴鼓励企业增加人力资本投资。

第二,增加基础设施投资的政策措施:政府直接增加基础设施投资;政府提供税收刺激或财政补贴,鼓励企业增加基础设施投资。

第三,增加研究与开发投资的政策措施:政府直接增加研究与开发投资;政府提供税收刺激或财政补贴,鼓励企业增加研究与开发投资。

可见,内生增长理论的政策含义至少表现出两个实质性变化:第一,30余年来新兴的各种经济学流派提出政府不要干预经济运行,或者说财政政策无效。可是,内生增长理论这种"新经济学"则认为,政府仍需要适当干预经济,财政政策在促进内生增长过程中具有不可替代的作用。第二,过去的经济学包括传统的凯恩斯经济学在内所提出的财政政策,其作用点在于刺激劳动供给和促进一般性物质资本的形成。然而,内生增长论提出的财政政策首先认识到政府的公共支出特别是公共投资支出具有生产性,并重点在于增加人力资本、基础设施以及研究与开发等三个领域的投资。

本章小结

从周期平衡的角度来看,财政周期平衡是指财政收支在一个经济周期内由经济繁荣时的盈余来抵补经济衰退时的赤字,从而在一个经济周期内实现收支平衡;从动态平衡的角度来看,在经济发展早期财政为促进经济发展而产生的赤字通过经济发展进入中期和成熟期后的盈余来弥补,就可以实现财政收支的动态平衡;财政收支的整体平衡是指全部的财政收入与全部的财政支出在数量上大致相等,而不是部分财政收支的大致相等;财政平衡是社会总供求平衡中的一个组成部分,应从国民经济整体平衡的角度来考察财政平衡。

财政赤字是财政支出大于财政收入而形成的差额,财政赤字的弥补方式包括增收减支、动用结余、向中央银行透支或借款与发行公债。

财政政策的目标包括经济稳定、资源优化配置、经济增长、收入公平分配与社会的全面发展;财政政策工具则是由购买性支出、转移性支出等财政支出类政策工具、税收、公债等财政收入政策工具以及政府预算政策工具组成。

根据调节经济周期的作用,财政政策分为自动稳定的财政政策和相机抉择的财政政策;根据在调节国民经济总量方面的不同功能,可以分为扩张性政策、紧缩性政策和中性政策。

财政政策乘数效应就是指财政政策变量变动作用于社会总需求,从而引起国民收入扩张或收缩的倍数。挤出效应的存在会影响财政政策的乘数效应。

不同的增长理论所暗示或明确提出的财政政策主张是不同的。内生增长理论指出,政府的公共支出特别是公共投资支出具有生产性,并强调应增加人力资本、基础设施以及研究与开发等领域的投资。

思考与练习

一、基本概念

周期平衡	动态平衡	整体平衡
综合平衡	财政赤字	财政政策
自动稳定的财政政策	相机抉择的财政政策	
扩张性财政政策	紧缩性财政政策	
中性财政政策	财政政策乘数效应	

二、简答

1. 如何理解财政平衡?

2. 比较分析财政赤字的几种弥补方式。

3. 简述财政政策的主要目标。

4. 分析挤出效应对财政政策乘数效应的影响。

5. 简述内生增长理论对财政政策的启示。

下 篇
政府间财政关系

第十章　中央与地方政府间财政关系

学习目的与要求

　　本章就如何处理中央与地方政府间的财政关系展开了论述。通过学习，应对市场经济条件下中央政府与地方政府间财政关系的基本内容有一个基本的了解和认识。具体地说，应了解财政分权的理论依据；熟悉政府间财政职能和支出责任的划分；掌握政府间收入划分的原则；掌握政府间转移支付的概念、形式及其经济效应。

　　现代市场经济国家大多实行多级政府体制。在多级政府体制下，中央政府与地方政府各自都拥有相应的财权，各级政府之间的财政关系可以表现为纵向关系与横向关系，纵向关系是指中央与地方政府间的财政关系，横向是指地方政府之间的财政关系。我们分两章来阐述政府间财政关系，本章将围绕中央与地方政府间的财政关系进行阐述，下一章将阐述地方政府间财政关系。

　　政府间的财政关系主要是解决好以下几个问题：政府职能的分工；支出责任和财政收入的划分；转移支付制度。阐述的思路是：根据市场经济政府的事权范围和大小决定支出范围和大小，然后再根据支出范围和大小决定财权的分配，市场经济国家对财权的分配通常实行分税制。但是，分税以后，各级政府间财权与事权并不相称，上级政府获得的收入较多，需要通过有效的转移支付来实现对下级地方政府财政的宏观调控，平衡各地区的经济发展。

第一节　财政集权与分权的关系

　　政府职能的分工实际上是一个财政集权与分权的关系问题。中央政府从本国居民的共同利益出发，其目标是谋求全国利益最大化，也就是说，它从整个国家的全局来考虑资源配置、收入分配以及经济稳定和发展问题；地方政府则从本地区居民的共同利益出发，其目标是谋求本地区利益最大化。集权有利于中央财政政策的贯彻执行，但是，地方政府积极性受到严重束缚；分权可以使地方政府充满活力，但是,也可能扰乱国民经济的正常行为。

集权与分权问题源于政治体制,即多级政府的政权结构。中央和地方的各级政府都要执行各自的职责,也就需要拥有法律允许范围内的税收及其他收入的征管权和资金支配权、管理权,由财力分割,引发集权与分权关系。从历史上看,任何一个国家在其发展过程中都普遍存在集权与分权问题,即使在一国内的不同历史时期,集权与分权的关系也是在不断地变化。从现状看,无论是联邦制国家还是单一制国家,无论是社会主义国家还是资本主义国家,无论是发达国家还是发展中国家,也都在根据政治体制和国情适时调整着集权与分权的关系。

解决集权与分权问题,主要是通过在中央与地方政府之间的收支划分来解决。各国收支划分不同,而且相差较大,所以收支划分的结果就形成集权与分权的不同类型。一般来讲,社会主义国家执行国家职能范围要大一些,并以国家权力和行使生产资料所有者的双重身份参与产品的分配,其集权比其他国家更明显。资本主义国家地方财政具有相对的独立性,国家强调地方经济利益,分权成为必然。发展中国家受经济发展水平的限制,需要集中使用财政资金,偏重于集权。然而,任何事物都不是绝对的,从发展趋势来看,一种类型是,原来以集权为主的国家正逐步向权力的分散化方向发展。如日本是中央集权的单一制国家,财力高度集中于中央,中央政府掌握全国收入的 2/3,随着地方自主权的逐步扩大,地方财政已拥有了相对独立的财力和财权。法国原来的地方财政的预算收支,完全由中央决定,随着权力下放,地方财政建立了相对独立的预算,财权有了一定的分散。另一种类型是,原来财权相对分散的国家正逐步加强中央政府的财力和财权。如美国,地方政府拥有较大的财力和财权,自实行凯恩斯国家干预经济政策以来,中央政府扩大了财权,中央财政收入已占全国财政收入的 60% 以上。澳大利亚实行均等化原则的历史最长,由于需要进行规模较大、数额也较多的转移支付,逐步加大了中央政府的财力,中央政府拥有全国 2/3 的财政收入。随着社会的发展,各国都在寻求集权与分权的适度结合,尽管各国的收支划分不同,由此形成的集权和分权的程度亦有所差别。但从总体上看,在中央政府和地方政府之间的收支结构中,中央政府的财政收入始终占比较大,居主导地位。所以,集权是核心,是主要的,分权总是围绕着集权程度的变化而调整的。

在集权为核心的总趋势下,适度分权是一种社会进步,也是一种客观的必然性。在市场经济条件下,现行的做法是按一级政府一级预算的办法确定预算级次。在各级预算主体之间划分财权的依据,取决于公共需要的级次性。公共需要的级次性要求各级次的政府行使各自的事务,它们分别表现为全国性的事务和各级地方性的事务。公共需要的级次性,或者说其受益范围,便成为确定各级政府间财权的依据。在市场经济条件下的国家,其地方政府拥有更大的相对独立性,承担更多社会公共事务,而中央政府则主要是实施宏观调控,所以有必要重视并加强分权。

分权有利于打破中央政府的高度控制,加速生产要素在地方政府之间自由流动,以达到资源的有效配置。而且分权也有利于提高财政资金的使用效率,使地方可以按本地区的经济特点,合理使用财政资金,更好地发展地方经济。

在我国,中央和地方各级政权之间不存在根本利益上的冲突,但始终存在着利益矛盾,因为各级政权的职责分工不同,所承担的政治经济任务不同,因此考虑问题和处理问题的角度也不同,必然会发生整体利益和局部利益之间的矛盾。在财政分配方面,中央要从全局出发,实施宏观调控和实现社会发展战略目标,就必须掌握一定的人力、物力、财力,实行中央集权。地方为了保障局部利益,使地方因地制宜地对本地区经济进行组织和管理,就必须拥有相应的财力和财权,以维护地方权益。所以,在我国的集权和分权的矛盾关系中,集权是矛盾的主要方面,要把主要的财力和财权集中在中央,其依据有以下两点。

第一,这是由我国政治制度和经济制度决定的。我国宪法载明"中华人民共和国的国家机构实行民主集中制","中央和地方国家机构职权的划分,遵循在中央的统一领导下,充分发挥地方的主动性、积极性的原则"。根据这一原则,在处理集权与分权的关系问题上,也要保证中央的集权,正确处理事权和财权的关系。我国经济是建立在生产资料公有制基础上的社会主义市场经济,为保证国家在全社会范围内统筹安排生产、合理使用国家财力、保证国民经济稳步发展,就必须强调中央的宏观调控作用,加强中央的集中统一领导。

第二,我国幅员辽阔,人口众多,各地区的经济基础和自然条件相差悬殊,国家有责任调节地区经济差距,调拨全国的人力、物力、财力。然而,地方的各种事务不可能全由中央解决。当前在进行经济体制改革,在一定程度上要扩大分权的程度,分权要适量、适度,要有利于提高地方和企业的效益。

处理集权和分权的关系时,要注意以下几点。

第一,集权和分权的调整,必须遵循国家的方针政策。在不同的历史条件下,集权和分权强调的侧重点不同,如何处理这一矛盾,必须服从国家重大决策和各时期方针政策的需要。

第二,集权和分权的调整,必须与政治经济形势相适应。集权与分权不取决于任何主观愿望,而取决于客观政治经济环境。当国家政治经济形势需要集权时,财力、财权高度集中,实行集权型体制;当政治经济形势要求放权时,要适当分散财力、财权,实行相对分权型体制。

第三,集权和分权的调整,要坚持统一领导、分级管理的原则。既要保证中央的统一性,又要兼顾地方的特殊性。在维护中央和国家的主导地位的前提下,扩大地方和企业的权限。即使在强调分权时,也不能损害中央和国家的整体利益。

第四,集权和分权的调整,必须建立在责权利相结合的基础上。处理集权和分权的关系,要遵循财权与事权、利益与责任统一的准则,确定集权和分权的程度。

无论是扩大地方财政的财力、财权,还是将财力、财权下放给企业,都要先划清承担的职责,在权责相结合的基础上,给予地方和企业应得的物质利益。

第二节　财政职能在中央与地方政府间的划分

财政职能是财政学的基础理论之一。财政的三大职能,即收入分配、宏观调控(或称经济稳定和发展)和资源配置,在单一制政府的情况下只能由唯一的政府行使。但是,在一个多级政府体制中,就产生了一个财政职能分工问题。在上一节我们讨论了财政集权与分权关系问题,这实际上回答了财政职能为何必须分工的问题。在本节要讨论财政职能如何分工。也就是说,哪些职能由中央政府行使,哪些职能由地方政府行使,这也可称为事权的划分。事权的合理划分是正确处理中央与地方财政关系的基础。

现代财政联邦制理论认为,在一般情况下,财政的收入分配和宏观调控职能由中央政府行使,而财政的资源配置职能则由中央政府和地方政府共同行使。W.E·奥特斯在其极具影响的著作《财政联邦制》(Fiscal Federalism)中指出,联邦制下的各级政府有三个主要目标:有效地配置资源、合理地分配负担和收益、稳定经济运行。从经济学角度来看,与市场失灵有关的提供公共品、处理外部性等方面应由州和地方政府负责,因此,有效配置资源的任务主要由州和地方政府共同承担;而合理分配收入和稳定经济显然是联邦政府的使命。我们可以借鉴财政联邦制的理论。

一、收入分配职能

财政的收入分配职能的目标是实现人与人之间收入分配的公平。要实现这一目标,可以通过两条途径:一是个人间的直接收入再分配,二是地区间的间接收入再分配。无论是通过哪条途径,财政的收入分配职能都需由中央政府集中统一行使。以下我们从两个方面来分析。

(一) 个人间的收入再分配

在开放的市场经济条件下,全国形成一个统一的大市场,劳动力、商品、资本能自由流动。如果某一地方政府实行高福利的收入再分配政策,对低收入者提供更多补助,而对高收入者课征重税,则低收入者会大量迁入该地区,高收入者纷纷迁出该地区。这样,该地区财政支出将急剧上升,而财政收入则大幅下降,导致高福利政策难以为继。而且,高税率使已有投资缺乏后劲,并排斥新投资。地方利益由于高福利政策的实施而受损,所以各地纷纷减少补助、降低税率,使财政的收入分配职能失效。因此,地方政府负责这一职能,既使得收入再分配难以实行,又使资源配置遭到扭曲。

在封闭和半封闭的经济中,劳动力、商品和资本的流动具有重重障碍,在这种情况下,各地区可能在收入再分配方面发挥较大作用。特别是在地方政府没有独立收入来源的情况下,其支持的转移支付资金可以从中央财政获得,从而在无需增加本地区税收负担的条件下,地方政府的收入分配作用会得到进一步加强。但这会导致地方政府保护主义泛滥,形成诸侯割据局面,影响资源配置效率。随着市场经济的日臻完善、全国统一市场的形成,收入再分配职能必然由中央政府集中统一行使。

(二)地区间的收入再分配

各个地区提供相同的公共产品,但公共产品的成本负担不同,所需征收的税率各异。一般来说,提供相同公共产品,经济落后地区的税负相对较重。这样,由于所处地区不同、居民税负不同、违反横向公平原则,所以,各地的收入差距应得到缓解。但各地区处于平等地位,落后地区不能强迫发达地区给予援助,而发达地区也不会自觉自愿给予落后地区无偿援助。因此,必须由中央政府出面,将发达地区的部分财政收入集中起来,然后转移支付给落后地区。

另外,如果各地政府独立执行不同的再分配政策,将会影响市场机制的正常运行。各个地区的税率高低不同,会引起劳动力和资本的流动,该流动使资源从最有效使用的地区转移到低效使用的地区,从而有损资源配置的效率。

可见,不论是个人之间还是地区之间的收入再分配都不适宜由地方财政承担,而应由中央财政集中统一行使。

二、宏观调控职能

财政的宏观调控职能,其目标是实现社会总供给与社会总需求之间的平衡,这关系到整个社会的全局利益,此职能只能由代表全社会利益的中央政府来行使。

(一)地方财政政策失效

在宏观调控方面,中央具有综合优势。经济繁荣时,中央政府采取增税减支措施抑制通货膨胀,经济萧条时,中央政府采取减税增支措施促进经济增长。这些措施如果由单个政府实行,则政策力度不够,会形成贸易漏损。例如,一个地区实行扩张性财政政策,通过减税增支促进本地区有效需求、刺激经济发展,结果会有很多影响渗透到其他地区,使其他地区在不付出任何代价的情况下获益。具体表现为:大量新增的有效需求用于购买外地商品和劳务,对本地区经济刺激不足。同样,如果某地区实施紧缩性的财政政策,需求的减少会具体表现为对外地商品和劳务的消费上,本地经济仍然过热。在这些情况下,地方财政政策失效。如果由中央政府实施财政政策,则国与国之间的贸易漏损微乎其微。因此,宏观调控必须在全国范围内实行,应由中央政府负责行使这一职能。

与前面讨论收入再分配的情况类似,在非成熟市场经济中,劳动力、商品、资本不能够自由流动,各地政府单独实行宏观调控时,仍然会产生一定的预期效果。然而,这不符合市场经济统一大市场的要求,随着市场经济的进一步完善,这种现象将会逐步消除。

(二)地方财政缺乏宏观调控的政策手段

宏观调控需要财政政策与货币政策相互配合。几乎所有国家的货币政策都是由中央政府控制的。这是因为,一方面如果地方政府拥有货币发行权,则地方会利用创造新货币的方式增加对其他地区资源的购买,导致货币流通混乱,造成通货膨胀压力,从而使地方政府的货币政策完全失灵。另一方面,宏观调控需要政府实行周期性的预算赤字或盈余,即经济萧条时,减税增支,扩张经济;经济繁荣时,增税减支,紧缩经济。地方政府难以进入全国性资本市场,难以为地方预算盈亏融资。

从以上分析可知,在要素充分流动的情况下,财政的宏观调控职能只能由中央政府集中统一行使。

三、资源配置职能

财政的资源配置职能涉及到生产什么和怎么生产这两个基本经济问题,并通过财政的消费和生产活动来实现。以下,我们从财政的消费,公共产品和混合产品的提供、财政的生产,公共产品以及政府对市场低效率的纠正政策三个方面讨论资源配置职能在中央与地方政府间的分工。

(一)公共产品和混合产品的提供

1. 公共产品的提供

先看公共产品的提供。如果在全国范围内规定一个相同的公共产品提供水平,那么,不同地区的人们对公共产品的需求差异将被忽视,这必将导致效率损失。图 10-1 说明了中央政府统一提供公共产品的效率损失。假设只有两个地区,地区 1 对公共产品的需求曲线为 D_1,地区 2 的需求曲线为 D_2,如果公共产品的提供成本平均分摊,则税负为 OP。地区 1 居民认为公共产品的最佳提供量为 Q_1,地区 2 居民则认为公共产品的最佳提供量为 Q_2,而中央政府却统一提供 Q_3 的量。这样,对地区 1 而言,公共产品显然提供不足,效用未达到最大化,产生效率损失 $S_{\triangle ABC}$;而对地区 2 来说,提供过多,也会产生效率损失,其效率损失为 $S_{\triangle CDE}$。如果公共产品由地方政府提供,地区 1 的提供量将达到 Q_1,而地区 2 的提供量将下降到 Q_2,两地居民的境况都将得到改善,并能消除效率损失。因此,公共产品统一由中央财政提供会产生资源配置的效率损失,而由地方政府担当这一职能是比较适宜的。

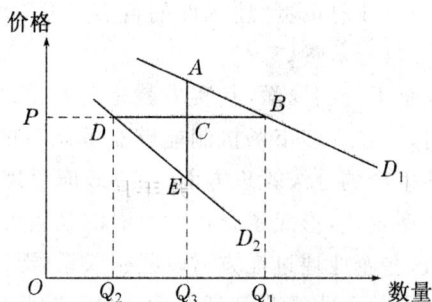

图 10-1　中央政府统一提供公共产品的效率损失

此外,公共产品的受益具有空间的层次性,即各种公共产品的受益范围在空间上有所不同。公共产品的受益范围决定了各级政府的职能划分。每一种公共产品仅对有限的居民具有公共性,这些居民的范围决定了应该履行此项职能的政府规模。公共产品可分为全国性公共产品和地方性公共产品。全国性公共产品,其受益范围涉及全国,如国防、最高法院、航空、大规模交通运输主干设施等,应由中央政府提供;地方性公共产品,其受益范围仅限于某一地区,如城市市政建设设施、地区性交通、城市公安,应由地方政府提供。

按公共产品的受益范围来确定中央与地方在公共产品提供上的责任,其积极意义在于将公共产品的成本与效益统一在同一个政府管辖区域。公共产品的受益范围应该是其成本负担的范围,即受益者必须同时是成本负担者。这有利于各级财政将公共产品的成本效益内部化,从而建立起有效的资源配置约束机制,使各级政府的财政行为受到提供公共产品的成本、效益两方面的制约。

2. 混合产品的提供

混合产品在消费过程中具有一定程度的外部效应,即产品消费所带来的影响在一定范围内和一定程度上涉及他人和社会。例如,教育使个人受益的同时,也使社会受益,如果居民在北京大学接受教育后移居上海工作,这样,上海会因为迁入了受过良好教育的人才而受益。

混合产品究竟该由哪级政府提供,这应考虑外部效应所涉及的范围。如果某项混合产品的外部效应涉及全国,则对外部成本征税或对外部效益补贴应由中央政府负责。如果外部效应只涉及某一地区,则相应责任应由该地区政府负责。

(二)公共生产

对于具有自然垄断性质的生产部门,国家可以采用公共生产方式,关键在于不同自然垄断部门的公共生产应该由哪级政府负责。一般来说,自然垄断具有较强的地域性,不同的自然垄断部门,其地域范围不同。全国性的自然垄断,例如航空、铁路,其公共生产应由中央政府负责,地区性的自然垄断,例如自来水、煤气、电力等,其公共生产应由地方政府负责。

我国长期存在的政企不分的局面,其实质就是公共生产的范围超出了具有自然垄断性质的生产部门,即在许多市场机制能够有效调节的生产领域也采取了公共生产的方式。在公共生产的分级管理方面,中央政府管理关键的大型企业,地方政府管理非关键的中小型企业,形成了企业对政府的隶属关系,地方政府实际上成为地方企业的所有者,这些企业通过地方财政紧密联系,形成了地方垄断。地方财政通过对企业的所有权干预企业经营管理活动,并将之纳入地方财政追求地方利益最大化的轨道,这完全违背了市场经济条件下形成全国统一大市场的客观要求。市场经济的发展,急需切断企业对政府的行政隶属关系,让企业在市场中展开有效竞争。

(三) 对市场低效率的纠正政策

市场机制基本上可以实现对私人财务的合理配置,但在某些方面或某些产品上需要加以调节。因此,财政可以采取间接调控的办法(例如通过税收或其他财政手段改变私人财务的相对价格)来影响市场,以纠正市场机制可能造成的低效率。财政的间接控制是建立在肯定市场机制对资源配置的有效性基础之上的,因而,这种控制必须保证市场竞争的公平性,对同一种商品或劳务应采取同样的财政政策,以保证商品、资金的自由流动。这就需要在全国范围内实现统一的财政政策,而这一要求只有中央财政才能实现。如果让地方政府自发决策的话,则不可能形成统一的财政政策,因为地方财政往往只从本地区的利益出发,必然对不同地区的商品、劳务或投资经营活动采取不同的财政政策,从而阻碍了商品和资金在地区间的流动,严重地阻碍了市场机制对资源的合理配置。因此,对市场低效率的纠正只能由中央财政来行使。

综上所述,财政的三大职能在中央与地方政府之间的分工应该为:收入分配、宏观调控职能应由中央政府统一行使;而资源配置职能则应根据公共产品的受益范围、自然垄断部门的地域性,由中央与地方财政分工行使;资源的配置职能中对市场机制低效率的纠正政策,则应由中央财政行使。

第三节　政府间财政收支关系

本节我们将根据中央政府与地方政府之间的职能分工情况,讨论政府间的收支关系,即介绍中央与地方政府间财政收支划分的理论。

一、财政收支的划分原则

（一）支出划分原则

巴斯特布尔提出了关于划分中央支出与地方支出的三项原则。

1. 受益原则

政府提供的服务,按其受益范围划分支出责任。凡其受益范围是全国居民,则支出属于中央政府财政支出;凡其受益范围是地方居民,则支出属于地方政府财政支出。

2. 行动原则

政府提供的服务,按其活动涉及范围划分支出责任。凡政府公共服务的实施必须统一规划,其支出属于中央政府财政支出;凡政府公共服务的实施必须因地制宜的,则其支出属于地方政府财政支出。

3. 技术原则

政府提供的服务,按其技术要求划分支出责任。凡政府提供的服务,其规模庞大,需要高技术才能完成的,则其支出属于中央政府财政支出;否则,属于地方政府财政支出。

（二）收入划分原则

塞利格曼提出了关于划分中央收入和地方收入的三项原则。

（1）效率原则。该原则以征税效率高低为划分标准。例如,房产税、土地税化为地方税,这是由于作为课税对象的房产和土地分布在各个辖区,地方税务人员比较熟悉当地的情况,便于掌握税源、了解房价,征管便利。而所得税的征税对象为收入,由于纳税人的流动性,收入所在地会经常发生变化,所以将其划为中央税,征收比较方便。即流动性强的税种划归中央,流动性弱的税种划归地方。

（2）适当原则。该原则以税基广狭作为划分标准。凡是税基广的税种划归中央,如关税、所得税等;凡是税基狭的税种划归地方,如城市维护建设税、房产税等。

（3）恰当原则。该原则以分配公平为划分标准。凡是对于中央实施收入再分配和宏观调控十分重要的税种划归中央,凡是不重要的税种划归地方。在西方国家,所得税的作用就在于调节全国居民的收入差距,因此由中央政府来征收。

尤迪也提出了划分中央和地方收入的两原则。

（1）效率原则。该原则与塞利格曼的效率原则在内容上相同。

（2）经济利益原则。该原则以促进经济利益为标准。若税收划归地方,有利于全国经济的发展,则作为地方税是合理的,否则应作为中央税。

二、政府间支出责任划分

政府间财政支出责任的划分始终遵循两个基本思想：一是中央能够考虑超越地方范围的事务；二是地方政府比较了解本地居民的愿望和需求。

（一）支出责任在政府间的划分思路

1. 中央政府支出责任

（1）中央政府负责宏观调控政策的实施。

（2）中央政府负责收入再分配政策的实施。

（3）中央政府负责受益范围涉及全国的公共产品的提供。

（4）中央政府负责外部效应波及全国的混合产品的提供。

（5）中央政府负责全国性自然垄断行业的公共生产。

（6）中央政府负责对地方财政的调控，包括：弥补地方财政的收支缺口；保证各地方政府间有共同的最低服务标准；避免或缩小各地方政府间的财政净利益的差别；矫正辖区间的外溢；引导或矫正地方财政行为，使之符合中央的意图或政策。

2. 地方政府的支出责任

（1）地方政府负责受益范围限于某区域的公共产品的提供。

（2）地方政府负责外部效应波及本地区的混合产品的提供。

（3）地方政府负责地方性自然垄断行业的公共生产。

3. 中央政府与地方政府共同的支出责任

中央政府与地方政府共同负责受益范围既涉及全国又涉及地方的公共产品的提供。如黄山既供当地人民游玩，又供全国各地人民旅游，则当地政府与中央政府都有责任维护。

（二）支出责任的具体划分

根据上述政府间支出责任划分原则和思路，我们列出了政府间支出划分一览表（见表10-1）。

表 10-1　政府间支出责任划分一览表

支出分类	支出责任	理由
国防	中央	全国性公共产品
外交	中央	全国性公共产品
外贸	中央	全国性公共产品
环境保护	中央	全国性混合产品

（续表）

支出分类	支出责任	理由
货币政策	中央	宏观调控
财政政策	中央、地方	若能有效地在政府间协调
对个人的转移支出	中央	个人间的收入再分配
失业保险	中央	个人间的收入再分配
行业补贴	中央	宏观调控
自然资源	中央	地区间收入再分配
工农业	中央	全国性自然垄断
航空和铁路	中央	全国性公共产品
地区间贸易管理	中央	宏观调控
教育、卫生	地方	地方性混合产品
公园、市政建设	地方	地方性公共产品
地方性交通	地方	地方性自然垄断
消防、武警	地方	地方性公共产品
移民	中央	效益分享与成本分担的范围具有全国性

　　支出责任划分一览表只是给我们提供了一个支出责任划分的基本框架。但在实践中，由于国情不同，支出责任划分也各不相同。比如，教育在美国是中央和地方的共同责任，而在加拿大主要是地方的责任；卫生在美国是地方的责任，而在日本是中央和地方的共同责任。现根据马俊、郑康彬的《西方财政实践》列出了若干国家中央与地方支出责任划分情况（见表 10-2）。

表 10-2　若干国家中央与地方支出责任划分情况表

内容	美国	加拿大	德国	日本
国防	中	中	中	中
外交	中	中	中	中
国际贸易	中	中	中	中
金融与银行政策	中	中	中	中
管制地区间贸易	中	中	中	中
立法与司法	中、地	中、地	中	中
对个人的福利补贴	中、地	中	中	中、地

（续表）

内容	美国	加拿大	德国	日本
失业保险	中、地	中、地	中	中、地
全国性交通	中、地	中、地	中	中
地区性交通	地	地	地	中、地
环境保护	地	地	中、地	中、地
对工业、农业、科研的支持	地	地	中、地	中、地
地区性规划	地	地	地	地
教育	中、地	地	中、地	中、地
卫生	地	地	中、地	中、地
公共修建的住宅	地	地	地	中、地
供水、下水道、垃圾	地	地	地	地
警察	地	地	地	中、地
消防	地	地	地	中、地
公园、娱乐设施	地	地	地	地

注：表中"中"表示中央政府，"地"包括省、州及下级政府。

三、政府间的收入划分

政府的主要收入来源是税收，收入划分主要指税收收入的划分。美国著名财政学家马斯格雷夫（Richard A. Musgrave,1983）曾根据公平与效率准则所提出的分税原则（the principle for tax assignment）已经普遍被人们认为是指导政府间划分税收收入的基本思想。下面，我们扼要介绍马斯格雷夫的分税思想和内容。

（一）马斯格雷夫的税收划分原则

1. 属于中央政府的税收

具有收入再分配性质的税收。这类税如果划归地方，则有差别的地方税率会促使居民迁移，使居住地的选择遭到扭曲。因此，这类税应由中央政府在全国范围内统一征收，发挥中央政府收入再分配的职能。

有助于经济稳定的税收。这类税一般是累进性的。当一国经济萧条时，国民收入下降，平均税率随之下降，从而刺激投资和供给，经济逐步恢复；当一国经济繁荣时，国民收入上升，平均税率随之上升，从而抑制投资和供给，经济逐步回复。在此过程中，累进税率起到了经济自动稳定器的功能，这类税划归中央，有助于中央政府行使宏观调控的职能。

税基分布不均匀的税收。这类税如果划归地方,则引起地区间税源不平衡,导致地区间财政收入能力的差异,加大地区间财政净利益的差距。

税基流动性大的税收。这类税如果划归地方,各地税率不同,会引起税基流动,这种流动并不反映资源的有效配置,而是考虑了地区净利益的因素。

易转嫁的税收。这类税如果划归地方,某一地区生产者的税负可以转嫁给其他地区的消费者,从而使该地区的生产成本由其他地区居民不合理分担。因此,这类税由中央政府征收比较合适。

2. 属于省(或州)级地方政府的税收

应是以居住为依据的税收,例如,对消费者的消费品的销售或国内产品所课征的税收。

3. 属于省(或州)以下级地方政府的税收

税基分布均匀、流动性小、不易转嫁的税收。

4. 属于各级政府的税收

受益税及收费对各级政府都适用。而且,各级地方政府的税收应该是在经济循环中处于稳定的税收。

(二)税种的具体划分

按照上述分税原则,我们对各具体税种进行划分。

(1)关税应划归中央政府,以减少不同地区间税收差别对外贸造成的扭曲。

(2)所得税关系到全国的收入再分配,应由中央政府统一征管。

(3)财富税是对资本、财富、财富转移、继承与遗产课征的税收。这些税种与要素资源配置相关,为了保证市场机制的高效运行,应划归中央政府。

(4)资源税税基不具流动性,且税基很不均匀,应由中央与地方分享。凡涉及国民经济全局的战略性资源,如石油、天然气、重要金属矿产资源划归中央;其他非战略性资源,如森林、采石场、小型煤矿方面的资源税可划归地方政府。

(5)土地税、房产税应划归地方政府。这类税税基不具有流动性,地方政府又比较熟悉当地情况,易于征管。但地方政府应行使制定财产股价标准等方面的管理职责,并作好所辖区域内的收支协调工作。

(6)销售税应区分单阶段销售税和多阶段销售税。前者如消费税、零售税,可划归地方政府,但邻近地区采用的税率,差别不能过大。后者如增值税,以体现税收中性为目标,实行抵扣机制,并对出口实行退税,这些都要求集中税权,应划归中央政府。

(7)对劣质品的课税、对环境污染征收的环保税适合于各级政府征收。这主要取决于劣质品影响的范围是全国性的还是地方性的。

(8) 使用费与受益税适合各级政府征收,只要与收益范围相适应,不引起资源配置的扭曲。作为受益税的社会保障税,可由中央与地方政府协同征管,中央侧重于制定统一的政策标准,地方负责具体操作。

以上税种的划分对我们划分政府间的税收具有一般指导意义,但是,不能生搬硬套,要根据各国国情灵活使用。一般来说,关税划归中央,财产税划归地方,其余税种的划分要考虑收入分配、经济稳定、征收效率等因素。下面是若干世界主要国家的税种划分情况表(见表 10 - 3)。

表 10 - 3 若干国家中央与地方之间主要税种的划分

内容 ＼ 国家	美国	加拿大	德国	日本
关税	联邦	联邦	联邦	中央
公司所得税	联邦、州	联邦、省	联邦、州	中央、地方
个人所得税	联邦、州	联邦、省	各级	中央、地方
增值税		联邦	联邦、州	中央
销售税	州	省		中央、地方
财产税	地方	地方	州、地方	地方
对用户收费	各级	各级	地方	各级

资料来源:马骏、郑康彬,《西方财政实践》,中国财政经济出版社,1997 年版,第 250 页。

必须注意的是,政府间的税收划分通常伴随着政府间税基分享或收入分享。所谓税基分享,是指两个或两个以上级别的政府在一个税基上征收各自的税率。在税基分享中,税基通常由较高级别的政府(上级政府)决定,而较低级别的政府(下级政府)则在同一税基上征收补偿性税率,即进行税收附加。这种税基分享机制只流行于发达国家。相反,一种在发展中国家采用的办法是收入分享机制,它可以替代税收分享机制。这种收入分享(如果从中央与各省两级政府间的关系看)方式一般有四种:

(1) 中央课征所有的税收,并将其中的一部分以拨款的形式提供给各省;

(2) 中央课征所有的税收,但根据某个或某套公式与各省分享部分或全部税收;

(3) 中央课征大部分较重要的税收,但各省具有课征其他税收的自主权,同时,各省还可以分享一种或一种以上的中央税收,以及(或者)从中央取得拨款;

(4) 中央与各省分享或多或少的共同征税权,使各省能够依靠自己的力量筹集他们所需要的大部分收入,但他们也可能会从中央得到一些拨款。

由于经济性财政分权体制下的政府间财政收支划分并不能很好地处理中央与

地方政府间财权和事权的对应关系,一般来说,中央政府财政收入较多,事务相对较少,而地方政府事务相对较多,收入相对较少,所以,必须引入政府间的财政转移支付制度,中央政府并借此调控地方财政。下一节,我们将专门论述政府间的转移支付制度。

第四节 政府间财政转移支付制度

政府间财政转移支付,是在划分事权的前提下,中央政府与地方政府之间或地方上级政府与下级政府之间的财力的转移,即财政资金的下拨或上解。财政资金的转移是多方面发生的,而政府间的资金转移仅限于政府之间,体现为各级政府间的财政资金再分配中所形成的一种内在的财政分配关系。通常,政府间的资金转移方式主要采取自上而下的转移。

一、转移支付的分类

(一)按转移支付的基本形式分类

可分为一般性的转移支付和特殊性的转移支付。

1. 一般性转移支付

一般性转移支付是中央政府或上级政府根据各地区地理环境、资源条件、经济发展等综合性因素,依照法定标准,将其财政资金下调到地方政府或下级政府。其主要目的是实现政府间财政收支的纵向平衡和横向平衡。

首先,一般性转移支付是中央政府或上级政府给予地方政府或下级政府无条件的补助,对资金的使用不作明确的规定,也不附加任何限制的条件,也被称为"无条件性转移"。

其次,一般性转移支付是一种实现财力平衡的资金转移,体现为一种体制补助,主要调节地区间由于经济发展水平的差距形成的财政收支的差异。

另外,一般性转移支付在确定资金下转的数额时,不能仅看地区的实际收入和实际支出情况,而是应测算各地区应达到的财政收入能力和完成财政支出的能力。具体在进行测算时,要先测算出全国人均达到的标准水平,标准水平分收入和支出两部分,标准收入是按规定的每一种收入或总收入计算全国人均收入水平,标准支出是按规定的每个支出项目或总支出计算全国人均支出水平。各地区再根据本身的财政收入能力和支出需求,对照"标准"的人均水平。如果这个地区相对收入能力不足或支出成本较高,与标准收入和标准支出存在着差额,那么就要分析形成差额的原因,对于无法消除的差额则需要通过一般性的转移支付给予体制补助。

2. 特殊性转移支付

特殊性转移支付是中央政府或上级政府为某一政策目的、经济目标或特殊情况将其财政资金下转到地方政府或下级政府,其主要目的是支持地方政府或下级政府承担国家特殊需要的项目。特殊性转移支付的主要内容有:

上级政府要求下级政府完成某项专门的任务,或委托下级政府执行上级政府的某些事权为目的的资金转移。这种转移采取专项补助的形式,有的事务需要地方支付一定的配套资金,有的则不要求配套。

由于自然灾害、战争等特殊情况,或中央推行某项重大的政策,需要上级政府对下级政府给予特殊的补助,这种转移支付带有明显的应急作用,因此数量不固定。

根据国家的经济目标拨给地方政府或下级政府的投资项目资金,主要用于经济建设项目。这是带有政策性的资金下调。

特殊性转移支付一般都指定了资金的使用方向,接受转移资金的政府必须保证资金的用途。为确保下转资金的有效性,上级政府在资金下转时,要提出附加条件,所以也称"有条件的转移支付"。

(二) 按转移支付的方式分

可分为体制补助或上解、专项拨款、结算补助或上解。

体制补助或上解是中央政府对地方政府的定额补助,或部分地方政府向中央政府上解收入,是"自上而下"和"自下而上"的双向流动的财力转移。

专项拨款是中央政府给予地方政府按规定用途使用的各类专款。

结算补助或上解是在每个预算年度终了后,中央政府与地方政府发生的结算关系。既有中央政府对地方政府的补助,也有地方政府向中央政府的上解,属于上下级政府间的双方财力转移。

(三) 按转移支付的资金渠道分

可分为收入分享和补助金。

收入分享是中央政府和地方政府共同分享收入。具体表现为两种手段:一种是税基分享,即对同一税基进行收入分享;另一种是分享税收,即先由中央政府集中所有的分享税收,如增值税、资源税等,按中央政府保持 $X\%$ 的比例,对收入进行分享,剩余的 $(100-X)\%$ 部分,根据对各地区收入情况形成的预算,建立起科学的分配公式,确定每种税的地方分享部分。

补助金是根据各类情况,由中央政府或地方上级政府自上而下的提供补助性的资金。

（四）按转移支付的拨款条件分

可分为无条件的转移支付和有条件的转移支付。

无条件的转移支付是中央政府或上级政府对下拨资金的使用不作明确的规定，也不附带任何限制的条件。接受资金的一级政府可自主决定和使用这部分资金。

有条件的转移支付是中央政府或上级政府对下拨资金的使用作出明确的规定，对指定项目的运行给予条件限制。接受资金的一级政府必须严格按指定的用途使用资金，不得自主支配或改变资金的使用方向。

（五）按转移支付的配套资金分

可分为配套资金和非配套资金。

配套资金是中央政府或上级政府要求地方政府或下级政府为支付的项目提供一部分相配套的资金。一般来讲，中央某些特别重要的、带有特定经济目标的，而且涉及到国民经济全面的某些项目，往往采取专项拨款的方式资助下级政府，下级政府要承担部分配套资金。

非配套资金是中央政府或上级政府对重大项目下拨的资金，全部由中央政府承担，不要求下级政府提供配套资金。下拨的专款只能用于特定的项目或任务上，地方不能任意动用。

（六）按转移支付的作用分

可分为平衡性转移支付、负担性转移支付和政策性转移支付。

平衡性转移支付是中央政府或上级政府用于均衡各地区或各级财政的资金转移，特别是从财力上补充某些事权任务大，却又收不抵支的地区。

负担性转移支付是中央政府或上级政府委托下级政府执行某些事权，为补充事权的费用负担而给予的资金的转拨。

政策性转移支付是中央政府或上级政府为了实施国家重大的政策目标，给予下级政府的补助资金。

（七）按转移支付的补助方法分

可分为一般补助、专项补助和特殊补助。

一般补助主要解决地区间的均衡发展，处理地方政府收支结构的差异。一般补助不附带条件，接受资金的地区可将资金作为地方财力的来源，属地方政府可自主支配的可用资金。

专项补助具有专款专用的性质，是国家的重点项目以专项补助的形式拨到下级政府,如大型水利工程、教育科研以及基本建设等。接受资金的地区要保证资金的使用方向、规模和经济效益。

特殊补助是对一些难以预料的特殊事故的补贴,如重大自然灾害、重大扶贫措施等。接受资金的地区必须按特定的使用方向和规模,严格使用这部分资金。

(八) 按转移支付的性质分

可分为无偿性转移支付和有偿性转移支付。

无偿性转移是转移支付的主要部分,在转移支付中居于主导地位。然而,特殊性转移支付中的经济建设项目,可以采取无偿补助,也可以采用有偿补助的方式。一般对有生产经营性质、有一定经济效益的项目,可以采取有偿性补助。有偿性转移支付,一方面有利于资金的有效使用,使这部分资金有一定的投入产出效益,形成自我增值的资金供应机制,把这部分资金循环起来并以更大的规模投入扩大再生产;另一方面可以敦促下级政府用补助的资金更好地改变地区经济建设面貌。

二、政府间实施转移支付的意义

分税制的基点是按税种划分中央和地方的财政收入来源,然而,单靠税种的划分很难调节中央和地方以及地区间的收入水平。为此,必须要有相配套的转移支付制度,实施进一步的调节。转移支付作为分税制的重要手段,其意义体现在以下方面。

1. 转移支付强化中央财政的主导地位

各国在维护中央财政的主导地位时,都不同程度地运用转移支付的手段,形成地方财政对中央财政的一种依赖关系。中央财政要实施转移支付就必须拥有相当的财力,原则上讲,为保证中央财力的稳步增长,通常将关系到国民经济全局、有稳定收入的主体税种划归中央。只有在中央财力可靠而稳步增长的前提下,中央政府才有余力实施规范性的转移支付,才能起到均衡财政资金再分配的作用。反过来讲,转移支付又成为强化中央财政主导地位的重要手段。

2. 转移支付调节财政分配关系

按税种划分各级财政的收入,可大体上调节各级政府之间的财力布局,但还必须借助于转移支付制度进而调节各级政府间的财力和权益。转移支付主要体现在中央政府对地方政府的财政资金的下拨或上级政府对下级政府的财政资金的下调。下转的资金作为一种补助形式,成为地方政府或下级政府的财政收入。伴随着资金的转移,进一步协调了各级政府间的利益均衡,起到了完善财政分配关系的作用。

3. 转移支付实现事权和财权的统一

分税制是按各级政府职责范围的大小划分税种,把主体税种划归中央财政,确保了中央执行职责时拥有相应的财力,各级政府有稳定的收入来源,满足地方职责任务的需要。但是,由于各地区的经济发展水平不同,税源和征收能力有较大的差异,客观上会出现事权与财力不适宜的现象。财力相对不足的地区,尽管积极组织征收,却税源有限,恰恰承受的事权却相对繁重,财力不足以履行事权。而财力相对充裕的地方,可能有超出其所承受事权所需要的资金。转移支付制度可以将相对富足地区的部分财力转移到相对落后的地区,改变这些地区财权与事权不适宜的状况。从中央政府来讲,有必要将一部分财力拨给事权任务较大而财力不足的地区。从地方政府来讲,上一级政府也有必要把资金转调到更需要扶持的地区,促使事权和财权的统一。

4. 转移支付均衡纵向平衡和横向平衡

在各级政府间,财政收入和财政支出总额与中央政府的财政收支总额相比较的结果,体现了一种纵向平衡关系,其差额具体表现为纵向财政缺口。纵向财政不平衡可以通过中央政府和地方政府合理划分税种、分享多种税及转移支付机制来解决。

财政收入和财政支出总额在同级地方政府间(比如省级政府间)相比较的结果,体现了一种横向平衡关系,具体表现为横向财政缺口。横向财政不平衡可以通过财力相对充裕的地区向财力相对紧缺的地区转移资金来解决。

纵向不平衡是垂直的上下关系,横向不平衡是横向的左右关系。由于各国的经济基础和发展状况不一样,有的国家可能纵向不平衡问题较为突出,有的国家主要体现在横向不平衡,也有的国家两者兼有之。为此,必须通过科学的资金转移方式,进行财政的再次分配。

5. 转移支付调整资源配置

在市场效率机制的作用下,资源自然流向经济发达的地区和产业部门,刺激了这些地区和产业的经济增长,但也容易出现地区建设和产业结构的空白地区和薄弱环节,这就需要政府弥补市场资源配置的失灵部分。分税制财政体制是借助于政府的必要行为,进行资源的初次分配和再分配。按税种划分各级政府的财政收入,其实质是资源在中央和地方政府之间的一次分配。这项分配是按照各级政府的职责任务进行的,用以满足各级政府从事公益性服务的最低的社会需求,是基本水准的资源配置。转移支付是政府对资源的再次分配,这次配置既要补充市场资源配置的缺陷,有重点地增强某些地区或产业的经济增长,又要调整政府在资源一次分配中的不均衡,将国家有限的资源用到急需扶持的地区和产业,在减少资源盲目流动的同时,保证资源合理而有效的使用。

6. 补偿利益外溢

按职责和权益相结合的原则,各级政府都是根据特定的利益承担支出责任。中央财政承担着国家安全、外交外援、国家机关经费等重大职责任务,从收益面讲,是全国受益。地方财政承担着城市维护和建设,具有明显的地方受益的性质,而且是本地区直接得益。然而,地方在某些方面的"受益"并不明显。外溢即为溢出,"溢出效应"是指地方政府进行的某些投资项目或提供的某些公益服务并不完全是本地区受益,会外溢到其他地区受益,这些地区并没有为此投资项目或公益服务分担任何成本费用。比如,地方政府兴办的学校,用于文化教育的事业费,培养出的人才可能会到其他地区去工作;地方政府致力于水质或空气污染、环境卫生的治理,会使邻近地区相应受益;地方政府修筑公路、铁路、码头、机场不仅方便了本地区的交通运输,更多的受益者却是其他的地区。所以,一个地区的某些开支对其他地区,乃至在全国范围内会产生明显的溢出效应。作为地方政府,由于这些方面的投入并不能完全形成本地区受益,而且在某些项目或服务上反而是外地区受益要大于本地区的受益。不同程度的利益外溢,是地方政府不愿意完全承受或不予以重视的,投入的资金十分有限。

利益外溢是地区经济交往中不可避免的问题,如果国家不注重利益调剂,就会造成地区间的自我封闭。然而,单纯靠划分税种来保证地区的"纯得益"的开支和补偿"利益外溢"是难以解决问题的。这就有必要通过中央财政的转移支付方式,补偿各地区不同程度的利益外溢部分。中央财政可以根据测算出的利益外溢的比率,确定适宜的补偿率,给予相应的资金转移补偿,以鼓励地方政府对共同受益的项目及公益事业进行投资。

7. 规范税法税制

分税制财政体制的一个重要特征是建立了中央税收和地方税收体系,分设中央与地方两套税务机构,分别征管。这种体系除有利于中央财政增强实力、全面实施宏观调控外,还有利于征收制度的完整和规范。一方面中央财政通过转移支付实施对地方财政进行税收监督。这是因为中央财政不可能采用简单的资金转移方式,也不会任意开口子,而是要对影响地方财政收支的各类因素进行综合性的科学考核,在考核的基础上确定资金转移的具体形式、规模、方向等,考核和支付就成为中央财政坚持税法、规范税收征管制度、对地方政府实行税收监督的重要手段。另一方面地方政府通过转移支付增强了地方政府或下级政府对中央政府或上级政府的纽带关系,强化了地方财政对税收征收时的管理和自身的税制建设。

三、政府间财政转移支付制度的类型

各国实行转移支付的具体形式和内容是不同的,有的只考虑均衡财政收入能力,有的只考虑均衡财政支出需求,有的两者兼顾考虑,有的是按全国人均拨款额实施均等化。归纳起来,基本可分为三大模式。

（一）财政收入能力-均衡拨款加专项拨款模式

这种模式只考虑地区间财政收入能力的均等化，主要是通过计算标准收入来确定中央政府对地方政府的均衡拨款。对于难以均衡的项目和特殊需要，再加以专项拨款，这种模式的典型公式是：

$$TR_i = P_i(B/P - B_i/P_i)t \tag{10.1}$$

TR_i 是中央政府向地区的转移支付，P 是全国总人口，P_i 是地区的人口，B 是全国各地区地方税基之和（这里假设只有一种地方税税基），B_i 是地区 i 的税基，$B/P - B_i/P_i$ 是全国人均税基与地区 i 人均税基之差（这个差额是确定转移支付额的重要依据），t 是对税基 B 的标准税率，是由中央政府统一规定的。

该模式的特征是：

第一，只考虑各地区财政收入能力差异的均衡，并不考虑支出需求，只有对实在难以均衡的项目及某些特殊性的支出需求，才通过专项拨款予以解决。很明显，这个公式把全国各地区的支出需求视为是大体一致的，把支出需求因素的变化省略掉、简单化。

第二，中央政府实施转移支付的主要对象是财政收入能力低于全国平均水平的地区，使这些地区通过接受资金转拨，基本达到全国的平均水平。其功能体现为均衡各地区的财政收入水平。

第三，这一模式适用于各地区间财政收入水平差异并不明显的国家，也就是地区间的横向经济关系基本是近似的。

第四，由于只选择影响财政收入能力的因素，因此测算方法较为简便，易于操作，具有一定的规范性，特别适用于横向经济基本均衡的国家。

地区经济基本均衡发展的国家，各地区的财政收入能力尽管有差异，但并不十分明显。所以，中央政府可以通过向财政收入能力低于全国平均水平的地区实行一般性补助式的转移支付；对于财政收入能力高于全国平均水平的地区，并不要求将高出的部分全部上缴中央政府。然而，对财政收入能力较高的地区，是否需要将一部分资金上缴给中央政府用于调剂，在采用这一模式的国家中各有不同的规定。比如德国的州际之间，对于财政收入能力高于全国平均水平的地区，就要按一定要求上缴一部分资金。

很明显，这种模式适用于地区间财政收入能力基本近似的国家，而不适用于地区间财政收入能力存在较大差异、且横向不平衡严重的国家。因为仅仅以计算标准收入这种简单的方法是难以消除地区间的差距的。我国长期以来就存在着地区经济差异较大，这种差异不仅表现在财政收入能力上，也表现在公共支出成本上。所以在考虑财政收入能力的均等化时还必须与公共支出成本挂钩。否则，在缩小财政收入能力差异的同时，会造成新的地区间的不平衡。财政收入能力-均衡拨款加专项拨款模式不适宜于我国的国情。

（二）财政收入能力–支出需求均衡拨款加专项拨款模式

这种模式是通过计算各地标准收入能力和标准支出需求，测算出差异系数，建立标准预算来确定中央政府对地方政府的一般性补助。专项拨款作为一种特殊的调节方式仍然被保留下来。这种模式的典型公式是：

$$TR_i = N_i - C_i - OTR_i \qquad (10.2)$$

TR_i 是地区 i 应得的转移支付额，N_i 是地区的支出需求，C_i 是地区 i 的财政收入能力，$N_i - C_i$ 是地区 i 的支出需求与财政能力之间的差额，OTR_i 是地区 i 从中央政府已得到的专项拨款等其他转移支付资金。

地方的财政收入能力与支出需求之差额，扣去专项拨款等其他资金可以补充外，若为负数，应为中央政府下拨的转移支付数额。但中央政府能否按地方政府的差额拨付同样多的转移支付资金呢？这就取决于中央政府的财力状况。如果中央拥有的财力大于地方形成的财政缺口，中央政府不仅可以满足对地方财政缺口资金的补充，还有可能提供比缺口更多的资金。然而，通常中央政府并不具有相应的财力，中央提供的转移支付可能并不能满足地方财政填补缺口的需要。因此，中央政府要根据可供下拨资金的实力，调整向各地区的资金下拨比例。为方便起见，可以在地方政府应得的转移支付和中央政府实际可提供的转移支付之间取得一个系数 b：

$$TR_i = b(N_i - C_i) - OTR_i \qquad (10.3)$$

加上系数后，可以求得地区 i 实际上可以得到的转移支付资金。从全国来讲，中央实际下拨的转移支付资金应等同于接受补助地区实际得到的下拨资金之和。

另外，也可以确定一个标准补助额，标准补助额是根据中央政府实有的财力状况，测量出全国人均补助额，再依接受转移支付地区的人口，确定向该地区转移支付的数额。用 S 表示人均补助额，P_i 为地区 i 的人口，其公式为：

$$TR_i = S \cdot P_i + N_i - C_i - OTR_i \qquad (10.4)$$

$S \cdot P_i$ 是地区 i 按全国人均补助额和本地区的人口求得的补助额。

该模式的特征是：

第一，既考虑各地区的财政收入能力，又考虑各地区的支出需求和公共服务成本的差异。为此，中央政府在均衡地区经济关系时，一方面要对财政收入能力不足的地区补充资金，另一方面又要使各地区的公共服务水平达到大体上的接近。

第二，这种模式的主要目的是弥补地方财政收支的缺口部分，财政缺口越大的地区，往往接受转移支付的资金越多。

第三，采取这种模式的国家，有联邦制国家，也有单一制国家。这不是关键所在，关键的是采用这种转移支付模式的国家都强调中央拥有雄厚的财力，只有中央掌握着相对充裕的实力,才有可能用较大的财政资源实行全面的转移支付。比如澳大利亚和日本分属于联邦制国家和单一制国家,但都采用这种模式,因为这两个国家的中央财政都拥有财政总收入的 2/3 左右。

第四,与上一种模式相比,这种模式显得更为科学、全面、规范,但较为复杂,需要对影响财政能力和支出需求的十几种、几十种,乃至近百种变量因素进行筛选、整理、计算,要有大量的数据资料,建立综合性的模型。操作时的工作量很大、技术性很强。

第五,虽然在实施转移支付时,是以均衡地区经济关系为主,但也适合于均衡纵向经济关系。比如日本就更重视调节中央政府和地方政府之间的纵向不平衡。就我国的国情而言,这种模式有着很重要的借鉴价值。但目前我国中央财力相对不足,还不可能拿出更多的资金用于转移支付。而且我国处理数据资料、建立数学模型等一系列管理工作尚未健全,很难在短期内全面推行这种模式。这需要有一个过渡阶段,在这个过渡阶段里,可以采用适合于我国实际操作的转移支付模式。

(三)有限财政收入能力-有限支出需求均衡拨款加专项拨款模式

"有限"即指确定影响财政收入和支出需求的因素都在有限的范围之内。我国还不具备选择几十种变量因素的操作条件,也不具备进行综合性测算的条件。在现有的条件限制下,只能选择几种适应于我国的主要变量因素,建立较为简单的转移支付模式。

有限财政收入能力是在测算收入能力时,按全国平均税率和平均收费标准,求出各地区应该征得的各项税收和收费。这里主要涉及到税率和税基两个条件,税率是由中央政府确定的,全国统一实行,所以,可以根据统一的税率求出全国平均税率。关键是如何测算出各地区的税基状况。根据 1994 年分税制的规定,划归地方财政的主要税种是营业税和地方企业所得税,在测算财政收入能力时,可以把这两个主要的地方税作为影响收入的变量因素。营业税的税基可以从商品零售总额中推算,地方企业所得税可以从地方企业的税前利润中推算。

有限支出需求是在测算支出需求时,只包括最基本的、最必要的公共服务项目,在最基础的经常性项目上实现全国各地区具有均衡的服务水平。在过渡性阶段,支出需求的评估可以只对部分支出按因素分析法进行,选择一些支出比重大、社会效应比较明显的领域,如义务教育、卫生保健、社会福利、基础设施、公检法、行政管理等。在评估各地区的各项支出需求的规模时,必须在全国范围内确定出各项支出需求分别在财政总支出中的比例和具体规模,再根据每项支出需求的总规模计算出全国平均值,也是最低标准水平的需求。各地区以全国最低标准的平均值,结合本地区人口因素及内在结构,测算出每项支出的具体需求量。以某地区的教师经费为例:

$$G_i = N_i \cdot T_s \cdot W_s \cdot K_s \qquad (10.5)$$

G_i 是地区 i 的教师经费，S 是标准服务水平，N_i 是地区 i 被录取的在校学生人数，T_s 是标准的师生比例，W_s 是标准教师人均工资成本，K_s 是标准的工资成本和总成本的比例。

通常教师经费应同学生人数成正比，由于各地区的成本比例不同，加上地方自有财力因素，往往需要中央政府补充一部分教师经费。

将上述各项支出需求相加，构成某地区的总支出需求。中央政府要根据各地区的需求规模进行调整，调整的一项重要内容是针对各地区的成本差异。同样的一项支出需求在各地区存在着成本的差异。比如同样的教育经费，有的地区教育基础差、设备不全、失学率高；或者是学龄儿童占人口比例大，低年级学生占学生比例大；或者是气候寒冷、人口稀疏、语言障碍、居住分散等各种原因，用于教学的投入成本相对要大得多。为解决成本差异，就需要把所有的地区的教育需求视为一个整体，确定一个大体水平的标准教育成本，用标准教育成本与某些特定地区因特殊原因形成的实际教育成本相比较，把比较后的成本差额部分作为中央政府补充教育拨款的依据。以上例教师经费为例，把成本差异附加费 V 计入公式：

$$G_i = N_i \cdot T_s(1+V_{it}) \cdot W_s(1+V_{iw}) \cdot K_s(1+V_{ik}) \qquad (10.6)$$

为了使调整更为方便和规范，可以先设计某支出需求的成本指数。将全国成本指数定为 1，凡某地区的成本指数大于 1，即为该地区的支出成本要高于全国平均水平。只要确实是因特殊需要而造成的成本指数偏高，中央政府都可视财力状况予以补助。

在确定有限财政收入能力和有限支出需求的基础上，中央政府要实施均衡拨款。均衡拨款是用于经常性项目的补助，根据需要分为一般性均衡拨款和对不发达地区的均衡拨款。前者是保证各地区达到标准的公共服务水平，后者专门用于经济不发达地区，增强这些地区提供公共服务的能力。专项拨款仍然保留下来，但在转移支付制度中，专项拨款不可与均衡拨款相分离，可以对均衡拨款不能解决的项目，用专项拨款给予调节或补充。

该模式的特征是：

第一，既考虑各地区的财政收入能力，也考虑各地区的支出需求和公共服务的差异。但均衡的范围十分有限，即指在十分有限的范围内，对最基本的变量因素实行均等化，在一定程度上缓解中央转移支付资金规模与支出需求之间的矛盾。基本是一种简化的模式。

第二，均衡标准定的较低，是按最低的公共服务标准确定支出需求。这也反映了现阶段中央财力不足，不可能拿出更多的转移资金，所以转移支付的规模受到条件的制约。

第三，适用于正在推行或实行分税制的一些发展中的国家，一者这些国家经济基础较差、国力不足,转移支付的重点还在于援助最困难的地区。政府管理水平有限,还达不到准确测算和建立数十种、甚至近百种变量因素的计算模型,即使建立现代化管理的模型也难以在全国推行,这需要有一个过程。

我国目前采用的是这种模式。随着我国国力的增强、全民素质的提高,我国可以尽快地过渡到财政收入能力-支出需求均衡拨款加专项拨款模式。

第五节　我国中央与地方政府间财政关系

一、分税制概述

分税制是市场经济国家普遍推行的一种预算管理体制模式。市场竞争要求财力相对分散,而宏观调控又要求财力相对集中,这种集中与分散的关系问题,反映到财政预算管理体制上就是中央政府与地方政府之间的集权与分权的关系问题。从历史上看,每个国家在其市场经济发展的过程中都曾遇到过这个问题,都曾经过了反复的探讨和实践;从现状看,不论采取什么形式市场经济的国家,一般都是采用分税制的办法来解决中央集权与地方分权问题。

(一)分级分税体制的内容

分级分税预算管理体制,简称分税制,是指将国家的全部税种在中央和地方政府之间进行划分,借以确定中央财政和地方财政收入范围的一种预算管理体制。其实质是根据中央政府和地方政府的事权确定其相应的财权,通过税种的划分形成中央与地方的收入体系。它的主要特点在于规范化和法制化,相对稳定,地方预算构成名副其实的一级预算主体。综合各国实践,分级分税预算体制主要包括以下内容。

(1) **一级政权,一级预算主体**

分级分税预算体制是多级预算体制,各级预算相对独立,自求平衡。

(2) **划分各级政府的事权和支出范围**

分税制要求各级政府的职责明确,各级预算的重点和层次分明。根据现行中央政府与地方政府事权的划分,中央财政主要承担国家安全、外交和中央国家机关运转所需经费,调整国民经济结构、协调地区发展、实施宏观调控所必需的支出以及由中央直接管理的社会事业发展支出。地方财政主要承担本地区政权机关运转所需支出以及本地区经济、社会事业发展所需支出。

(3) **收入划分实行分税制**

在收入划分比例上,中央预算居主导地位,保证中央的调控权和调控力度。根据事权与财权结合的原则,按税种划分中央与地方收入。将维护国家权益、实施宏观调控所必需的税种划分为中央税;将同经济发展直接相关的主要税种划分为中央与地方共享税;将适合地方征管的税种划分为地方税,充实地方税税种,增加地方税收入。

(4) 预算调节制度,即转移支付制度

转移支付制度具有纵向转移和横向转移两种形式。纵向转移主要采取补助的方式,即通过中央对地方给予补助,比如无条件补助、有条件补助和专项补助。横向转移是各地方之间的转移,不再通过中央预算。

二、我国的分税制改革

1994 年,我国实行了"分税制"的改革,从我国的实际出发,借鉴市场经济国家的分税预算体制,初步形成了具有中国特色的多级预算体制。分税制的核心是根据各级政府的事权来确定相应的财权,并按税种划分中央政府和地方政府的财政收入。分税、分权、分征、分管是分税制的特征。

(一) 我国分税制改革的指导思想

根据党的十四届三中全会的决定,为了进一步理顺中央与地方的财政关系,更好地发挥国家财政的职能,增强中央的宏观调控能力,促进社会主义市场经济体制的建立,国务院决定从 1994 年 1 月 1 日起改革当时的地方财政包干体制,对各省、自治区、直辖市以及计划单列市实行分税制财政管理体制。根据建立社会主义市场经济体制的基本要求,并借鉴国外的成功做法,要理顺中央与地方的分配关系,必须进行分税制改革。分税制财政体制改革应有利于:

(1) 正确处理中央与地方的分配关系,调动两个积极性,促进国家财政收入合理增长。既要考虑地方利益,调动地方发展经济、增收节支的积极性,又要逐步提高中央财政收入的比重,适当增加中央财力,增强中央政府的宏观调控能力。为此,中央要从今后财政收入的增量中适当多得一些,以保证中央财政收入的稳定增长。

(2) 合理调节地区之间财力分配。既要有利于经济发达地区继续保持较快的发展势头,又要通过中央财政对地方的税收返还和转移支付,扶持经济不发达地区的发展和老工业基地的改造。同时,促使地方加强对财政支出的约束。

(3) 坚持统一政策与分级管理相结合的原则。划分税种不仅要考虑中央与地方的收入分配,还必须考虑税收对经济发展和社会分配的调节作用。中央税、共享税以及地方税的立法权都要集中在中央,以保证中央政令统一,维护全国统一市场和企业平等竞争。税收实行分级征管,中央税和共享税由中央税务机构负责征收;共享税中地方分享的部分,由中央税务机构直接划入地方金库;地方税由地方税务机构负责征收。

（4）坚持整体设计与逐步推进相结合的原则。分税制改革既要借鉴国外经验，又要从我国的实际出发。在明确改革目标的基础上，办法力求规范化，但必须抓住重点、分步实施、逐步完善。当前，要针对收入流失比较严重的状况，通过划分税种和分别征管堵塞漏洞，保证财政收入的合理增长；要先把主要税种划分好，其他收入的划分逐步规范；作为过渡办法，现行的补助、上解和有些结算事项继续运转；逐步提高中央财政收入占全部财政收入的比例，逐步调整地方的利益格局。总之，通过渐进式改革先把分税制的基本框架建立起来，在实施中逐步完善。

（二）分税制改革的具体内容

1. 中央与地方事权和支出的划分

根据现在中央政府与地方政府事权的划分，中央财政主要承担国家安全、外交和中央国家机关运转所需经费，调整国民经济结构、协调地区发展、实施宏观调控所必需的支出以及由中央直接管理的事业发展支出。具体包括：国防费，武警经费，外交及援外支出，中央级行政管理费，中央统管的基本建设投资，中央直属企业的技术改造和新产品试制费，地质勘探费，由中央财政安排的支农支出，由中央负担的国内债务的还本付息支出，以及中央本级负担的公检法支出和文化、教育、卫生、科学等各项事业费支出。

地方财政主要承担本地区政权机关运转所需支出以及本地区经济、事业发展所需支出。具体包括：地方行政管理费，公检法支出，部分武警经费，民兵事业费，地方统筹的基本建设投资，地方企业的技术改造和新产品试制经费，支农支出，城市维护和建设经费，地方文化、教育、卫生等各项事业费，价格补贴支出以及其他支出。

2. 中央与地方收入的划分

根据事权与财权相结合的原则，按税种划分中央与地方的收入。将维护国家权益、实施宏观调控所必需的税种划为中央税；将同经济发展直接相关的主要税种划为中央与地方共享税；将适合地方征管的税种划为地方税，并充实地方税税种，增加地方税收入。税款收入按照管理体制分别入库、分别支配、分别管理。中央税归中央政府管理和支配，地方税归地方政府管理的支配。即分设中央与地方两套税务机构，中央税务机构征收中央税和中央与地方共享税，地方税务机构征收地方税。1994 年对中央和地方的收入进行了明确划分，之后在实施过程中又进行了一些调整。具体划分如下：

（1）中央固定收入

中央固定收入包括：关税，海关代征消费税和增值税；消费税；中央企业所得税；地方银行、外资银行及非银行金融企业所得税；铁道部门、各银行总行、各保险总公司等集中缴纳的收入（包括营业税、所得税、利润和城市维护建设税）；中央企业上缴利润等。

其中外贸企业出口企业退税,原规定除将 1993 年地方已经负担的 20％部分列入地方上交中央基数外,以后发生的出口退税全部由中央财政负担。2003 年 10 月我国对出口退税机制进行改革,从 2004 年开始出口退税由中央和地方共同负担,即以 2003 年出口退税的实退指标为基数,对超基数部分的应退税额,由中央与地方按 75：25 的比例分别承担。

（2）地方固定收入

地方固定收入包括:营业税(不含铁道部门、各银行总行、各保险总公司集中缴纳的营业税);地方企业所得税(不含地方银行、外资银行及非银行金融企业所得税)和地方企业上缴利润;个人所得税;城镇土地使用税,固定资产投资方向调节税;城市维护建设税(不含铁道部门、各银行总行、各保险总公司集中缴纳的部分);房产税、车船使用税、印花税、屠宰税、农牧业税、农业特产税、耕地占用税、契税、遗产和赠与税、国有土地有偿使用收入等。2002 年,中央对所得税分享办法进行了两项重大调整:一是居民个人储蓄利息所得税划为中央收入;二是改革原有按企业的隶属关系划分所得税的方法,对企业所得税和个人所得税收入实行中央和地方按比例分享。除铁路运输、国家邮政、四大国有商业银行、政策银行,以及海洋石油等特殊行业企业缴纳的所得税,继续作为中央收入外,对其他企业所得税和个人所得税实行中央与地方按比例分享。

2002 年所得税收入中央分享 50％,地方分享 50％;2003 年所得税收入中央分享 60％,地方分享 40％;2003 年以后年份的分享比例根据实际收入情况再行考虑。同时,将以 2001 年为基期,按改革方案确定的分享范围和比例计算,地方分享的所得税收入,如果小于地方实际所得税收入,差额部分由中央作为基数返还地方;如果大于地方实际所得税收入,差额部分由地方作为基数上解中央。对于跨地区经营、集中缴库的中央企业所得税等收入,按相关因素在有关地区之间进行分配,办法由财政部另行制定。而且中央因改革所得税收入分享办法增加的收入将全部用于对地方主要是中西部地区的一般性转移支付。改革将循序渐进,分享比例分年逐步到位。此外,所得税分享范围和比例全国统一,保持财政体制规范和便于税收征管。

（3）中央与地方共享收入

中央与地方共享收入包括:增值税、资源税、证券交易税。增值税中央分享 75％,地方分享 25％。资源税则按不同的资源品种划分,大部分资源税作为地方收入,海洋石油资源税作为中央收入。证券交易印花税中央与地方各分享 50％。

1997 年以后,对证券交易印花税的分享比例进行了几次调整:自 1997 年 1 月 1 日起,将证券交易印花税分享比例调整为中央 80％,地方 20％,由于调高证券印花税税率所增加的收入全部归中央,分享比例折算为中央 88％,地方 12％。2000

年将证券交易印花税分享比例分三年调整到中央 97％,地方 3％。即 2000 年中央 91％,地方 9％;2001 年中央 94％,地方 6％;2002 年中央 97％,地方 3％。其中 2000 年的分享比例,自 2000 年 10 月 1 日起执行。此外,2002 年以后将所得税也改为中央与地方的共享收入。

3. 中央财政对地方税收返还数额的确定

为了保持现有地方既得利益格局,逐步达到改革的目标,中央财政对地方税收返还数额以 1993 年为基期年核定。按照 1993 年地方实际收入以及税制改革和中央与地方收入划分情况,核定 1993 年中央从地方净上划的收入数额(即消费税＋75％的增值税－中央下划收入)。1993 年中央的净上划收入,全额返还地方,保证现有地方既得财力,并以此作为以后中央对地方税收返还基数。1994 年以后,税收返还额在 1993 年基数的基础上逐年递增,递增率按各地区增值税和消费税的平均增长率的 1∶0.3 系数确定,即上述两税各地区平均每增长 1％,中央财政对地方财政税收返还增长 0.3％。如果 1994 年以后中央净上划收入达不到 1993 年的基数则相应扣减税收返还数额。

4. 原体制中央补助、地方上解以及有关结算事项的处理

分税制在重新划分中央财政收入与地方财政收入的基础上,相应地调整了政府间财政转移支付数量和形式。除保留原体制下中央财政对地方的定额补助、专项补助和地方上解外,根据中央财政固定收入范围扩大、数量增加的新情况,着重建立了中央财政对地方财政的税收返还制度。具体办法是:中央税收上缴完成后,通过中央财政支出,将一部分收入返还给地方使用。

为顺利推行分税制改革,1994 年实行分税制以后,原体制的分配格局暂时不变,过渡一段时间再逐步规范化。原体制中中央对地方的补助继续按规定补助。原体制中地方上解仍按不同体制类型执行:实行递增上解的地区,按原规定继续递增上解;实行定额上解的地区,按原确定的上解额,继续定额上解;实行总额分成的地区和原分税制试点地区,暂按递增上解办法,即按 1993 年实际上解数,并核定一个递增率,每年递增上解。

原来中央拨给地方的各项专款,该下拨的继续下拨。地方 1993 年承担部分的 20％部分出口退税及其他年度结算的上解和补助项目相抵后,确定一年数额,作为一般上解或一般补助处理,以后年度按此定额结算。

5. 转移支付制度

分税制的确立要求具备相应完备的转移支付制度。我国在 1994 年的分税制改革中形成了多种形式的政府间转移支付制度,具体包括定额补助、专项补助和税收返还等。此后,为了配合国家有关政策的实施,对转移支付进行了相应调整。

1995 年,财政部正式推出了《过渡期转移支付办法》,这一办法是在不调整各地既得利益的前提下,从中央财政的收入增量中拿出一部分资金,重点缓解地方财

政运行中的突出矛盾。其技术性设计上的基本特点是把各地"财力"低于"标准支出"的差距,作为确定转移支付数额的基础,同时适当考虑各地的收入努力程度及支出结构,并对民族地区增加政策性转移支付。这是一种公式化的转移支付制度,主要采用数字公式来估算地方财政能力和支出需要,以决定中央对地方的转移支付,是我国财政转移支付制度规范化的一个重大进展。此后,从 1996 年起以过渡期转移支付方案形式进行了几年的实践探索,进一步规范化,改进了客观性转移支付的计算办法,以"标准收入"替代"财力"因素,标准财政收支的估算方法也得到进一步改进。2002 年起,过渡时期转移支付的概念不再沿用,其资金合并到中央财政因所得税改革增加的收入中分配,统称为一般性转移支付。一般性转移支付额主要按照各地标准财政收入和支出差额以及转移支付系数计算确定。凡是标准财政收入大于或等于财政支出的地区,不纳入转移支付范围。此外,对难以按统一公式量化而又必须解决的特殊问题,增加特殊转移支付。

6. 配套改革和其他政策措施

为了使分税制能够顺利推行,采取了一些配套改革和其他政策措施:改革国有利润分配制度;同步进行税收管理体制改革;改进预算编制办法,硬化预算约束;建立适应分税制需要的国库体系和税收返还制度;建立并规范国债市场;妥善处理原由省级政府批准的减免税政策问题;各地区要进行分税制配套改革。

(三) 现行分税制存在的问题

我国推行分税制财政体制已有 10 多年,其改革成效主要表现在两个方面:一是按照市场经济下的分权原则,划分各级政府的职责,初步规范了中央与地方的财政分配关系;二是较大幅度提高了中央财政占全部财政收入的比重,增加了全国性基础设施和公共工程投入,加大了对西部地区和部分贫困地区的财政转移支付力度。但是,分税制还有许多不尽如人意之处,需要继续深化改革。

1. 体制调整不规范,中央集中财力的功利主义色彩浓厚

按照 1994 年实施的分税制改革方案,消费税、关税划为中央固定收入;企业所得税按纳税人隶属关系分别划归中央和地方;增值税在中央与地方之间按 75:25 的比例分成;除证券交易印花税和海洋石油资源税外,其他税收原则上划为地方固定收入。2002 年中央对所得税分享办法进行了两项重大调整:一是居民个人储蓄利息所得税划为中央收入;二是企业所得税打破行政隶属分享办法,改成中央与地方按 6:4 的比例分成。近年来,中央财力的集中程度显著提高。当然,适当集中财力和财权,增强中央的宏观调控是必要的,但如果集中的程度过大、速度过快,必然会对基层财政造成负面影响,这是县、乡财政近几年普遍反映困难的原因之一。

2. 体制设计上忽视了与我国现行政府分级体制的配套问题

世界上不论是联邦制,还是单一制国家,在政府及其财政体制上,绝大多数采用三级政府、三级分税制,多数地方政府通过地方税和共享税收,可满足自身的基本支出需要。

我国的国情则不同,设有中央、省、市(州)、县、乡(镇)等五级政府,一级政府享有一级财权,五级政府就要按五级分税。由于纳入中央税和共享税的若干主导税种占全部税收的90%以上,加之中央分享比例高,地方税体系薄弱,目前的分税制体制仍停留在中央对省级分税的层次,部分省(区)延伸至省对市(州)分税。如再要往下延伸,县、乡(镇)两级政府实际上已无税可分。

3. 地方税收入增长缓慢,影响地方政府当家理财的积极性

虽然1994年出台的分税制体制和2002年调整方案,都强调保证地方既得利益,试图通过基数返还和转移支付来确保地方基数。但一个不争的事实是,地方分享的税收增量部分逐年下降,地方财政尤其是中部省区的地方财政愈来愈困难。当然,中央的转移支付对缓解这些省区的财政困难也确实发挥了积极作用。但是,不同的机制对地方政府行为的影响是不一样的。如果地方收入主要来源于自主征收和体制分享的税收收入,就有利于引导地方政府致力于改善投资环境、调整经济结构、促进经济增长、培植做大财源;反之,如果地方收入主要来源于上级转移支付补助,产业发展、经济增长与地方税收不能挂钩或关系不大,就会助长一些地方不思进取的观念和行为。

4. 中央专项转移支付比重过大,资金使用效果不理想

近年来,中央通过分税体制集中的财力数额不小,其中的大部分通过转移支付用在了国家急需的建设发展项目和对困难地区的财力补助上。但是,由于专项资金分配在制度和管理上存在漏洞,如项目预算的申报评估制度不健全、国库集中支付改革不到位等,导致相当数量的专项资金被截流、挪用。

(四)进一步深化改革分税制的建议

在目前的五级政府架构下,分税制体制以延伸至省对市(州)一级为宜。至于市对县、县对乡(镇)采取何种财政分配体制,应当允许和鼓励各地根据本地实际情况自主确定。

在我国政治体制改革中,应精简政府层级,逐步取消市(州)、乡(镇)两级政府。只有建立起中央、省、县三级政府体制,现行的分税制方案才有可能从中央一直贯彻至基层,也才有可能建立规范、可行的分税制体制。

扩大地方税基,完善地方税体系。这包括:改革城镇建设税费制度;统一内外两套房产税、土地使用税,开征不动产税或物业税;扩大印花税征收范围;改革农业征税制度,完善对农业耕地和农产品的征税方法;加快推行分类综合型个人所得税制。

在合理划分中央和地方事权的基础上,重新确定中央与地方的财力分配结构与配置方法。在市场经济下,中央政府应当管什么,地方政府应当干什么,两者职能的划分是有科学依据的。要按照财权与事权统一的原则,重新审视目前中央与地方的财力分配结构。

从各国财政实践中尚不能得出"联邦政府比地方政府花钱更有效"的结论。因此,有必要对中央财政收入比重增长过快的势头进行适当控制,同时,还有必要进一步压缩中央专项转移支付,提高一般性财政转移支付的比重。

要始终如一地坚持规范化的分税制改革方向。有关决策部门在考虑调整财政体制时,一方面要着眼于不断增强中央宏观调控能力;另一方面也要充分考虑地方承受能力和"两个积极性"问题。既要考虑当前的财力需要,也要着眼于规范化的改革发展方向。

进一步完善转移支付制度。从整体上看,中国政府间转移支付的规范性和科学性仍很差。这主要表现在:一般补助性转移支付新旧体制并存、种类形式繁多(包括定额补助、税收返还、过渡期转移支付、工资转移支付等),但实现纵向和横向财政均衡的功能仍比较低下,专项转移支付种类更多,重点不突出,分配的规范性和透明度极低,而且与各级政府之间财政支出责任重叠在一起。

本章小结

财政的集权与分权各具必要性及优点,所以,各国都在寻求建立一种集权与分权适度结合的财政关系。

中央与地方政府应各自拥有一定的事权,行使相应的职责。政府的职能分工应该是:收入分配和经济稳定的职能应由中央财政统一行使;资源配置职能则应依据公共产品的受益范围、自然垄断部门的地域性,由中央和地方财政分工行使;对市场机制低效率的纠正政策应由中央财政来执行。

在事权划分的基础上,本章还论述了财政收支原则、政府间支出责任的划分以及收入的划分,并介绍了分税制的重要配套措施——政府间财政转移支付制度。

本章最后较为系统地介绍了我国分税制改革的指导思想、具体内容、存在的问题以及完善的思路。

思考与练习

一、基本概念

地方性公共产品　　　　财政集权与分权　　　巴斯特布尔的支出划分三原则
政府间财政转移支付　　分税制　　　　　　　塞利格曼的收入划分三原则

二、简答

1. 试述市场经济条件下财政职能在中央与地方政府间分工的理论依据。

2. 简述规范的"分税制"的主要内容。

3. 简述市场经济条件下政府间支出责任划分的原则。

4. 简述马斯格雷夫的税收划分原则。

5. 试述实行财政转移支付的理论依据及政策措施(即财政转移支付的种类)。

6. 试述自 1994 年起我国实行的"分税制"的主要内容。

7. 你认为我国实行分税制的成效有哪些? 还存在哪些问题? 应采取哪些对策?

第十一章　地方政府间财政关系

学习目的与要求

本章分别从纵向和横向阐述了省以下政府间财政关系。纵向主要述及省以下分税制的现状、存在的问题、改革的目标和完善的思路；横向主要阐述了地方政府间的财政竞争关系，主要包括地方政府间的税收竞争关系和财政支出竞争关系。通过学习以上内容，要了解我国地方政府间财政关系的特殊性，了解分析地方政府间财政关系的基本方法，认识我国地方政府间财政关系改革的必要性，掌握"省管县"、"乡财县管"和"分类分税制"等基本概念。

第一节　地方政府间财政关系现状

一、省以下分税制体制现状

按照"统一领导、分级管理"的原则，省以下财政体制由各地在中央的统一领导下，自行决定。1994年以来，省以下各级地方政府比照中央对省的分税制体制框架，结合本地实际情况，陆续实行了分税制财政体制改革。

（一）省以下政府间支出责任划分

在推行分税制改革的过程中，各地根据地方政府的职责，对省以下各级政府的事权和支出责任作了原则划分：① 省级政府主要承担本级行政管理费、科技三项费用、支援不发达地区资金等；② 市、县政府主要承担本级行政管理费、农林水部门事业费、城市维护和建设、抚恤和社会救济、专项支出等；③ 省、市、县政府共同承担的事务主要是基本建设支出，公检法司、文化、科学、教育、卫生等各项事业发展支出，技术改造资金和新产品试验费，支农支出、价格补贴、社会保障补助支出等。近年来，随着政府职能的转变和机构改革的推进，地方政府间的支出责任又有了一些新的调整。如工商、地方税务、技术监督等部门实行省级垂直管理,农村义务教育、卫生以及部分地区社会保障统筹试点等属县级管理。

(二) 省以下政府间收入划分

从收入角度看,现行地方税收体系由两部分组成:一部分是按体制划给地方的独立税种,如城市维护建设税、房产税等;另一部分是中央、地方共享税按体制规定划给地方的那部分收入,如增值税收入 25%的部分等。对于这些税种或税种收入在省与市县之间如何划分,全国各地因省情不同差异较大。大致可以分为三种情况。

1. 收入稳定且规模较大的税种

这些税种由省与市县共享。

纳入共享的税收包括增值税(25%)、营业税、企业所得税和个人所得税(地方共享 40%部分)等。全国大部分省(市)采用了这种模式。共享税收入的划分又可以分为三种类型。

第一种是按比例分享。如,北京、天津、河北、山西、辽宁、吉林、黑龙江、河南、山东、湖北、广西、重庆、海南、陕西、甘肃等 15 个省采取了这种方式划分方式。省与市县的共享比例有"五五开"、"四六开"、"三七开"等,多数省级分享比例要略低于市县的分享比例。

第二种是按隶属关系划分。上海、浙江、安徽、江西四省(市)采用了这种划分方式。例如,浙江省将增值税、营业税和企业所得税按照企业的隶属关系分别划为省级收入和市县收入。

第三种是按比例和按隶属关系交叉划分。内蒙古、江苏、福建、湖南、广东、云南、四川、贵州、西藏、青海、宁夏、新疆等省(自治区)采用这种方式划分共享税收入。例如,广东省将增值税收入按企业隶属关系划分;将企业所得税收入中源于国有企业的所得税收入按照隶属关系划分,而对来源于非国有企业的所得税收入,则由省与市县按照"四六"比例分享;对营业税和个人所得税按"四六"比例分享。

2. 收入较少、税源零星分散的税种

这些税种则划归市县独享,作为市县固定收入。

这些税种包括:资源税、城市维护建设税、房产税、车船使用税、耕地占用税、印花税、契税,取消前的农业税和农林特产税等。

3. 若干主要行业或支柱产业的税收

部分省(市)在按照以上两种方式划分收入的同时,还将若干主要行业或支柱产业,甚至支柱企业的税收收入划归省级财政。

全国采用这种方式的还比较多。例如,天津市规定,交通及管线运输、邮政通信、石油石化、金融保险等行业的增值税、营业税、企业所得税、个人所得税、城建

241

税、教育费附加,以及机场、港口、卷烟、汽车、"天钢"、"天铁"的增值税、营业税、企业所得税、个人所得税等,划归市本级收入。河北省将石油、石化、有色、电力四部门,以及省参与投资的电力企业的增值税、营业税划归省级收入;陕西省将全省电力企业(不含小水电)增值税、金融保险营业税及其城建税、教育费附加等,划为省级固定收入。另外,全国还有 20 个省将金融保险营业税全部作为省级固定收入。

(三) 省以下转移支付

实行分税制财政体制以来,随着经济发展和省级财力逐步增强,尤其是近些年来中央对地方转移支付力度的逐年加大,全国各地也逐步建立起来了省对市县财政转移支付制度,其转移支付力度也是在不断加大的。2000 年,全国省对下(不含京津沪三市)财力性转移支付额为 433 亿元,2005 年为 2 283 亿元,增长了约 5 倍,年均增幅 44.6%(见表 11 - 1)。

表 11 - 1 2000～2005 年省对市县(不含京津沪三市)财力性转移支付情况

年份(年)	2000	2001	2002	2003	2004	2005
转移支付额(亿元)	430	923	1 334	1 558	2 224	2 283
年增长率(%)		115%	46%	16%	43%	3%

省以下财力转移支付主要包括一般性转移支付、调资转移支付、农村税费改革转移支付、民族地区转移支付、缓解县乡财政困难转移支付("三奖一补"),以及地方出台的激励性转移支付等。2004 年全国省对市县转移支付构成情况见表 11 - 2。

表 11 - 2 2004 年全国省对市县转移支付构成情况

项目	一般性转移支付	调资转移支付	税费改革转移支付	民族地区转移支付	其他转移支付
金额(亿元)	600	918	590	37	79
比重(%)	27.0	41.3	26.5	1.7	3.6

二、省以下分税制体制运行的成效

1994 年的分税制改革是我国各级政府间财政关系的一次重大调整。10 多年来,省以下分税制体制运行的状况总的看是比较好的,改革取得了积极成效。主要表现在以下方面。

第一,初步理顺了省以下各级财政分配关系,强化了地方各级政府自主理财意识。分税制体制基本改变了过去财政包干体制的"包盈不包亏",造成国家财力分散的局面;明确了各级政府的收入来源和支出责任;初步统一、规范了省以下各级政府间的财政关系;强化了各级政府自主发展、自求平衡的意识。1994~2005 年,地方财政由赤字 59 亿元转变为结余 919 亿元。

第二,地方财政收入增长较快、质量有所提高,地方财力明显增强。1994 年分税制改革时,一些地方出于地方利益的考虑,人为抬高地方财政收入基数,随后几年又逐步消化、挤掉财政收入水分,从而导致 1994~1998 年地方财政收入增长缓慢。从 1999 年起,分税制在调动地方政府培植财源、组织收入积极性等方面的作用开始显现,地方财政收入和财力增长开始提速,随后一直保持多年快速增长的势头,地方一般预算收入年均递增 18.4%,地方可用财力年均递增 17.2%,大大高于财政包干体制下的增长水平,也大大高于同期经济增长水平。1994~2005 年,地方一般预算收入占 GDP 的比重由 4.9%提高到 7.6%(见表 11 - 3)。

表 11 - 3　1994~2005 年地方一般预算收入和地方可用财力增长情况

年份(年)		1994	1995	1996	1997	1998	1999	2000	2001	2002	2003	2004	2005
预算收入	亿元	2 312	2 986	3 747	4 263	4 984	5 596	6 406	7 808	8 515	9 850	11 693	14 884
	增长(%)		29.2	25.5	13.8	16.9	12.3	14.5	21.8	9.1	15.7	18.7	27.3
可用财力	亿元	3 817	4 617	5 427	6 042	6 851	7 673	8 864	10 947	12 721	14 761	17 938	21 953
	增长(%)		20.9	17.6	11.3	13.4	12.0	15.5	23.8	15.9	16.0	21.5	22.4

第三,促进地方政府优化资源配置,加快了经济结构调整。省以下按税种划分各级政府收入,取消了地方政府的许多税收减免权限,有利于为各类企业创造公平的市场竞争环境,也在一定程度上抑制了盲目建设和重复建设。同时,各地政府开始推进产业结构的调整和优化,逐步把发展经济的重点转向有利于财政增收的第二、三产业。从 1994~2005 年,全国一、二、三产业结构已由 20.2∶47.9∶31.9 调整为 11.5∶49.0∶39.5。

第四,推进地方财政体制的改革与创新。一些省(市)在完善省以下分税制体制的过程中,为了增强县市自主发展、"自我造血"能力,加快县域经济发展,从根本上解决县乡财政困难,纷纷进行"省直管县"财政体制和"乡财县管乡用"管理模式的改革探索,并已取得初步成效。

三、省以下分税制体制运行中存在的主要问题

1. 政府间财政支出责任划分的边界模糊、不规范,存在越位、缺位的现象

造成这个问题的主要原因是,我国宪法和有关法律、法规对各级政府的事权和财权支出责任没有明确的规定,使政府间财政支出责任的划分缺乏法律依据。分税制体制对各级政府应承担或分担的基础设施建设、支持农业、教科文卫等事业发

展方面的支出责任,在划分上不具体、不明确,经常造成某些政府职能及其支出责任在实际执行中的推诿、扯皮、交叉、重叠、错位,以及上级政府随意调整各级事权和支出范围等不规范现象。

以中央和地方的支出责任划分为例:一方面,一些属于中央政府的事务,如国防、武警、气象、地震、统计等,理应由中央承担支出,但地方分担了部分项目经费。如军人及其家属的优抚安置费和营房建设费等;支援西藏、新疆等欠发达省份和三峡移民搬迁工程等。本应当由中央负担的部属高校建设,中央也要求地方配套共建资金。另一方面,中央财政也出资补助了大量属于地方支出责任的事务,如一些地方能源、交通、农业、环保、文化、教育、城市基础设施建设等项目,中央通过各种专项资金给予了补助。

上述中央和地方之间支出责任错位的现象,在省以下各级政府之间也不同程度的存在着,而且,由于缺乏统一的法律规范,各地的错位做法还千差万别。例如,粮食风险基金在一些地区由省级全部承担,另一些地区则由省、县分担。最为普遍的一种情况是,上级政府在将事权及支出责任转移给下级政府时,没有采取相应的财力保障措施,造成财权与事权脱节。例如,农村基础教育、医疗卫生、社会保障等基本公共服务,以及农业投入等法定支出,要求主要由县乡政府提供,但绝大多数地区依靠县乡财力无法满足支出需要。

2. 省以下政府之间收入划分不尽合理

由于地方税体系比较薄弱,地方政府不可能通过分税制改革形成稳定的主体税种。所以,在划分收入时,地方各级政府争税源的现象比较普遍。主要表现在两个方面:一是省与市县共享税种设置过多,共享收入省级分享比例较高。全国36个省区和计划单列市中,设有5个以上共享税种的就有17个,且省级占了共享收入的大部分;二是部分省按企业隶属关系划分省与市县的共享收入。这种划分办法不利于企业改组、改制、联合、兼并,不利于按照市场规律配置资源,影响了产业结构的合理调整。

3. 地区之间财力分配不均衡

1994～2005年,虽然地方一般预算收入年均递增8.4%,地方可用财力年均递增17.2%,地方财力"蛋糕"做大了,人均财力水平也提高了。但是,若按人均标准衡量,全国地区之间的财力分配失衡状况依然较为严重。按照地区总人口人均财力排序,第一名深圳市为36 108元,而最后一名安徽省只有935元,相差38.6倍。更为严重的是,实行分税制体制以来,全国一些地区的财力分配差距不是缩小了,而是扩大了(见表11-4)。

表 11-4　1994～2005 年全国东、中、西部地区人均财力情况

年份（年）	地区总人口人均财力（元）											
	1994	1995	1996	1997	1998	1999	2000	2001	2002	2003	2004	2005
东部	465	575	676	758	866	974	1 149	1 426	1 655	1 862	2 219	2 602
中部	231	276	321	351	390	428	480	586	678	754	932	1 170
西部	289	323	372	405	446	490	558	698	806	898	1 073	1 354

4. 省级财政收入比重提高，县乡收入比重下降

在 1994～2005 年，地方一般预算收入占 GDP 的比重虽然由 4.9% 提高到 7.6%，但是，如同国家财政连年大幅度增收的大部分主要集中在中央财政一样，地方财政增收的大部分也主要集中到了省级财政。1994 年以来，省级财政收入占地方财政收入的比重由 17.1% 提高到 2005 年的 24.6%，平均每年提高 0.63%；县乡财政收入占地方财政收入的比重则由 41.8% 下降到 2005 年的 38.6%，平均每年下降 0.27%（见表 11-5）。2004 年，全国省、地（市）、县三级政府人均财力比为 3.4：3.1：1.0，省、市级人均财力大大高于县级。全国省级财力与县级财力差别较大的，如吉林、广西、重庆等都在 4 倍以上，广东省甚至超过了 5 倍。所以，实行分税制体制以来，在全国一些地区，由于中央、省级的财力转移支付没有跟上，县乡财政的困难状况不是改善，而是恶化了。这也是造成近些年财政连年大幅增收，县乡财政日子愈来愈难过的一个重要原因。

表 11-5　地方一般预算收入中省、地（市）、县三种比重的变化情况　　　　　%

年份（年）	1994	1995	1996	1997	1998	1999	2000	2001	2002	2003	2004	2005
省级	17.1	18.2	19.7	20.9	20.8	21.2	22.4	23.4	26.0	25.2	24.9	24.6
地级	41.0	39.6	38.2	37.5	39.1	35.4	36.5	36.7	36.1	36.3	36.9	36.7
县级	41.8	42.2	42.1	41.6	40.0	43.4	41.2	39.9	37.9	38.5	38.1	38.6

5. 地方财政支出增长较快，"吃饭财政"造成县乡财政困难

在过去 10 多年中，县乡财政困难一直是我国财政发展中的一个突出矛盾。造成县乡财政困难局面的原因是多方面的，除了乡镇企业落后、县域经济发展滞缓、分税制体制吸吮基层税收等因素之外，另一个重要原因是地方财政支出增长过快。1994～2005 年，地方财政支出年均增长 18.4%，高于同期地方财力的增长水平。从支出结构看，目前，地方财政的经常性支出仍然高达 80% 以上，建设性支出比重不足 20%。换言之，地方增加财力的绝大部分用于了经常性支出，特别是用于了"人吃马喂"。2005 年，地方财政供养人口高达 4 778 万人，比 2004 年增加 289 万人，比 1994 年增长了 60.3%，净增 1 800 万"吃皇粮"人口，从而导致地方财政供养

系数不断攀升(见表 11 - 6)。

表 11 - 6 1994～2005 年地方财政供养人口和财政供养系数情况

年份(年)	1994	1995	1996	1997	1998	1999	2000	2001	2002	2003	2004	2005
财政供养人口 (万人)	2 981	3 089	3 263	3 367	3 502	3 785	3 983	4 112	4 221	4 293	4 489	4 778
财政供养系数	2.53	2.57	2.73	2.75	2.84	3.05	3.16	3.23	3.30	3.34	3.47	3.67

6. 地方的税收立法权缺失,收费权使用过滥

从理论上讲,一级政府应当享有一级财权和一级税权。税权则由税收立法权、税收收入归属权和税收征管权等三部分构成,其中,税收立法权是税权的核心。所谓税收立法权,是国家政权机关依据法定程序制定、实施、修改和废止税收法律、法规的权力,包括制定和颁布税法的权力;经立法机关授权,制定税法实施细则和对税收法律法规进行解释的权力;在税法规定的范围内决定税收开征、停征、减征、免征的权力;对税目、税率等税制要素进行调整或具体确定的权力等。

新中国成立以来,不论是计划经济时期,还是改革开放初期,亦或是在 1994 年推行分税制财政体制后,地方政府的税收立法权都是很小的,或是越来越小;而省以下的市、县级政府仅获得过为数不多的几次小小的税收立法分权。例如,1958 年,国务院颁布《关于改进税收管理体制的规定》,规定对印花税、利息所得税、屠宰税、牲畜交易税、城市房地产税、文化娱乐税、车船使用牌照税等七种地方税收,地方可在中央统一征税条例基础上,根据当地实际情况,有权采取减税、免税或者加税的措施,有权对这些税收的税目和税率作必要的调整;还规定商品流通税、货物税、营业税、所得税四个主要税种,在划为调剂分成收入的同时,允许地方在规定范围内,根据实际情况,实行减税、免税和加税措施。1977 年国务院颁布《关于税收管理体制的规定》,规定对城市房地产税、车船使用牌照税、牲畜交易税和集市交易税的减税、免税、变更税率、税额或停征;对屠宰税确定征税范围、调整税额和采取某些减税、免税措施,划归地方省一级掌握审批。这个体制一直执行到 1993 年。1994 年实行分税制体制后,地方税收立法权过小的状况不仅未能得到调整,相反,中央对税收立法权的集中程度还越来越高。《国务院关于实行分税制财政管理体制的决定》明确规定,"中央税、共享税以及地方税的立法权都要集中在中央,以保证中央政令统一,维护全国统一的市场和企业平等竞争";还规定,任何部门、地区都不得擅开减免税口子。换言之,省级政府基本上不享有地方税的立法权,地方各级政府不具有因地制宜地广辟税源、组织地方税收入的权力。

与之形成强烈反差的是,由于地方政府缺乏必要的税权(包括税收立法权),地方税收不能保障地方的大部分基本需要,还由于上级必要的财政转移支付没有到位,所以,一些地方"正门不通走旁门",没有税权就滥用收费权。譬如,由于车船使

用税税率过低,地方政府无权调整税率,所以,全国各地先后出台了针对车船使用行为的养路费、车辆购置费、交通管理费、过路费、公路基金、交通基金等数十种收费项目,一年所收费用要超出车船使用税金50多倍！应当承认,近些年来,地方税权过小,没有合法、合规的地方收入决定权,是导致地方收费过滥的原因之一。

7. 省以下转移支付不够规范

分税制改革后,各地虽然初步建立了省对下转移支付制度,但制度设计和运行仍然不尽科学和规范。一是各地转移支付虽然增幅较大,但起点低,总体规模依然偏小。2004年,省对下财力转移支付合计2 224亿元,占当年财力的12.4%,占当年省级财力的48.8%。需要指出的是,由于省对下转移支付的资金主要来源于中央对省的转移支付,所以在实际执行中,一些省(区)对下的转移支付金额往往要小于所接受的中央转移支付总额。换言之,这些省级政府从中央一般转移支付中集中了一部分资金,用于省本级开支。这笔资金在2004年估计高达300多亿元。二是省对下转移支付资金的分配办法尚待进一步完善。

第二节　改革和完善地方政府间财政关系的目标

一、财政分配要服从和服务于党和政府在一定历史时期的发展目标和工作任务

地方财政体制作为调整和规范各级政府间财政分配关系的一项重大制度安排,其调整和改革事关国家政治、经济和社会大局,更应当服从和服务于国家发展战略需要。

《中共中央关于构建社会主义和谐社会若干重大问题的决定》(以下简称"决定")提出,到2020年,我国经济与社会发展的目标是:全面建设惠及十几亿人口的更高水平的小康社会。为此,需要在加快经济发展的过程中,"更加注重解决发展不平衡问题,更加注重发展社会事业,推动经济社会协调发展"。具体地,要扎实推进社会主义新农村建设,促进城乡协调发展;要落实区域发展总体战略,促进区域协调发展;要实施积极的就业政策,发展和谐劳动关系;要坚持教育优先发展,促进教育公平;要加强医疗卫生服务,提高人民健康水平;要加快发展文化事业和文化产业,满足人民群众文化需要;要加强环境治理保护,促进人与自然相和谐。根据"决定"要求,确定适合国情的地方财政体制改革目标和原则,是设计整个改革方案的首要前提。

构建社会主义和谐社会对财政分配提出的发展和改革任务是:"完善公共财政制度,逐步实现基本公共服务均等化。健全公共财政体制,调整财政收支结构,把更多财政资金投向公共服务领域,加大财政在教育、卫生、文化、就业再就业服务、

社会保障、生态环境、公共基础设施、社会治安等方面的投入。进一步明确中央和地方的事权,健全财力与事权相匹配的财税体制。完善中央和地方共享税分成办法,加大财政转移支付力度,促进转移支付规范化、法制化。保障各级政权建设需要。完善财政奖励补助政策和省以下财政管理体制,着力解决县乡财政困难,增强基层政府提供公共服务能力。逐步增加国家财政投资规模,不断增强公共产品和公共服务供给能力。"同时,也是对下一步地方财政体制改革提出了明确的目标要求。

(一)增强地方政府的公共服务能力和服务水平

1997年世界银行报告指出,良好的政府服务是经济发展的必需品,有效的政府是经济社会发展的关键。政府职能既包括建立法律基础、保持非扭曲的政策环境、保证宏观经济稳定、投资于基本的社会服务于基础设施、保护承受力差的社会阶层,以及保护环境等基础性工作,也包括提供基本的公共医疗保障、基础教育、对低收入家庭提供帮助等。实践证明,政府提供的上述公共产品和公共服务能够产生较大的社会效益。

地方政府的基本职能是根据辖区内居民的公共需求偏好,决定提供哪些公共产品和服务。以及决定采取何种方式提供这些公共产品和服务。所谓公共财政,就是以政府为主体,以提供公共产品和公共服务、满足社会公共需要为目的的财政分配活动。因此,基于保证地方政府职能需要、实现公共财政目标为基础的地方财政体制,其改革和完善必须有利于增强而不是削弱地方政府的公共服务能力,有利于提高而不是降低地方政府的公共服务水平。

要实现这一目标,进一步完善我国地方分税制体制,需要从制度和机制层面解决好以下三个方面的问题:一是要界定清楚政府和市场、中央和地方政府的职能范围,明确划分地方各级政府的支出责任。这是公共财政保障能力落实到位的首要前提。二是要在加强地方税体系的基础上,调整和优化中央和地方,以及地方各级政府间的税收划分,以利于增强地方政府公共服务的财政保障能力,重塑地方政府公共行为的利益导向机制。三是在进一步加大中央对地方、省对基层政府转移支付力度的同时,完善财政转移支付制度和办法,确保地方基层政府提供公共产品和公共服务的资金需要。

(二)逐步实现基本公共服务的均等化

随着我国工业化、市场化和城镇化程度的不断加深,经济与社会发展过程中的不均衡矛盾日益凸显,主要表现在居民收入差距拉大、地区间发展不平衡、城乡二元结构,以及教育、医疗、文化、再就业、社会保障、公共基础设施等公共服务水平的不均等。借鉴分税制国家的成功经验,通过完善我国地方分税制体制,逐步解决地区间基本公共服务不均等的问题,有着重大的政治和经济意义。

国际经验表明,社会的政治稳定是一国市场经济发展的基础和前提。在中国传统的伦理、文化底蕴中,不平等在道义上是不可接受的。由市场决定的个人分配不公平是如此,由政府提供的公共物品分配不公平更是如此。如果政府对伴随市场分配不公平而出现的城乡居民基本公共服务不均等问题不重视、不解决,不仅有悖于公平正义、以人为本的社会主义理念,也不利于社会的稳定,严重的还会危及国家的长治久安。从经济角度看,追求公共服务的均等化,有利于通过政府财力的转移支付,增强欠发达地区公共产品和公共服务的供应能力,使政府提供的公共服务资源发挥最大效用;同时,公共服务均等化还有利于生产要素在地区间的合理流动,促进全国统一市场的形成。

公共服务均等化需要通过财政均衡制度提供财力保障。如何实现公共服务均等化和地区间财政分配均衡,涉及两个问题:一个是公共服务均等化的范围。如有些福利型国家,政府对居民无偿提供"从摇篮到坟墓"几乎所有的公共服务。另一个是财政均衡的标准,各国的选择也不尽相同。有的国家(如英国)选择全国一致水平均衡,有的国家(如加拿大)则以中等收入省份作为财政均衡的标准;还有的国家(如德国)选择按保底水平谋求财政均衡。

中国是一个幅员辽阔、人口众多、地区发展差异悬殊、公共服务水平较低的发展中大国。改革开放以来,综合国力虽然得到空前增强,但人均 GDP 在世界上仍处较低水平,面对经济建设、社会发展、公共服务的巨大需求,政府财力依然有限,需求矛盾十分突出。在这样的国情条件下构建地方分税制体制、建立财政均衡制度、谋求公共服务均等化,就必须根据体现公平、兼顾效率,分类指导、循序渐进的原则,设计我国公共服务均等化的目标。主要思路是:① 在未来一个相当长历史时期,我国地方政府所能提供的公共服务,只能是与居民日常生活密切相关的、最基本的公共服务;② 公共服务均等化的实施范围应当由低到高、由窄渐宽,分步统筹,不可一蹴而就,不能搞"一平二调",防止出现新的"大锅饭";③ 对城市和农村的公共服务项目要根据现有财力可能,实行分类指导、分定标准;④ 基本公共服务均等化的财政保障标准,按照"保底水平"确定,体现激励-约束相容的政策导向。

(三)建立解决基层财政困难的长效机制

我国基层财政困难问题由来已久,1994 年实行分税制体制后,县乡财政困难问题开始凸显。主要表现在:① 工资拖欠现象依然存在。截至 2003 年,县乡累计拖欠工资 484 亿元,其中拖欠国家标准工资 150 亿元。2004~2005 年,仍有少部分县乡发生工资新欠问题。另外,大部分县乡的住房公积金、医疗保险等工资性相关支出没有落实。② 县乡公用经费保障水平低,预算安排明显脱离实际需要,导致县乡政府长期拖欠差旅费、医疗费、水电费、电话费和工程款。严重影响了农村基础政权的运转和农村义务教育、卫生、文化等社会公益事业发展。③ 县乡两级政府债务负担沉重。据不完全统计,2002 年,全国县乡两级政府债务累计余额为 7 248.78 亿元,其中,政府需要承担直接偿还责任的显性债务 4 255.07 亿元;有条件承担偿还责任的或有显性债务 3 029.71 亿元。目前,在全国 2 862 个县级单位中,有 974 个县实际人均财力低于基本支出需要,约占 1/3。其中,人均财力低于工资性支出的县 291 个,占 10%;人均财力低于工资性支出和公用经费支出之和的县 362 个,占 12.6%。换言之,在全国,人均财力只能保工作和维持一般性运转、财政极端困难的县占 1/4。从发展趋势上看,农村税费改革后,县乡自有财力增长空间进一步压缩;另一方面,随着县乡教育、卫生、社保、公安等方面支出继续增长,一些县乡的财政困难有日益加剧的危险。

2002 年后,随着中央对下转移支付力度的逐年加大,县乡财政困难虽有所缓解,但基本矛盾未能从根本上解决。从根本上说,解决县乡财政困难,关键在机制,即寻求一种能够从源头上、制度上解决县乡财政困难的长效机制。为了建立这种机制,中央和一些省级政府进行了有益探索。2005 年,国务院决定当年由中央财政安排 150 亿元资金,实行"三奖一补"政策,争取用三年左右的时间,进一步缓解县乡财政困难。所谓"三奖",一是指对财政困难县增加税收收入和省级政府增加对财政困难县补助的,给予奖励;二是对县乡政府精简机构和人员给予奖励;三是对产粮大县给予奖励。"一补"是对缓解县乡财政困难工作做得好的地区给予补助。全国各省(区)的做法可以概括为以下两个方面:

一是建立最低财力保障机制。规定对财政困难县的基本支出需要达不到标准人均财力的,由省财政给予转移支付补助。如安徽、陕西、广东等省份都建立了这种最低财力保障机制,具体保障办法各省不尽相同。

二是建立财政激励机制。具体做法包括:① 转移支付和财政收入增长的关联机制,激励市县发展经济、增加收入、提高收入质量。全国大部分省都采用了这一办法。② 转移支付与财政收支平衡的关联机制。浙江、四川、重庆、云南、甘肃等实施了这一政策。浙江省的"两保两挂"政策规定,在市县保持当年财政收入平衡和消化历年赤字的前提下,体制补助和奖励与地方财政收入增长挂钩。③ 控制财政供养人口增长机制。即按照标准财政供养系数确定工资性支出和公用经费支出,通过财政转移支付体现奖罚政策。如吉林、湖南等省实行了这类办法。④ 部分省(市)如山东、重庆等参照中央的"三奖一补"政策,单独设立了本地区的激励性转移支付办法。

以上做法对于进一步缓解县乡财政困难产生了积极效果,在探索建立基层财政解困长效机制方面迈出了积极一步。下一步完善地方财政体制,需要在总结经验的基础上,从整个体制层面,更加深入地思考如何从收入、支出、人员编制和转移支付等方面,建立解决基层财政困难的长效机制问题。其中包括:能够保证基层政府正常运转需要、较为稳定的收入来源机制;能够鼓励精简机构和财政供养人员、激励–约束相容的支出控制机制、转移支付机制。

（四）逐步建立较为规范的地方分税制财政体制

作为我国社会主义市场经济改革的一个中央组成部分,建立较为规范的分税制财政体制,一直是我们追求的目标,也是分税制前长期实行的财政包干体制给予我们的一大基本经验教训。一个规范、法治的财政体制,有利于理顺和规范各级政府间的分配关系,规范和引导地方政府在市场经济中的行政行为,使政府真正成为市场经济发展的守护神、监督人、裁判员和调解者。但是,良好的愿望不能超越现实条件。在中国目前阶段,想要在一个较短时间内建立起全国统一、法制严明、较为规范的分税制体制,要受到许多条件约束。除了前述的地方政府权力受限、政府层级过多、政府间职责划分不明、地区间发展悬殊、地方税体系不完善等客观原因外,还有一些其他因素也制约着我国分税制体制在短期内的规范到位。包括政府行为不规范、预算约束软化和法治不健全,以及地方基层政府习惯于简单、明了、利益机制强烈的财政包干体制等。所有这些都表明,要想在中国完全比照西方国家的模式,建立一个从中央到地方、贯穿五级政府、较为规范的分税制体制,是不现实的;按照这样的思路去构建省以下四级财政体制,更是不可行的。

现实、可行的思路是:借鉴国际经验,结合我国国情,在继续坚持分税制改革方向的前提下,作为过渡办法,今后一段时期在全国地方层次先行"分级、分类分税制"财政体制,待有关条件基本具备后,再逐步建立较为规范的分税制体制。

第三节　地方分税制改革的总体思路

根据上述改革的条件和目标,我国地方财政体制改革的思路,可以从以下五个方面进行阐述。

一、逐步建立省、县(市)二级地方财政构架

如前所述,推行较为规范、彻底的地方分税制体制,要以减少政府层级为前提。理想的目标是将目前的省、市、县、乡四级减少为省、县(市)二级地方政府构架。如何减少地方政府层级? 有两种思路:一种是行政改革思路;另一种是财政改革思路。

所谓行政改革思路,主要就是通过实施国家行政区划改革,划小省区,增加省数,使我国的省级行政单位由目前的 34 个增加到 50 个或更多一些。这样改的好处是:① 省数增加后,每一个省区平均管辖的县级单位就会减少,或者是原县级单位数不变,但要缩减一个县的管辖区域和乡镇数。前一种效果有利于取消地区(市)级行政层次;后一种效果有利于取消乡镇一级政府层级或变成县政府的派出机构。② 划小省区、增加省数后,可以改善我国地方政府行政体制组织层次多、管

理幅员小的缺陷,提高行政管理效率。③ 增加省级行政区、撤销地区(市)级行政层次,有利于中央与地方之间的合理分权,增强中央政府的宏观调控能力。④ 由于减少了地方政府层级,还有利于明确界定地方两级政府间的事权和财政支出责任,为实施较为规范的分税制体制奠定基础。

在全国范围内进行省级行政区划调整,减少地方政府层级,有利于从根本上消除分税制运行的一大体制障碍。另一方面,由于这项改革涉及国家行政管理体制、管理制度和行政权力划分的深刻变革,甚至涉及到修宪问题,关系极其重大,所以,改革不仅在目标上要服从国家的政治大局,而且在方法和步骤上也应当积极稳妥。

减少地方政府层级的财政改革思路,主要是指在政府层级调整和国家行政管理体制改革一时难以进行的情况下,部分省通过"省管县"和"乡财县管"等两项财政改革,在体制上"做实"省、县两级政府财政,"虚化"地(市)、乡镇两级政府的改革探索。

(一)"省管县"财政体制改革

"省管县"改革试点始于安徽(2003 年)、湖北(2004)、江西、吉林(2005)等省,但改革起因则可塑至 1994 年分税制改革后形成的我国财政纵向失衡。分税制客观形成的财权、财力逐级上移、政府事权逐级下移的结果,导致地方财政尤其是县乡财政困难,以及政府间事权与财力的不匹配(见表 11 - 7)。2002 年推行的农村税费改革和所得税体制调整,加剧了这种"失衡"和"不匹配"状况。

表 11 - 7　全国各级地方一般预算内收支占总支出的比重　　　　%

年份(年)	省级		地市级		县级		乡级	
	支出	收入	支出	收入	支出	收入	支出	收入
1996	23.8	19.7	33.8	38.2	30.0	23.0	12.4	19.1
1997	25.1	20.9	33.3	37.5	29.3	22.6	12.3	19.0
1998	26.4	20.8	33.9	39.1	30.2	22.7	30.5	17.4
1999	28.2	21.2	30.2	35.4	29.8	26.0	11.8	17.4
2000	29.3	22.4	30.5	36.5	29.0	25.1	11.2	16.0
2001	29.8	23.4	30.0	36.7	29.5	25.4	10.6	14.5
2002	28.3	26.0	30.3	36.1	31.5	24.4	9.8	13.5
2003	26.4	25.2	30.8	36.3	33.5	25.2	9.2	13.1
2004	25.9	24.7	30.7	37.0	34.9	26.9	8.5	11.4
2005	25.5	24.6	30.6	36.7	36.0	28.3	8.0	10.4

资料来源:李萍、许宏才,《中国政府间财政关系图解》,中国财政经济出版社,2006。

以湖北省为例,自 2002 年以来,随着中央对地方转移支付力度的不断加大,地方政府间的财力分配格局发生了较大变化,主要表现在以下几个方面:一方面,省级财政掌握的需要按政策对下转移支付的资金越来越多;另一方面,县乡两级财政供养系数高、政府债务沉重、资金调度困难,绝大多数县(市)基本依赖于省财政转移支付才能保证工资及津贴、补贴发放,维持机构正常运转。在转移支付资金的分配过程中,由于一部分地区(市)财政自身也比较困难,出现不同程度地集中县级财力的情况,导致省对县的一些财政扶持、资金补助难以落实到位。据不完全统计,2003 年,全省地(市)本级财政通过财政体制、结算集中、截留省补助金等方式,集中的县级财力达 3.3 亿元。在一些财政比较困难的地(市),集中县级财力已成为地(市)本级财力的一个重要来源。显然,地(市)级政府的这种"雁过拔毛"、"近水楼台先得月"的自利行为,妨碍了国家政策到位,不利于缓解县乡财政困难和促进县域经济发展。所以,在学习、借鉴浙江经验的基础上,2004 年 4 月,湖北省委、省政府决定在全省实行省管县财政管理体制。主要内容包括:① 预算管理体制由省直接计算到县,地(市)不得再集中县级新增财力。② 省对下各项转移支付补助按照规范办法直接分配到县。③ 省对县财政直接办理结算,结算结果只抄送地(市)财政。④ 县国库根据体制规定,直接对中央、省报解财政收入;省财政直接确定各县资金留解比例。⑤ 预算执行中的资金调度由省财政直接拨付到县。

"省管县"财政体制改革的意义将是深远的。它在我国政府层级,采取"迂回"方式,间接实现政府管理层级"扁平化"和行政管理效率化的改革目标,在减少政府层级的改革方面迈出了艰难的第一步,打下了必不可少的财政体制基础。从浙江、湖北、安徽、黑龙江、福建、海南、宁夏、吉林、广西、河北、山西、江西、河南等 13 个改革省份的试点情况看,初步效果应当是比较好的。一是省财政按体制规定将转移财力、专项资金、困难补助等直接拨付、结算到县,避免了地(市)集中县级财力的"市刮县"问题,有利于缓解县级财政困难;二是减少了不必要的中间管理层次,有利于下放管理权限,提高办事效率,为县域经济发展创造良好的外部环境;三是减少了地(市)级中间管理环节,可以增强省级调控能力。因此,《中共中央关于制定国民经济和社会发展第十一个五年规划的建议》提出,要"理顺省以下财政管理体制,有条件的地方可实行省级直接对县的管理体制"。

另一方面也要指出,所谓财政,其意为"财"与"政"密不可分。在四级地方政府体制尚不能动的情况下,财政体制改革"孤军突入",难免引发诸如地(市)级政府行政权力与财政管理权不匹配、地(市)级政府帮扶困难县(市)积极性降低,以及省级财力有限、财政工作压力剧增而管不了、管不好等一系列的矛盾和问题。解决这些矛盾和问题需要采取以下措施,进一步完善"省管县"财政体制。

第一,条件基本具备的各省(区),应加快推行"省管县"财政体制改革。

第二,以"省管县"财政改革为契机,加快推进"省管县"其他方面(如干部、人事、机构、投资管理等)的综合配套改革,明确界定省与县、省与地(市),以及地(市)与县级政府之间的管理职责和事权范围,规范各级政府的行为,从制度上解决"省管县"财政体制与其他体制不配套的问题。

第三,对于实施"省管县"综合配套改革的地级市,要重新调整市级政府职能和市级经济发展的战略定位,进一步弱化市级区域行政管理职能,突出其地区中心城市的经济功能,发挥区域性经济服务和经济辐射的作用,从利益机制上解决市与县争利的问题。

第四,在经济发展和财政体制改革中,要注重增强省级财政调控能力,以便及时解决困难县的重大财政困难问题,促进县域经济做大做强。

第五,"省管县"改革不是万能的,推行"省管县"的基本省情是经济发展中的"省、县强,地区弱"。从一个省来看,对于那些市级财力较弱,县级财力较强的地区,比较适合推行省管县体制;而对于那些市级财力较强,县级财力较差的地区,既可以实施"省管县",也可以继续实行"市管县"体制,但要研究、制定省对下转移支付如何测算、分配、落实到县的办法和措施。

(二)"乡财县管乡用"管理模式改革

农村税费改革之后,针对县乡财政收支格局和乡镇财政职能的变化情况,为了规范乡镇政府的收支行为,保证基层正常运转,全国一些地方开始进行县乡财政管理模式改革,既对少数经济比较发达的乡镇以外的其他乡镇,在保持乡镇资金所有权和使用权不变的前提下,试行了"乡财县管乡用"的管理模式,将乡镇财政收支纳入县级预算管理。

改革的主要内容包括:① 县对乡镇比照县直单位编制部门预算;② 统一设置财政收支结算账户,取消乡财政所设置的财政总预算会计,改为在乡镇财政所设置乡镇政府预算会计,负责乡村两级财务管理;③ 实行国库集中收付,乡镇财政支出以年初预算为依据,按"先工资、后重点、再一般"的原则,通过国库直接支付或授权支付;④ 实行政府采购制度;⑤ 票据县级统管,实行票款同行,以票管收。

二、明确划分中央、省、县(市)三级政府的管理职权和财政
支出责任

明确界定中央、省、县(市)三级政府的管理职权是划分三级政府财政支出责任的前提,也是完善地方分税制体制的基础。经验和教训一再表明,一个缺乏政府间管理职权明确划分的分税制无异于"空中楼阁"、"水中月亮"。所以,《中共中央关于制定国民经济和社会发展第十一个五年规划的建议》要求"合理界定各级政府的事权,建立健全与事权相匹配的财税体制"。党的十六届三中全会关于明确划分政府间事权及其支出责任,提出要"按照中央统一领导,充分发挥地方主动性、积极性

的原则,明确中央和地方对经济调节、市场监管、社会管理、公共服务方面的管理责权"。

(一) 三级政府管理职权和支出责任的划分

根据公共产品理论,借鉴一些国家的公共财政实践,我国三级政府的管理职权和支出责任大体上可分为四大类。

第一类属于全国性和跨省(自治区、直辖市)的事务,如国防、武警、外交、基本法律法规制定、中央行政、宏观调控、对外贸易、对外援助、重大基础科学研究、全国性公路铁路网建设等。由于其支出受益具有全国性,必须在全国范围内由中央负责管理,以保证国家法制、政令和市场统一。根据受益和成本对称原则,这类事权的经费由中央政府提供。

第二类纯粹属于县级政府的事务,如治安、消防、排水、市政基础设施、公用事业、公园、娱乐休闲等。由于这类事务的受益具有较强的地方性,根据受益原则和效率原则,其支出应由县级政府承担,以提高工作效率、降低管理成本、增强行政活力。

第三类属于中央、省、县共同管理的事务,如教育、科学、卫生、农业、环境保护、土地管理、失业救济、养老保险等。这些项目一方面具有全局意义和外部效应,另一方面又具有较强的地方事务特征。从理论上讲,这些事权应根据收益性原则在三级政府间分摊成本。但在实践中,往往很难区分各级政府的受益程度,因此,需要根据不同的事务,区别不同情况,明确各级政府的管理范围,分清主次责任。在此基础上,要由中央通过法定办法确定各级政府经费分担比例或通过财政拨款使外部效应内在化。对于这类事务,中央政府通常采取配套拨款的方式承担部分或大部分事权与支出责任,省级政府承担部分经费和主要的管理、协调责任。

第四类属于省内的地方性事务,支出受益具有区域性,如社会救济、社会福利、医疗保险、省内交通、地区性湖泊治理等。这类事权按照"受益原则"和"技术原则",应由省政府承担,具体管理由省、县级政府共同实施。

(二) 基本公共服务的支出责任划分

在我国,中央、省、县三级政府在经济调节、市场监管、社会管理、公共服务等方面担负着十分繁杂的管理职责。政府间财政关系改革不单是财政体制的自我完善,它要受制于行政管理体制的改革以及诸多国情因素。因此,理顺各级政府在经济与社会发展各个领域的管理职责及其财政关系,不可能"毕其功于一役",而需要经历一个长时期、渐进的过程。根据中央关于构建社会主义和谐社会的战略部署,在"十一五"或更长一个时期里,应当把理顺各级政府事权及财政支出责任的重点放在当前老百姓最为关注的公共服务领域,把增强地方政府的公共服务能力、努力实现基本公共服务的均等化作为改革的主要目标,力争在义务教育、医疗卫生、社会保障等基本公共服务支出责任的清晰界定和有效实施方面取得实质性进展。

(1)义务教育。根据"明确各级责任、中央地方共担、加大财政投入、提高保障水平、分步组织实施"的基本原则,逐步将农村义务教育全面纳入公共财政保障范围,建立中央和地方分项目、按比例分担的农村义务教育经费保障机制。目前阶段,中央财政重点支持中西部地区、适当兼顾东部部分困难地区的农村义务教育发展需要。

(2)医疗卫生。合理划分中央、省、县三级政府在基本医疗、公共卫生领域的支出责任,建立保障经费分担机制。其中,中央负责对中西部和东部部分困难地区农村合作医疗的经费补助;省、县级政府负责对城镇困难家庭和弱势群体的基本医疗救助;中央、省级政府按比例分担公共卫生重大项目经费。

(3)社会保障。对具有全国性公共物品特性的保障项目,建立中央、省二级经费分担机制。其中,中央负责军人社会保障;负责对中西部地区和老工业基地的基本养老保险,按照一定比例给予补助。对于城镇失业保险、最低生活保障,以及农村五保户、特困户的社会救助等具有较强地方公共物品属性,又存在一定外溢性的项目经费,主要由省、县级政府分担,中央对困难地区给予必要资助。

(三)支出责任划分与落实的保障机制

体制是一种制度安排。所谓制度,是社会生活中的行为准则,是人类用来决定人们相互关系的约束方式,包括正式约束(如规则、法律、法规等)和非正式约束(如习惯、习俗等)。制度的作用在于设定政府和社会成员的行为准则,以激励和约束政府及社会成员在经济交易中的各种行为,减少生活中的不确定性、降低交易成本。

作为分税制体制一个重要组成部分,政府间的支出责任划分与落实也需要制度,尤其是正式的法律制度予以规范、约束和保障。从世界各国分税制的实践看,基本上都以法律形式明确规定了政府间的事权与支出范围;新中国成立以来,历次财政体制变迁的经验教训之一,就是财政体制未能以规范的法律形式确定下来。由此带来一个直接后果是体制易变和各级政府行为的不规范、短期化,以及中央和地方、地方各级政府之间围绕某一事务的扯皮、推诿、自利算计、支出责任难落实。

基于上述经验教训,在新一轮分税制改革过程中,对于改革方案中的重大制度或规范,只要立法条件基本成熟的,就应当通过正式法律文件的形式定下来。"十一五"期间,作为分税制体制改革的配套文件,在中央一级,要抓紧研究起草《财政基本法》、《政府间财政关系法》、《财政转移支付法》,努力将各级政府支出责任在一个较长时期里相对固定下来,做到"亲兄弟明算账",谁出主意谁掏钱,进一步提高政府间财政关系的规范化、透明度与合理性。

三、完善地方收入体系和管理职权

地方政府的支出责任是需要相应的收入来源予以支撑和保障的。所谓"财权与事权相统一"的财政原则，表明两层含义：一是指政府可支配财力（或财力支配权）与承担的事权相匹配，通俗地讲，就是"有多少钱干多少事"；另一层含义是，政府的收入决策权与其事权相一致，即各级政府拥有与自己承担的支出责任相匹配的组织收入的权力，如税收立法权、收费权、发债权等。概括地说，分税制体制在明确了各级政府的事权、划分了支出责任之后，所要解决的另一个基本问题是，政府承担支出责任的资金从哪儿来、如何筹集？

（一）完善地方税体系，适度下放地方税权

在我国，地方政府的收入来源由地方税收、上级政府转移支付、规费收入，以及其他收入等四个部分组成。其中，税收收入是主要来源之一。

现行分税制体制划分为地方税的税种包括：营业税、资源税、城市维护建设税、房产税、城镇土地使用税、耕地占用税、土地增值税、车船使用税、车辆购置税、印花税等。地方税收规模有两种统计口径：一种是按照上述地方税税种计算的狭义地方税收入（不包含地方共享税收入）。2005 年全国狭义的地方税收入为 6 706 亿元（见表 11 - 8）。第二种口径是狭义地方税加上按体制划给地方的共享税（增值税、企业所得税、个人所得税等）收入。2005 年全国广义的地方税收入为 12 504 亿元（见表 11 - 8）。

表 11 - 8　2005 年全国地方税收入规模情况

地方税收收入总额	地方税收占税收总额比重	地方税收占地方财政收入的比重	地方税收占地方财政支出（或资金来源）比重
6 706 亿元（窄口径）	21.72％	45.05％	26.66％
12 504 亿元（宽口径）	40.51％	84.00％	49.71％

1997 年，在欧洲各国地方政府（相当我国的县级政府）的资金来源结构中，地方税收的比重高低不等，比重较低的国家如希腊 2％、匈牙利 4％、荷兰和斯洛文尼亚为 5％；比重较高的国家如瑞典 61％、丹麦 51％、瑞士 46％、法国 36％。2005 年，我国地方税的比重如果按窄口径计算有 26.66％；按照宽口径计算为 49.71％。应当说不算低。但是，如果考虑到我国地方政府包括省、市、县三级，没有独立的州（省）税，现有的地方税收入需要在三级政府间进行分配这一不可比因素，那么，即使是按宽口径计算，地方税规模也是不高的，或者说是偏低的。

造成我国地方税规模小、收入水平与地方政府（尤其是与县级政府）的财政支出责任不匹配、差距大的原因是多方面的。除了我国长期实行以商品劳务税为主

体的税制结构之外,主要原因有二:一是长期以来忽视地方税制建设,导致地方税制体系不完善,特别是地方财产税制薄弱,未能形成省、县(市)二级政府具有长期性、稳定性和一定规模的主体税种;二是地方政府的税收管理权限,尤其是税收立法权过小。在过去的 10 多年中,除了将屠宰税和筵席税下放地方管理外,几乎所有地方税的税法、条例,以及大多数实施细则,都是由中央制定和颁布的,地方只有征收管理权,以及制定某些具体征税办法和补充措施的权限。这样一种过度集中型的税权管理模式,很难符合我国各地复杂的经济情况和千差万别的税源情况,地方政府难以因地制宜地调整税收政策、调节地方经济发展,也削弱了地方政府开辟税源、组织收入的积极性。

为了从根本上突破分税制改革进程中的地方税瓶颈,"十一五"期间,我国应当加快地方税体系建设,完善地方税管理权限。主要思路是:① 地方税制建设的目标是建立以营业税、财产税为主体,其他地方税种为辅助的地方税体系,其中,在省级以营业税为主体,县(市)级以物业税为主体税种。② 抓紧研究、出台、开征物业税、遗产赠予税,优化地方财产税制结构。③ 对于税源条件具备的其他地方税种,可以通过调整征税项目、扩大税基、适当提高税率等,挖掘增收潜力。④ 在地方税收管理权限方面,按照有限、适度分权原则,赋予省级政府必要的地方性税收开征权、部分地方税税目、税率的调整权或选择权,以及与上述税权下放相匹配的地方税收立法权。需要指出的是,地方政府享有以上税收管理权限是有条件的。其主要约束条件:一是新开征的地方税不挤占中央税源;二是不能妨碍统一的全国市场,不能影响中央宏观政策实施;三是上述权限仅仅下放至省级政府;四是地方不论开征新税,还是调整税目、税率,都要报中央政府备案。

(二)规范地方政府收费行为

从公共经济学的角度看,使用者付费是地方政府提供公共产品的一种有效率的筹资方式,在许多国家,它已经成为地方财政收入的一项重要来源。在我国,由于地方政府没有发债权,作为地方政府主要独立收入来源的,除了税收之外,就是由政府行政收费和政府基金两部分组成的非税收入。2004 年,在地方政府一般预算收入中,非税收入的比重为 18.31%,而地方政府预算外的非税收入占预算内、预算外收入总和的比重平均都在 30%以上。2003 年,江苏的这个比重为 36.8%、福建为 37.8%、江西为 38.9%、湖南高达 39.3%。应当肯定,不论是预算内的非税收入,还是没有纳入预算管理的非税收入,在补充地方财力、平衡地方预算、促进地方经济建设和社会事业发展等方面,都曾发挥了积极作用。

另一方面,随着我国市场化改革进程的不断加快,在一些地区也出现了政府权力的市场化、国家利益部门化和公共利益小团体化的趋势,引发了一些部门和单位的违规收费行为。主要表现在:收费项目多、非税负担重,征管主体多头,执法不统一。从财政管理角度看，由于大部分非税收入没能预算管理，"收支两条线"在一些地方没有真正落实，加上其他方面的监管制度和措施又未能及时跟上，所以造成了一些地方政府部门收费泛滥，造成政府财力分散、资金使用低效，甚至出现为"搞钱"而执法和违法执法的现象，严重扭曲了政府行为、侵害了人民群众的利益、败坏了党和政府的形象。

目前，我国非税收入（尤其是部门、单位行政性收费）中暴露出来的种种流弊，不是要不要收费的问题，而是如何进一步加强对非税收入的规范化管理问题。首先，规范和加强非税收入管理需要坚持一条基本原则，即"取之于民，用之于民；取之有度，用之有规"；其次，要按照社会主义市场经济下政府职能合理定位的要求，继续下大力气清理、整顿现有收费项目，该保留的保留、该取消的取消、该改税的改税，通过正本清源、分流归位，规范政府的非税收入行为；第三，要坚持收费法定的原则。对于面向公众的任何收费项目，其收费依据、收费标准、收费期限、收入用途等，都必须经过法定程序，重要收费项目须经立法部门批准后，以正式法律文件的形式公布实施。第四，要进一步加强对非税收入的预算管理，特别是要将预算外非税收入纳入预算管理，强力推进"收支两条线"改革和国库集中收付制度改革，真正落实"收支脱钩、罚缴分离"制度；第五，要从收入征收、资金使用、管理监督等三个方面，进一步完善和创新非税收入管理机制。

（三）有条件授予省级政府发债权

我国现行《预算法》是不允许地方发行政府公债的。这项限制性措施在财政"统收统支"时期，在中央与地方财政关系经常变化的财政包干体制下，对于防范由于地方政府行为不规范可能引致的财政风险，是完全必要的。然而，在新的分税制体制下，中央是否有必要赋予地方政府发债权，是一个存在争议的问题。认为地方政府应当享有发债权的主要理由：一是按照财政分权理论，一级政府一级财权，地方政府也应该享有包括发行公债在内的独立筹资权；二是地方政府承担着提供地方基础设施的职责，由于某些资本性地方公共物品的建设存在着投资巨大、收益回报低、资本回收期长等特点，地方政府通过适当举债方式建设、提供这类公共产品，是必要的；三是在分税制国家，地方政府举债为地方资本性公共品融资已经成为普遍做法；四是从我国实际情况看，虽然《预算法》禁止地方政府直接举债，但地方政府通过某些变通方式或明或暗举债却是不争的事实。例如，从1998～2005年，中央政府一直采取代地方政府发行长期经济建设国债的方式，8年间，累计代发了2 450亿元。再譬如，各级地方政府广泛承担了外国政府贷款、国际金融组织贷款、国债转贷资金、农业综合开发借款、解决地方金融风险专项借款、国内金融组织其他借款等直接显性债务。以及由地方政府提供担保的外国政府贷款、国际金融组织贷款、国内金融组织贷款、粮食企业亏损挂账等或有显性债务。除此之外，一些地方还通过组建各种类型的政府投融资公司,以公司债券形式募集地方公共设施建设资金,变相发行地方政府债券。上述直接显性债务是需要由地方政府还本付息的;或有显性债务中的相当一部分最终也会转化为政府直接负债。

鉴于上述原因,国内部分专家、学者主张在地方发债权问题上,调整政策思路,"开前门、堵旁门",建议有条件地适当放宽对地方政府举债的限制。这种主张是合理的,但是基于目前的国情,应附加较为严格的发债限制条件。这些条件包括:① 地方政府举债权只能放至省级政府,不得层层下放。② 举债募集的资金只能用于地方基础设施、公共设施建设,而不得用于弥补赤字、兑现工资,不得用于改善行政事业单位办公条件等一切纯消耗性、消费性支出。③ 要参照地方一般预算收入占 GDP 比重等指标,设置地方发债"门槛";根据债务收入占地方一般预算收入的比例,严格限制地方举债规模。④ 举债方案须经同级人大批准,并报国务院备案。⑤ 加强对地方债务资金的筹集、使用和归还工作的管理,要求地方政府建立偿债准备金。

只有这样,中央政府才能在下放地方发债权的过程中做到趋利避害,将政府举债分权改革的消极后果降至最低程度。

四、试行地方"分类分税制"体制

(一) 改革、完善地方分税制的两种不同思路

预算管理体制是财政管理体制的核心。关于下一步地方分税制改革应当选择什么样的预算体制模式,主要有两种不同思路。

一种思路主张,"根据我国地方经济差异巨大的现实,应建立基于不同经济等级的分级财政体制"。具体分为四种体制:① 经济发达地区实行完全的分税制,对这些地区要相应提高中央分税比例。② 经济极端贫困地区实行"收入全留、差额补助"体制。在这类地区,中央与地方不再分税,合并国税和地税,辖区内所有税种的收入都作为地方财政收入;地方财政收不抵支的差额部分,由中央财政补助。③ 经济欠发达、财政较为困难的地区实行"分税+补助"的体制。以分税制为基础,适当扩大地方的分税范围和比例,如果地方财政不能平衡,则由中央给予补助。④ 对于经济较为发达的地区,由于地方经济发展不够平衡,情况较为复杂,应当实行"弹性分税制"。主张根据不同地区的情况,在核定地方收支、保证地方预算平衡的基础上,所有中央税和共享税都以中央所得为"零基",然后按照地方收支差额作为分税基数,并根据这个基数确定中央分成的年增长比例。同时,地方不再以定额或其他形式上解收入。

关于上述思路的另一种表述是"纵向分两段、横向分两块"的分税制模式。所谓"纵向分两段",是指从中央到地方各级的纵向体制看,应当根据具体情况分为两

段设计。即中央对省应当继续实行分税制体制,但省对县(市)、县对乡则不一定层层实行分税制,也可以采取其他体制模式。所谓"横向分两块",是指对于全国不同地区可以根据当地不同情况,有选择性地走分税制与非分税制的道路。例如,经济落后地区或农业依赖型县乡就不宜采用分税制。

与前述观点不同的另一种改革思路则指出,"在中国渐进改革中,采取过渡措施,以分类指导方式逐步完成省以下分级分税财政体制构建,是一种必然选择。但是,在分类指导中决不应把种种约束条件下不得已的过渡安排,放大到否定分税制最基本的一体化制度框架层面"。认为分税制是市场经济体制的内在要求,改革的某些过渡措施不应成为中长期目标的障碍。目前,省以下分税制难以进入正常轨道,矛盾在于"五级"财政。解决矛盾的办法在于推进政府与财政管理层级的"扁平化"改革,逐步构建县(市)级税基;从横向与纵向的协调来看,最重要的是积极发展和强化自上而下的"因素法"转移支付,同时适当发展横向转移支付(以前的对口援助),调节地区差异。

以上两种改革思路的共同特点是,都强调我国地方财政体制改革应当坚持分税制的改革方向,都主张逐步创造条件,最终建立从中央到地方各级政府的较为规范的分税制财政体制。主要分歧在于:面对我国地区间发展的巨大差异,以及多层级政府体制、地方税体系不完善等体制障碍,前一种思路强调,在这些体制障碍尚未清除之前,应当允许各省(自治区、直辖市)在分税制总体框架下,区别本地不同情况,对下实行既有分税制,又有包干制等多种办法的过渡性体制模式;后一种思路反对对县(市)级财政恢复包干等非规范体制,主张在继续维持和完善现行地方分税制体制的同时,特别强调加快推进政府行政管理体制、地方税制等的配套改革,进一步完善财政转移支付制度。即通过消除体制障碍,尽快建立全国统一、规范的地方分税制体制。

本书的观点是:完善地方财政体制在总体上要坚持分税制改革方向;在目前全面实施分税制体制的若干重要外部条件还不具备的情况下,一方面需要加快有关方面体制、制度的配套改革;另一方面,在地方一级推行"分类分税制"预算管理体制,作为过渡性的体制安排。

(二) 地方"分类分税制"体制的必要性

所谓"分类分税制"体制,包含两层含义:首先,它在体制的总体构架、总体特征,以及体制实施的广度和深度方面,依然是分税制而不是包干制或其他别的什么体制。譬如,"分类分税制"坚持在明确划分各级政府支出责任的基础上,按照税种划分中央和地方各级政府的收入,并通过自上而下的财政转移支付制度,调节地区间发展差异,体现财政均衡;在实施的广度和深度方面,不仅中央对省应当继续实行分税制体制,而且在地方,省对经济情况比较好的一般县(市),也应该继续推行和完善分税制体制。"分类分税制"的另一层含义是,鉴于我国地区间发展存在较大差异、市情县情千差万别,加上普遍推行分税制的某些客观条件不成熟,根据分级管理、分类指导的原则,应该允许省对部分经济不够发达、财政比较困难的县(市),在一定时期内实行多种形式的财政包干制或具有较强激励-约束效应的其他体制办法。

提出地方"分类分税制"体制模式的理由如下。

第一,从理论上讲,一个国家的财政体制应该是完整的、统一的,我国作为单一制国家更应该如此。但是,中国又是一个发展中大国,省与省、县与县、乡与乡之间的发展差距太大,省以下的财政体制不宜"一刀切",搞成分税制的一种模式。我国目前仍有500多个财政困难县,国家即使将全部的地域性税收都留给当地,也只能满足县级运转经费的1/3左右,其余的2/3的经费需要依靠上级转移支付解决,若从体制上有助于解决这些财政困难县的问题,与其说实行分税制,倒不如采取"包死基数+激励补助"的包干方法,效果更好。

第二,如前所述,由于四级地方政府构架和地方税制薄弱,造成县、乡两级政府基本上"无税可分",而要解决这两个问题则非易事。因为简化政府层级涉及国家政治、行政体制的重大调整,不可仓促改革;完善地方税制涉及财产税体系改革,物业税作为其中最重要的改革内容,其方案在"十一五"期间很难出台。因此,我们不能指望通过短期内的配套改革来消除地方分税制体制的其他体制障碍。

第三,中央和地方之间的收入来源与财力使用的分配现状是:2005年,中央、地方所占的收入比重为52.6∶47.4;支出比重为25.9∶74.1。这种分配结构与大多数分税制国家"事权下放、税权集中,地方部分财力依靠上级补助"的体制效应是基本吻合的。问题在于,我国对县(市)级补助的项目过多、比例太高,已经造成了一系列消极后果。一是县(市)新增税源的绝大部分需要按体制上划中央、省、甚至地区(市)财政,挫伤了县乡发展经济的积极性;二是上级补助财力比重过大,指定用途的专项转移支付项目过多,有回归"统收统支"体制之嫌,有可能降低县(市)级政府"当家理财"的责任感;三是上级财政通过大剂量转移支付,对困难县(市)一味输血,长期下去,一些地方政府就会"等、靠、要",助长衣来伸手、饭来张口、不思进取的懒汉思想,损害财政分配的效率。

第四,近些年来,中央和部分省(市)为了解决转移支付办法在中国容易产生"养懒汉、低效率"的弊端,纷纷在现行转移支付制度中增加了"基数"、"挂钩"、"增长"、"返还"、"奖励"等激励约束政策。如中央的"三奖一补"、浙江的"两保两挂",以及全国大多数省份对下建立的"转移支付和财政收入增长的关联机制"等。这些政策、办法如果用国外规范化的分税制标准予以衡量,是不可思议的。所以,从这个意义上讲,我们正在对原来那种公式化、"规范化"的转移支付办法乃至分税制体制,作出某些适合现阶段国情的修正。

第五，中国发展的不均衡不仅体现在地区之间、城乡之间、社会阶层之间，还表现在各级政府官员的业务素质和管理水平方面。现阶段，上级喜欢采用 GDP、一般预算收入、财政供养系数等总量或增（减）量指标，考核下级政府的工作实绩；县（市）、乡镇等基层政府也习惯于那些目标明确、考核具体、利益机制较强的体制和政策，以便激励、鞭策基层工作。经验和教训表明，我国基层工作中的某些做法虽不够"规范"，但在实践中好用、有效，有利于发展、做大财政"蛋糕"，这也是中国的国情之一。譬如，对财政困难县给予同样数量的财力补助，既可以按照规范化的"因素法"计算拨付，也可以采取"基数＋增长＋奖励"的办法兑现补助，但两种办法的效果对于一些管理水平不高的县乡是不一样的。

（三）地方"分类分税制"体制的基本思路

根据上述考虑，建立地方分类分税制体制的具体思路可以概括为：

（1）在不断改革和完善现行分税制的基础上，中央对省以及省对现行税收划分体制下收支基本平衡，或略有缺口需要上级少量转移支付补助的多数县（市），继续实行分税制体制。

（2）省对辖区内的部分财政困难县（市），可以选择多种非分税制体制，以利于更好地将上级转移支付补助与财政困难县的税收增长、降低财政供养系数、预算收支平衡等地方主观努力因素挂钩，体现激励-约束政策。

（3）财政困难县非分税制体制的基本特点是"包死基数＋政策补助＋激励补助"，但对不同县（市）可以区别不同情况，采取多种模式。

（4）纳入包干基数的税收收入包括全地域性的中央税、地方税和共享税收入。对按体制缴入中央库的中央税和共享税收入，在确定包干基数时，中央对省、省对县（市）分别算账。

（5）调整非分税制体制县（市）的地税机构管理体制，由目前的财税分设、省级垂直管理，改为财税合一、县（市）管理，以减少体制摩擦。

五、优化财政转移支付制度

（一）我国现行财政转移支付制度存在的主要问题

分税制改革以来，我国逐步建立起了中央对地方，以及省对下的财政转移支付体系。中央对地方的转移支付可以分为两大类：一类是财力性转移支付，主要目标是促进各地方政府提供基本公共服务的均等化，包括一般性转移支付、民族地区转移支付、调整工资转移支付、农村税费改革转移支付和县乡财政奖补资金等；另一类是专项转移支付，旨在实现中央的特定政策目标，实行专款专用，包括一般预算专项拨款和国债补助等。从 1994 年到 2005 年，财力转移支付从 136 亿元增加到

3 813 亿元,年均递增 35.4%,占中央转移支付总额的 52%;专项转移支付从 361 亿元增加到 3 517 亿元,年均递增 23%,占中央转移支付总额的 48%。与之同时,省对下转移支付的规模和比重也在不断增大。2004 年,省对下财力转移支付合计 2 224 亿元,占当年地方财力的 12.4%,占同期省级财力的 48.8%。

财政转移支付制度的实施,对于均衡地区间财力差距,提高各地尤其是经济欠发达地区的基本公共服务能力,保持国家的政治稳定,促进国民经济快速、健康发展等方面,都发挥了十分重要的作用。另一方面也应当看到,我国现行的财政转移支付制度(尤其是省对下转移支付制度)还只是刚刚建立,一些政策、措施还存在着不统一、不合理、不科学、不规范等问题,还不能完全适应分税制体制进一步改革、促进经济发展和建立社会主义和谐社会的要求。

1. 中央对地方转移支付存在的主要问题

(1) 转移支付规模还未能从根本上缓解地方财政困难。在过去的 10 年中,虽然中央对地方转移支付以年均 27.7% 的速度递增,但同期中央财力的增长速度更快;另一方面,在 2005 年中央对地方的 7 330 亿元财力性转移支付中,直接增加地方可支配财力的项目为 1 676 亿元,占 23%;因中央出台政策导致地方减收增支的转移支付项目为 2 137 亿元,占 29%。也就是说,中央对地方的转移支付规模与中央支配的财力状况与一些财政困难地区的客观需要相比,还有进一步加大力度的空间。

(2) 转移支付结构不合理。主要表现在两个方面:一是专项转移支付比重偏大,2005 年仍占转移支付总额的 48.8%,不利于地方政府统筹安排转移支付资金;另一方面,在地方政府正常运转资金依然紧张和预算监督管理难以到位的情况下,地方政府容易挤占、挪用专项资金,出现专项转移支付财力化的倾向。二是转移支付项目越来越多,种类越来越庞杂。尤其是近年来,中央每实施一个重大政策举措,几乎都要配套出台转移支付项目,致使转移支付种类像"打补丁"似的,越"打"越多,削弱了转移支付资金的规模效益。

(3) 专项转移支付的配套要求加重了地方财政负担。2004 年,中央财政下达专款 3 238 亿元,地方政府实际安排的配套资金为 377 亿元(不包括要求安排但地方无力安排的资金),其中,未经国务院批准而由中央有关部门安排的项目占 41%。专款配套政策在管理中存在的主要问题:一是中央有关部门出台配套政策未经国务院批准,程序不规范;二是一些配套政策在年初不明确,而是在年度预算执行中下达,影响了地方预算的编制、执行和预算平衡;三是许多财政困难地区存在负债配套或挪用其他资金配套的问题,容易形成政府性债务,增加地方财政风险。

(4) 转移支付资金的某些分配办法和分配程序不利于增进经济效率。一般预算支付存在严重的平均主义倾向,容易助长一些地方政府"等、靠、要"、不思进取的思想;专项转移支付资金存在分配不规范问题,容易助长"跑部钱进"的寻租行为。

(5)转移支付资金使用效率不高。由于一些地方财政困难,地方政府存在非理性行为,加之监督管理不到位,所以,目前财政转移支付资金使用的总体效率还不高,挪用转移支付资金的现象还比较普遍,有的地方问题还十分严重。

2.省以下转移支付存在的主要问题

(1)转移支付的总体规模偏小。近年来,随着中央转移支付力度的不断加大,省对下的转移支付增幅也在加速。但是,按同口径计算,省对下的财力性转移支付额每年都要小于中央对省的财力性转移支付额,换言之,省级政府每年都要净集中一部分中央对地方的财力性转移支付资金。2004年,省级政府集中的中央转移支付资金约有322亿元。省级政府集中财力过多,不利于缓解基层财政困难。2004年,省、地(市)、县三级人均财力比为3.4∶3.1∶1.0。显然,县级财政依然相对比较困难。

(2)转移支付资金分配还不够科学和规范。一是测算过程中的客观化程度不足。有的地方直接使用决算数作为市县标准收入;标准财政供养人口测算基本依据实际在编人口简单调整;转移支付系数确定方法单一,未能充分反映地区间的财政困难程度和支出成本差异等。二是转移支付计算办法千差万别,既有"因素法"、"基数增长法",又有"定额补助法"、"来源地返还法"等,各种算法政策导向不明,政策间缺乏协调。三是对某些测算项目,如罚没收入、行政性收费等的处理,在计入标准收入的口径和范围上缺乏统一的认识。

(二)进一步完善财政转移支付制度的主要思路

转移支付是分税制财政体制的核心制度之一。一个完善的财政转移支付制度要有利于实现以下目标:首先是尽可能弥补地方财政缺口,实现上下级政府间的财力分配纵向均衡和地区间财力分配的横向均衡;其次是矫正辖区间的公共服务利益的外溢;促进资源合理流动和国内统一市场有效率地运转。同时,兼顾国家的政治目标,有利于宏观经济稳定。

参照上述目标,尽快解决我国转移支付中存在的问题和缺陷,进一步完善现行的转移支付制度和办法,对于深化地方分税制体制改革显得尤为重要。主要思路如下:

第一,在我国目前条件下,财政转移支付的均衡政策应当以纵向均衡为主,兼顾横向均衡。即上级政府对下实施转移支付,在弥补上下级政府间的财政不平衡时,还应当同时考虑到由于客观因素造成的地区间收入能力和支出成本差异所导致的地区间财政不平衡,充分发挥财政转移支付手段的均衡作用,以利于逐步实现各地基本公共服务的均等化。

第二,现阶段,转移支付政策在坚持均衡为主、公平优先的前提下,在资金的具体分配过程中,要适当引进效率机制。尤其是在省对下分配过程中,要继续完善目前的"挂钩"、"增长"、"返还"、"奖励"等激励政策,鼓励财政困难地区在上级财政的帮助下,加快经济发展,增加财政收入,降低财政供养系数。

第三,中央、省级政府还要继续加大对县级财政的转移支付力度,优化转移支付结构。中央政府要进一步增加一般财力性转移支付规模、降低专项转移支付比重;省级政府要积极承担辖区内财政均衡的中观调节职能,在省本级财力不断增强的同时,进一步增加对财政困难县(市)的财政转移支付,特别是在中央转移支付资金的二次分配过程中,要力戒"近水楼台先得月"、不顾县乡财政"死活"的本位主义倾向。

第四,进一步完善财政转移支付制度。要按照规范、统一、简化的原则,清理、归并中央现有的一些财力性、专项性和准专项性支付项目,凡能够并入一般财力性转移支付的,尽可能予以归并。今后,要尽量避免出现一项改革、"和谐"举措,配套一项转移支付政策这种不规范的"打补丁"做法。省级政府要按照客观、规范、效率的原则,完善对下转移支付资金的分配办法。

第五,加强财政转移支付资金分配、使用的管理。① 进一步严格转移支付资金的分配程序,完善权力制衡机制,防止出现分"关系钱"、"人情钱"、"腐败钱";② 积极推行转移支付资金分配的"三公开"制度,即分配政策公开、分配程序公开、分配结果公开;③ 进一步加强预算、审计、人大、公众和上级财政机关对转移支付资金分配的监督;④ 推行财政支出绩效评价制度,不断提高转移支付资金的使用效率;⑤ 严肃查处违规分配、使用转移支付资金的行为。

第四节　地方政府间的财政竞争与协调

现代市场经济国家,无论是联邦制国家,还是单一制国家,都实行以财政联邦制为特征的分级财政体制。在这种分级财政体制下,地方政府是相对独立的经济主体和理财主体,为地方政府间的财政竞争提供了现实基础。自 20 世纪 70 年代末开始,我国的财政体制逐步从统一的中央集权制度转变为一种相对分权化的制度安排,中央和地方都已各自拥有本级政府的财政收入与财政支出,从而地方政府之间在不同程度上产生了财政竞争关系。从我国 30 年的改革开放进程看,地方政府间的财政竞争改进了政府体系的运作机制,提高了政府公共服务和公共产品的质量,但在某些方面也产生了消极效应,需要在今后的财政改革中对地方政府间的财政竞争进行规范与协调。

一、地方政府间财政竞争的有关理论

地方政府间的财政竞争主要是指一国内部地方政府间为了增强本辖区的经济

实力、提高本辖区内的社会经济福利，以财政手段进行的各种争夺经济资源的活动。地方财政竞争理论最初是与财政联邦主义理论一同发展起来的。

（一）蒂布特模型与地方政府间的财政竞争

蒂布特是最早研究地方财政竞争问题的美国经济学家之一，他在 1954 年发表的《地方支出的纯理论》一文中论及财政竞争方面的基本内容。蒂布特假定存在数量众多的提供不同政府收支组合（意即不同的税收和公共服务组合）的辖区（地方），个人可以根据自己的偏好，选择最适合自己居住的地方；个人如果对某地的政府收支组合不满意，可以选择离开，迁移到适合自己居住的辖区；如果太多人都这样做，地方政府将无法为公共服务筹集充足的收入，政府机构也将无法正常运转。"用脚投票"给地方政府带来很大的约束力，迫使各地政府最大限度地提高财政收支概率，在课征尽可能少的税收条件下提供最优的公共服务。蒂布特实际上强调了地区间财政竞争对促进政府效率提高的重要作用。蒂布特模型的最终结论是：竞争性的、分权化的财政联邦制度可以达到资源配置的帕累托最优状态。

蒂布特的贡献在于为人们对地方性公共产品偏好的显示提供了一种"用脚投票"的准市场方式。地方政府应竭力提供最佳的公共服务和税收组合，否则，那些具有较高税收负担能力的居民和掌握经济发展所需资本的投资者会威胁或暗示离开，从而通过"用脚投票"对本地区政府的财政行为施加影响。作为地方团体利益的集中代表，地方政府迫于压力，被迫采用各种财政手段，竞相争夺资源以发展本地经济，财政竞争由此展开。

但是，蒂布特模型是以一系列严格的假设条件为前提的，而在现实世界，这些假设条件很难成立。因此，通常认为蒂布特模型中的思想非常具有创新意义，但在对现实的合理解释方面还存在着一定差距。

（二）税收竞争理论

蒂布特模型之后，理论界关于财政竞争的研究主要局限于地方税收竞争领域。税收竞争作为各国和各地政府吸引外部资源的一个重要手段的论点为理论界普遍接受。但是，在关于税收竞争对经济的影响上，存在着两种不同观点。

第一种观点认为税收竞争可能带来负面效应。奥茨（Oates）认为，由于税收竞争的存在，可能使地方公共服务的产出达不到最优水平。这是因为各地政府为了吸引资本，竞相降低各自的税收，使得地方财政支出处于边际收益等于边际成本的最优水平之下，从而政府无法为最优的公共服务产出筹集足够的资金。特别是，对于那些对当地经济无法提供直接收益的投资项目，更是如此。这种观点的其他主要论点还包括：① 税收竞争会产生税收递减效应。税收的递减效应将引起各地区税收的普遍下降，从而降低各地区的公共产品水平，影响政府职能的正常发挥。因此,税收竞争被认为是一场没有赢家的竞赛。② 税收竞争会扭曲资源配置的效率,因为资源的流动和配置不再以反映其稀缺性的价格所决定。③ 税收竞争会造成税制更加不公平,流动性大的资本所负担的税负将减少,流动性弱的劳动的税收负担将增加。④ 大部分关于税收竞争的模型都是建立在地区间的非合作税收均衡的基础上,即每个政府均独立地选择或制定本地区的税收政策以极大化本辖区内居民的利益,而不考虑其所实行的税收政策对其他地区可能产生的外部效应。上述关于税收竞争的结论所引申出的合乎逻辑的政策取向就必然要求加强各地区之间或各国之间税收政策的协调。

第二种观点则认为税收竞争是有益的。持这种观点的主要是公共选择派的经济学家,他们认为,税收竞争是有益的。公共选择理论在拓展了税收功能分析的基础上,提出可以通过建立约束机制,发挥税收竞争在效率提高方面的作用。传统财政理论将税收视为政府筹集收入的手段,从而得出导致税收减少的税收竞争是不可取的结论,而公共选择理论从交换即税收是公共产品的价格的角度提出了不同看法。这种理论表明,高的税收收入不一定就是好的,政府税收与支出有一最优对应关系,而且这种关系需要通过政府间的竞争才能实现。"税收竞争应该被看成一种有用的、旨在对高税率的内在压力的制约不充分的制度性约束的补充。这种高税率是追求自身利益的政策制定者所需要的。"税收竞争能促使税收制度的趋同和税收压力的减弱、降低公共服务的成本。公共选择的税收竞争理论将研究的着眼点放在如何消除政府间竞争障碍上。由于迁移成本、居住地家庭和朋友网络带来的效用、宜人的环境等,可能导致即使政府不能提供最优的收支组合,个人也不会迁移。这样,地方政府间的竞争动力就显得不足。从这个角度上说,对地方政府进行适当的规制是必要的。

上述两种对立观点的分歧可归纳为他们各自对政府行为的不同假设上。公共选择理论认为,政府官员、议会议员、政客等的目标并不是极大化社会成员的福利,他们有自己的目标。比如说,这些决策人的目标是最大限度地提高其再次当选的可能性、扩大政府的规模、服务于他们的某种思想、提高权威性、改善政府的办公条件等,其最终表现形式是政府预算的最大化。因此,政府不是像传统的新古典经济理论所假设的那样,政府是好的、善良的,政府的目标是使社会成员的福利极大化,公共决策的负责人会尽量使他们的公民的福利达到最大等。

(三)财政支出竞争理论

财政竞争不仅包括收入方面的竞争,也同样包括支出方面的竞争。

最早研究财政支出竞争问题的是蒂布特。在一系列假设条件下,蒂布特的研究得到的结论是,个人的"用脚投票"给辖区政府带来很大的约束力,迫使辖区政府为争夺居民而展开竞争,在课征尽可能少的税收条件下提供最优的公共产品,从而最大限度地提高财政收支效率。然而,在"蒂布特模型"中,个人可以无成本迁移居住地等假设在现实中显然是不成立的。蒂布特的这一论文引起了大量的相关研究,许多学者建立起新的模型,放宽假设条件,最后得到与蒂布特完全相反的结论,即支出竞争带来政府行为的无效率。例如,维达辛(Wildasin)在模型中放弃相邻辖区政府互不影响的假设,运用博弈论进行分析,结果发现当政府存在战略行为时,公共产出低于最优水平。这是由于具有正外部性的辖区政府不考虑其支出产生的正外部性,使得相邻辖区的政府只提供低于最优水平的公共产品。

与蒂布特不同,科恩和马尔尚(Keen & Marchand)不是从吸引居民的角度,而从吸引资本的角度研究政府支出的效率问题。他们的得到的结论是,为了吸引资本,地方政府不提供有效水平的使居民受益的公共产品,而将资金过量投入到提高资本生产率的用途上,导致均衡时的公共支出处于无效率状态。

但是,也有研究发现,即使不运用理想的"蒂布特模型"进行分析,财政支出竞争也可能是提高效率的。例如,美国经济学家高登和威尔森(Gordon & Wilson)认为,人员和资源是否因税率的提高而流出或流进某个辖区,不仅取决于该辖区的税率变化,而且还要看该辖区的公共支出情况,即便税率高,但如果本地的公共服务更好的话,也能吸引人员和资源的流入。他们的研究还表明,随着人员和资源在地区间的流动性提高,分权化将强化财政支出竞争,从而有助于提高整体效率。

从上述税收竞争和财政支出竞争理论可以看出,财政竞争理论大致可分为"增进效率说"和"降低效率说"两类。前者认为,财政竞争的结果会提高经济效率、增进社会的福利水平。应当说,这两种财政竞争理论都有合理之处,都注意到了财政竞争在调动地方政府积极性上的重要作用。只不过,"降低效率说"认为财政竞争所带来的损失大于收益。如果能找出一种方法,既可以减少"降低效率说"中指出的损失,又能够充分发挥竞争提高效率的作用,那么,适当的财政竞争自然是一种较为可取的状态。由此可见,现实中有效率的财政竞争,应该是有约束的财政竞争。这种有约束的财政竞争应该是有秩序的财政竞争,不应该是没有秩序的恶性竞争。在一国之内,国家可以通过统一的法律确定相应的财政竞争秩序,以最大限度地降低财政竞争成本,获得更大的收益。也就是说,国家应该对地方政府间的财政竞争进行适当的规制。

二、地方政府间财政竞争的形式及效应

与联邦制国家相比,我国实行的是单一制的国家结构。作为竞争一方的地方政府担任着多种角色,既是地方公共事务的管理者,又是地方国有资产的代理人和地方利益的代言人。在这样的制度背景下,地方政府之间的财政竞争有着自身的特点、形式与效应。

（一）地方政府间财政竞争的产生原因

在传统的计划经济时期,地方政府只是中央政府的分支机构,社会资源主要是由中央政府通过计划手段来配置,地方政府掌握的资源十分有限。这就使得地方政府间缺乏竞争与合作的物质基础。因此,在高度集中计划经济体制下,地方政府间扩展横向联系与竞争的基础薄弱,合作或竞争的机制难以形成。而随着社会主义市场经济的发展和财政改革的推进,地方政府间财政竞争日益激烈。原因在于:

首先,地方政府间财政竞争是我国行政分权改革的结果。改革开放以后,随着行政分权和财政分权的改革,地方政府获得了对地方性经济资源以及经济决策的控制权,地方经济利益迅速独立化。经过行政分权改革,地方政府在经济生活中的权力已经达到了相当的水平,地方政府作为独立利益主体的地位得到了巩固。地方政府间发展横向联系和竞争有了一定的制度基础。

其次,中央政府的区域性税收优惠政策促成和加剧了地方政府之间的横向财政竞争。改革开放以来,我国实行的区域性税收优惠政策打破了不同地区、不同性质的企业之间公平竞争的格局。为了地方的利益,地方政府之间展开了税收优惠政策竞争,并且相互攀比。在现行税制框架内,为促进本地区经济发展,地方政府积极运用现有的税收优惠政策,并纷纷游说中央政府出台有利于本地区的税收优惠政策。

最后,税权划分和征收管理格局也成为影响我国地方政府间财政竞争的重要因素。一是我国的税收立法权高度集中在中央政府手里,地方政府总是处于不稳定规则变化过程中的被动接受地位。一些地方政府在有限的税权范围内寻求利用各种手段开辟财源,以弥补财政收支的缺口。二是在税法和税收政策的实际执行过程中,在税率、税基、减免权等征收管理方面,地方政府拥有广泛的自由裁量权,而且税收收入大部分是由地方政府来组织征收的,从而使地方政府可以支配远远大于理论上所拥有的资源配置水平。三是我国税收立法权基本上是由行政系统负责,主要体现在我国绝大多数税收法律法规,不是由国务院直接拟定颁布,就是由财政部或国家税务总局拟定而以国务院批转的形式颁布,税法的解释、细则的颁布则往往授权财政部和国家税务总局。对行政系统授权范围过大,加之立法程序规范性较差,不可避免地造成各利益主体可以通过各种手段干预税收立法、争夺税收利益。

（二）地方政府间财政竞争的具体形式

在经济改革和对外开放时期,我国经济和社会环境发生了重大变化。随着放权让利改革战略和财政分灶吃饭体制的推行,地方自主权有所扩大,地方政府开始有了相对独立的经济利益。在改革的进程中,地方政府在自身利益的驱动下,积极发展本地经济,为了更多地吸引外部资源,地方政府间存在着各种形式的财政竞争。总体而言,地方政府间的财政竞争主要包括税收竞争和财政支出竞争。

1. 税收竞争

在改革之前,统一的财政中央集权制度决定了我国基本上不存在国内税收竞争问题。改革之后,地方政府在经济发展中的作用得到增强,财政分权程度不断提高,相应地,国内税收竞争也逐渐得到发展。从 20 世纪 80 年代开始到 90 年代中后期,地方财政竞争主要表现为税收方面的竞争。已有的地方政府间的税收竞争大致可以概括为三种形式。

(1) 减免税(税收优惠),即超越地方税收管理权限,暗中随意扩大税收优惠。

由于我国遵循的是统一税制原则,税法制定权集中在中央,地方政府没有规定税种、税率的权力,但自改革之初至 1994 年,为了吸引资本等流动性要素,很多地方政府违反国家税法规定和国家政策,超越权限自行制定各种税收减免政策。这种减免税是以地方政府侵犯中央政府统一税权的行使为特征的。1993 年 7 月 23 日,国务院发出《关于加强税收管理和严格控制减免税收的通知》,规定各地区、各部门违反税法规定和国家政策,超越权限自行制定的各类税收优惠政策,一律无效。这表明,在 1994 年分税制改革中,中央采取种种措施加强税权的统一行使,有力遏制了地方政府乱减免税的行为。因此,目前乱减免税已不再是地方政府从事财政竞争的主要手段。

(2) 财政返还,即变相"先征后返",对企业已经缴纳的税款以财政奖励或补贴的名义予以返还,其效果实质上等同于减免税。

1994 年以来,地方乱减免税受到中央政府的有力遏制之后,地方政府将在分税制财政体制中分得的税收收入通过财政返还的形式返还给投资者。这种形式在很大程度上也成为替代减免税的一种地方政府间财政竞争的形式。一些地方政府对外来投资的企业,依据其投资规模及缴纳税款情况,按一定比例由地方财政出资向企业返还部分税收。具体返还标准各地不一,总的来说,经济越落后的地区,通过财政返还招商引资的热情越高,返还的力度也就越大。财政返还在事实上减少了地方政府的税收收入,因而它与原始意义上的税收竞争无异。

(3) 地方通过综合配套措施,增加特定方向的公共支出和减少应该收取的费用。

各地一般将税收收入用于特定投资项目和特定对象进行基础设施改善,起到了吸引资本的作用,但事实上减少了当地政府用于一般公共服务水平的可支配收入。各地政府还为了吸引投资项目,展开低价竞争,即纷纷以较低的价格提供土地给特定的投资项目,从而减少了财政收入。虽然国家政策禁止非法压低地价招商,但一些地方政府为了吸引投资,不惜以低于成本的价格提供土地,甚至无偿出让工业用地。

在税收竞争形式发生变化的同时,税收竞争所针对的对象也在悄悄发生变化。改革伊始,各地税收竞争所针对的是境外资本。随着改革的深入,各地政府渐渐地将税收竞争对象扩大到包括本国其他地方的资本。基于本地资本可能因未能享受到税收竞争利益而向外地流动的考虑,各地开始将税收竞争对象扩大到本地资本。税收竞争面的扩大,使得税收竞争的各种影响也随之扩大。

2. 财政支出竞争

根据蒂布特模型,人们之所以"以脚投票"是由于他们想寻找地方政府所提供的服务与所征收的税收之间的一种精确组合,以便使自己的效用达到最大化。人员和资源是否因税率的提高而流出或流入某个辖区,不仅仅取决于该辖区的税率变化,而且还要看该辖区的支出情况。即便税率高,但如果本地的公共服务更好,也能够吸引人员和资源的流入。地方政府间的财政竞争不仅包括税收的竞争,也包括着财政支出的竞争。

从我国地方政府间的财政竞争来看,在经济发展的早期,地方政府会比较着重税收的竞争,通过对有关企业减免税等税收优惠措施来降低企业的生产成本,最终降低产品价格、扩大产品的销售量、最大限度地获得利润。这种竞争的实质是价格竞争,竞争的结果是减低私人产品的价格,以产品的低价获得竞争优势,这是经济发展初级阶段的主要形式,它与人们较低层次的需求相适应。分税制财政体制改革以后,每年的税收收入都有较大幅度的增长,经济发展也到了一个新的阶段。随着人们生活水平的提高、生活方式的改变,人们的需求产生变化,对公共产品的需求将愈来愈大,只有税收竞争是已经不够了,满足人们较高层次的公共需求成为财政竞争的重要内容。这主要体现在一个地区的环境建设、基础设施、教育质量、医疗卫生、社会安全、投资环境等方面。这种对公共产品的竞争压力要求政府着眼于本地区提供优质的公共产品,地方财政竞争逐步从单纯的税收竞争转向税收竞争和支出竞争并存的新阶段。随着社会经济的发展,财政支出竞争的作用愈加凸显出来,因为提供优质的公共产品和公共服务比低税更加能吸引资源和要素的流入。

(三)地方政府间财政竞争的效应分析

由于政府间财政竞争的手段多种多样,对社会经济的影响也是多方面的。可以说,地方政府之间的财政竞争是一把双刃剑,一方面财政竞争对于吸引外部投资和资源的流入、发展当地经济、增加就业、增加财源有着一定的积极作用,但另一方面,地方政府之间的财政竞争所引起的地方保护主义、割裂全国统一市场的做法,也会给社会经济生活带来许多消极的影响。

1. 积极效应

竞争是社会发展的动力和基础,是资源有效配置和提高效率的根本途径。这无论对于私人产品的生产,还是对于公共产品的生产,都是适用的。在公平、透明的规则下进行的地方财政竞争是有益的,有助于提高地方政府的工作效能,提供优质的地方性公共产品和公共服务。

（1）地方政府间的财政竞争有利于促进政府制度创新和经济发展。政府间财政竞争的根本效应是对制度演化的促进作用,因此又可被称为制度效应。制度的发现与选择不是通过成本-收益分析来实现受益最大化的过程,而是众多个体在社会实践中博弈的过程,是社会群体经过不断地重复博弈在众多制度方案中选择的过程。在政府间税收竞争过程中,各级、各地政府会不断检验自身制度的有效性,从而对制度进行选择和优化。一般来说,在相对成熟的市场经济国家,这种制度效应相对较小;而在我国这样的转型期国家,这种制度效应将比较大。考察改革开放后的经济改革历程,可以看出,在地方分权进程中形成并不断强大的地方政府作为利益主体的经济扩张冲动及其所引发的财政竞争,是促进和保持经济稳定增长的重要源泉。

（2）地方政府间的财政竞争能够增加"纳税者剩余",减少"政府剩余"。所谓"纳税者剩余",是指居民愿意并且能够支付的公共产品的税收价格与其实际支付的公共产品的税收价格之间的差额。政府间财政竞争能够降低公共产品及服务的税收价格,保护纳税人和居民免受辖区政治家和官僚的掠夺。居民的"以脚投票"或"以手投票",不仅会限制辖区政府官员对公共权力的滥用,促使政府更好地了解辖区居民的偏好,而且使得居民可以多元化地选择公共产品的收益水平及其税收价格,并且可以实现自身对政府转移支付额的最小化,从而享受纳税者剩余。所谓"政府剩余",是指政府能够提供的公共产品的数量和质量,与其愿意并且实际提供的公共产品的数量和质量之间的缺口,也可称为"政府的租金"。在存在政府间竞争的情况下,政府取得收入的能力受到很大限制,这将促使政府增强决策的科学性、提高财政支出效率、减少政府浪费、限制辖区政府官员权力寻租、提高居民福利、增加居民的效用,导致"政府剩余"趋近于零。

（3）地方政府间财政竞争有利于提高公共服务的质量和效率。政府间财政竞争不仅能够对各级地方政府产生激励作用,而且能够限定政府活动的范围,进而提高公共服务的质量与效率。

（4）地方政府间的财政竞争能够降低实际税率、完善税收制度。地方政府间在税收方面的竞争是一个自然而有益的过程,可以降低税率、刺激税制的简化。由于税收竞争会造成名义税率的下降,为了弥补由此造成的税收收入的减少,各层次的政府会在税率之外寻求收入的增加。比较典型的方式是扩大税基和加强税收征管。由此,各国税制开始了"宽税基、低税率"的税制改革。宽税基模式可以将大部分经济活动纳入征税范围,保证了税收制度的公平性;而低税率模式则可以降低经济活动的税收负担,保证经济活动较少受到税收的扭曲。

2. 消极效应

(1) 导致经济运行机制扭曲、市场信号失真，干扰宏观经济平衡，无法实行资源的有效配置。

市场经济赖以有效运行的关键因素是正确的价格信号。只有在价格能够反映资源稀缺程度的情况下，商品交换才能使全社会的资源实现最优化配置，使得全社会的福利达到最大化。然而，我国的一些地方政府在财政竞争中表现出来的地方保护主义特征，则会导致市场分割，扭曲了价格信号。而市场分割的负效应累加起来，将导致全国性的市场失衡放大，并使社会福利减少。在这种保护和封锁下，本地企业会享受比统一市场条件下更大的利润，但这种保护和封锁下，本地企业会享受比统一市场条件下更大的利润，但这种保护和封锁的社会成本很高，消费者蒙受的损失将超过生产者的收益。

(2) 不规范的税收竞争违背了税收公平的原则，破坏了依法纳税的环境。

政府间财政竞争很多是地方政府出于自身利益最大化违反了国家税法的有关规定进行的。有些政策无视税收法律法规的规定，或者利用税收法律法规的漏洞，擅自扩大税收管辖权，不执行法定税率，使税法的严肃性、权威性受到挑战，税法的"强制性"严重弱化。

(3) 过度的财政竞争造成大量税收收入的流失，隐藏着巨大的财政风险。

政府间财政竞争的一个主要手段是降低有效税率以吸引资本、劳动力及技术等生产要素，但这种降低有效税率的竞争会侵蚀税基、减少政府的财政收入，进而降低政府提供公共产品及公共服务的效率和规模水平。在缺乏适当约束的情况下，政府间财政竞争将是一场"囚徒困境"式的博弈，最终税率将降至缺乏效率的较低水平，所有辖区政府都会从降低税率中受损，政府将无法为必要的公共产品筹资，造成公共产品供给不足、辖区福利水平下降。

(4) 引起地区间经济歧视与不平等。

随着税收竞争的加剧，资源丰富、实力雄厚的经济区能够采取较多的税收优惠，能够吸引大量的资本、技术及高级人才。经济更加繁荣，能够提供更优质的公共服务。相反，资源贫瘠、实力较差的经济区将在税收竞争中处于劣势，其能够提供的公共产品及服务也会越来越少。由此，生活在不同辖区的居民将享受不同水平的公共产品及服务，同等水平的教育及卫生服务难以得到保证，从而产生经济机会的歧视及不平等。

(5) 降低税收征管效率，扰乱税收调节职能。

广泛的政府间财政竞争使各地的税收制度日趋复杂化，增加了征管成本、降低了税收征管效率。同时，税收制度的日益复杂化必然导致税收制度稳定性的降低，使市场主体对税收制度及政策的稳定预期被打破，进而需要采取更多的行动以搜集和处理税收制度及政策信息，降低了市场的运行效率。政府间财政竞争还扰乱了税收对市场和产业结构的调节作用。对于中央政府发布的调节产业结构、引导经济发展方向的税收政策,各地政府在执行中会根据本地区竞争情况有所选择和偏重,影响了税收全局性的调节经济职能。

三、我国地方政府间财政竞争的规范与协调

我国加入世界贸易组织后,按照世界贸易组织的国民待遇原则、透明度原则、公开性原则,最初以减免税等各种税收优惠政策为特点的税收竞争的作用将逐步淡化,以提供优质的地方公共产品和公共服务为主要特点的财政支出竞争将逐步成为各地财政竞争的主要手段。这在经济发达地区已经有了具体的反映。随着我国市场经济改革过程中住房制度、户籍制度、人事管理制度和社会保障制度等方面的不断深化改革,制约要素流动的各种障碍将越来越少,要素流动性将不断提高。这种流动性对地方财政在发挥职能过程中将产生巨大影响。资金、人员的流动,企业的迁移都意味着税基的流动,这势必会强化地方财政竞争。引导地方政府之间展开良性财政竞争,对于促进我国地方经济的均衡发展能够起到十分重要的作用。

(一) 深化分税制财政体制改革,理顺政府间财政关系

我国现行分权的分税制财政体制还不十分规范,地方政府没有相应的税收立法权,各级政府财权和事权不统一,政府间转移支付制度不完善等,都成为地方政府间进行非规范竞争的制度原因。因此,完善我国现行分税制能够从制度上矫正地方政府间的无序竞争。为了规范地方政府间的财政竞争,应当明确地划分中央与地方事权与支出范围,合理配置中央与地方的税种,做到各级政府各司其职、各行其是,并在一定程度上能够减少地方政府进行不当竞争的动机。支出和收入权限的明确划分有助于地方政府形成较为独立的财政竞争决策,有利于地方政府选择较为有利的财政竞争形式,并从长远的角度思考财政竞争问题,降低地方财政竞争行为预期的不确定性,从而使地方财政竞争更加规范,符合社会的长远发展利益。此外,完善现行政府间转移支付制度,建立政府间合理、规范的公平补偿机制,也是规范地方政府间财政竞争的必要措施。中央政府要规范转移支付制度和加强对不发达地区的政策扶持力度,提高不发达地区的财政能力,为地方财政竞争创造公平的竞争环境,尽量避免地方财政竞争加剧地区间发展的不平衡,影响社会稳定。

(二) 整顿地方政府间的无序竞争,消除地方保护主义

地方政府间在制度以外展开的财政竞争扰乱了竞争市场秩序,一定程度上抵消了规范竞争可能产生的正效应。在建立良好的法律框架和执行机制的基础上,使传统的基于自由裁量的治理体系朝着现代的基于规则的治理体系转变,就显得

格外重要。地方保护主义行为既限制要素的正常流动,又造成制度外的竞争屡禁不止,因此,消除地方保护主义,建立统一、开放的大市场有利于建立政府间税收竞争的良好环境。首先,清理和调整临时性、过渡性税收优惠政策。对于妨碍企业公平竞争、存在税收漏洞、便于税务部门操作的税收减免和先征后返项目,一律取消;一些地区或产业等仍然需要国家政策的倾斜支持,对与之相关的税收优惠措施,宜进行适当调整、补充后予以保留。积极创造条件,在预算科目中增列"税式支出"科目,逐步建立覆盖全部税收优惠的税式支出制度,把税式支出纳入财政预算管理,并定期对税收优惠的效果进行评估,强化对税收优惠执行情况的监督检查,使税收优惠政策在财政竞争中发挥其应有作用。

其次,清理和整顿预算外资金。取消现有不合法、不合理的收费项目;将部分事业性收费转为经营性收费;对一些体现政府职能、收入数额庞大、来源相对稳定,且便于征管的收费、基金项目,通过费改税形式,分别以相应的税收取代;对保留的收费和其他预算外资金,实行规范化财政管理,如改革征收管理办法,加强"收支两条线"管理,实行预决算管理制度,建立、健全监督检查制度等。

再次,消除国内市场的贸易壁垒,限制地方保护主义。地方保护主义增加了市场交易成本,并使具有竞争优势的产品市场范围受限,无法达到最佳规模,从而造成资源浪费现象。对此,应进一步转变政府职能,减少政府对经济的行政干预,整合资源,优化资源配置,提高地方分工和专业化水平,促进国内统一市场的形成。

最后,培育健康的土地市场,加强土地价格监测和管理,维持正常而稳定的土地价格,防止地方政府利用土地资源作为不当竞争工具,也是整顿地方政府财政竞争秩序的一个不容忽视的方面。

(三)加快税制改革,提高征管水平

深化税制改革,填补法律规范中的漏洞,提高征管质量和效率是促进政府间税收竞争规范化的有力措施。

首先,需要明确各级政府的税收管辖权。我国现有的税收管辖制度散见于各个实体法中,缺乏权威性、统一性和规范性,应尽快出台相关法律明确中央与地方税收管辖权。对于地域管辖引起的税收竞争问题,可采取"属地优先"原则,按照经营地原则确定纳税地点,不但公正、准确、简明、易操作,而且不会产生混乱。对于级别管辖引起的税收竞争问题,如果在同一地域内有两级或两级以上税务机关,而该地域内一些纳税人的某些税种应该归哪级机关的征收机构管辖尚不明确的,可以由基层税务机关管辖。对于国税与地税机关之间、各征收机关之间的税收管辖权竞争问题,各级征收机关之间应该加强联系与协作。在目标一致的前提下,联合带来的效益远远大于无序竞争。

其次,加速税收信息化建设。税收信息化就是运用现代信息技术,依托计算机

网络,将税收各个环节的信息集中处理。信息化不但提高了税收管理的效率和质量、降低执法随意性,而且使地区间、纳税人与征税机关间、上下级政府间的信息不对称得到改善,有利于税收征管。

再次,改进税收计划管理,使税收计划服从经济税源。目前,从中央到地方政府,各地制定税收计划指标的方法几乎都是以上年度税收收入为基础,估计预期的GDP增长率和税收增长率,结合政府财政支出需求确定税收计划,在计划下达各征收机关的同时强调要求必须完成任务。这样的税收计划指标,缺少科学性、合理性,会驱动征收机关采取各种方法为完成任务而进行恶性竞争。因此,应当改进税收计划方法,采取科学方法对税收能力进行估算,在合理估算税收能力后,进行科学的税收收入预测,制定税收计划;坚持依法治税,弱化税收计划的指令性特征。

(四) 创造公开、透明的财政竞争环境

政府部门掌握着大量的信息资源,如果这些信息资源合理地公开,被社会充分、有效地利用,无疑会为本地经济社会的发展起到良好的引导作用。因此,政府部门要主动地公开信息,充分发挥公众的信息传播媒介作用,建立信息公开化的竞争环境,为公民了解政府信息提供机会和途径,以增加公民对政府事务和公共事务的了解,并加强地方政府间信息交流。信息资源的公开不仅能够减少政府与居民间的信息不对称,减少政府"暗箱操作"所造成的不规范竞争,而且通过将政府的决策过程和决策内容向公众公开,既能增强政策决策的效果,又可赢得公众对政府行为的支持,最终也可使得政府间财政竞争行为更加清晰、规范;限制地方政府进行恶性财政竞争的空间,并为更加精确地考察和评价政府间财政竞争奠定基础。在信息开放过程中,通过发现、学习和模仿,各级地方政府可以改善辖区的市场环境和制度环境,使地方政府间的财政竞争更加规范、透明。

本章小结

省以下分税制是比照中央对省的分税制体制框架,结合本地实际情况,逐步建立和完善的。省以下分税制体制运行中存在的主要问题有:政府间财政支出责任划分的边界模糊、不规范,存在越位、缺位的现象;收入划分不尽合理,共享税过多,省所占比例过高;地区之间财力差别较大;地方财政支出增长较快,"吃饭财政"造成县乡财政困难;地方税收立法权缺失,导致乱收费;转移支付制度不规范等。

省以下分税制改革的目标是:增强地方政府的公共服务能力和服务水平;逐步实现基本公共服务的均等化;建立解决基层财政困难的长效机制;逐步建立较为规范的地方分税制财政体制。

地方分税制改革的总体思路:扩大和完善"省管县"、"乡财县管"两项财政改

革,逐步建立省、县(市)二级地方政府构架;明确划分中央、省、县(市)三级政府的管理职权和财政支出责任;完善地方收入体系和管理职权;试行地方"分类分税制"体制;优化转移支付制度。

　　地方政府间的财政竞争主要是指一国内部地方政府间为了增强本辖区的经济实力、提高本辖区内的社会经济福利,以财政手段进行的各种争夺经济资源的活动。财政竞争主要是指地方政府间的财政竞争,主要包括税收竞争和财政支出竞争。

思考与练习

一、基本概念

省管县	乡财县管	分类分税制
吃饭财政	财政供养系数	纳税者剩余
政府剩余	税收竞争	财政支出竞争

二、简答

1. 简述我国省以下政府间收入划分情况。

2. 简述省以下分税制体制运行的成效。

3. 简述现行省以下分税制体制运行中存在的主要问题。

4. 简述改革我国现行省以下分税制的目标。

5. 简述改革我国现行省以下分税制体制的总体思路。

6. 简述实行省以下"分类分税制"的必要性。

7. 简述我国现行省以下转移支付制度中存在的主要问题和完善思路。

图书在版编目(CIP)数据

财政学 / 李红,陈杰,龚恩华编著. —南京:南京大学
出版社,2010.1(2016.3重印)
ISBN 978 - 7 - 305 - 06654 - 2

Ⅰ. ①财… Ⅱ. ①李…②陈…③龚… Ⅲ. ①财政学
Ⅳ. ①F810

中国版本图书馆 CIP 数据核字(2010)第 004951 号

出版发行　南京大学出版社
社　　址　南京市汉口路 22 号　　　　邮　编　210093
出 版 人　金鑫荣
书　　名　财政学
编　著　李 红　陈 杰　龚恩华
责任编辑　耿飞燕　　　　编辑热线　025 - 83594087
照　　排　南京南琳图文制作有限公司
印　　刷　丹阳市兴华印刷厂
开　　本　787×960　1/16　印张 18　字数 353 千
版　　次　2010 年 1 月第 1 版　2016 年 3 月第 4 次印刷
ISBN 978 - 7 - 305 - 06654 - 2
定　　价　32.50 元

网址:http://www.njupco.com
官方微博:http://weibo.com/njupco
官方微信号:njupress
销售咨询热线:(025) 83594756